天皇の起源

天皇の起源　法社会学的考察

藤田嗣雄

書肆心水

目次

天皇の起源

法社会学的考察

凡　例

一、本書は藤田嗣雄著『天皇の起源』（一九六〇年、成文堂刊行、限定出版五〇〇部）の復刻新版である。

一、本書中の著者の文章は原則的に新仮名遣いで著されているが、「まづ」のように一部で旧仮名遣いが見られる。これは新仮名遣いに変更した。

一、漢字は原則として元の本のままとしたが、著者自身の文章（著者による訳文訳語を含む）において不注意で旧漢字が用いられたとみるべき場合は新漢字に変更して統一した。また、引用文のうち出典文献名が示されていないもの、およびそれが原文でないことが明らかなものにおいて旧漢字と新漢字が混在している場合も新漢字に統一した。

一、送り仮名に現今一般的な感覚で違和感が強い場合はそれを加減した。

一、「略ぼ」「屢々」など一部の漢字表記を仮名表記に置き換えた。

一、異体字関係にある漢字同士が不統一である場合は現今一般的なもののほうに統一した。

一、読み仮名ルビを補った。

一、注の文献記載の書式（句読点、カンマおよびピリオドの用法）は元の本のままとした。

一、現今一般の用法では「――」とするべきもの（但し、多くの場合、閉じるほうの「――」の欠落したそれ）と考えられる「―」を「――」に置き換えた。（元の本では「――」は一切使用されていない。）

一、［　］による注記・補足は本書刊行所によるものである。本書には文章として今一つ整理されていないと感じられる箇所が少なからず見られるが、明らかな間違いに対する訂正が一つだけ考えられる場合のみ訂正し、それ以外は全てそのままにして［　］で記述を補うにとどめ、正誤を判断しかねる箇所（と原典保存の観点からあえて訂正するまでもない箇所）には「（ママ）」のルビを附した。

序

明治憲法の下においては、法学の領域においても、天皇に関する研究は、単に「実定法」的にしかなすことが許されなかった。ところが日本国憲法の制定に伴い、われわれ国民は、「学問の自由」（第二三条）と「表現の自由」（第二一条）の保障の下に、天皇をもって、「経験科学」（Erfahrungswissen-schaft）の対象として、研究をなすことが、許されるようになっている。

わたくしも、右のような立場において、天皇に関する研究に着手し、すでに十数年を経過し、近時において、その研究をほぼ完成するに至った。だがその研究が、余りに「実証的」であるがために、著しく長文となり、商業的な採算をもっては、その刊行が殆んど不可能となっている。さりとて、この原稿を永く塵の積るに委することも、甚だ遺憾である。そこでわたくしは、その成果の、ほんの一部分をとり、それに基いて、一つの、全く別個のものとして、本著を刊行することを決意するに至った。

「大日本帝国ハ万世一系ノ天皇之ヲ統治ス」（明治憲法典第一条）、「これ我が万古不易の国体である」（国史概説上総論―文部省編纂―昭和一八年）。「神代の伝承は、国体の真義を示し、且つ永遠に国史を貫ぬいて生成発展する国家生命の源泉である。」「従って我が神話を見るに当って、これを過去の歴史的事象として考察すると共に、その尊厳にして且つ悠久なる精神的意義を把握し、以てこれが国史の生命として展開せることを明白にすべきである。」(右書二〇頁)。

このような見解は、わが古典そのものが真実を伝うるものとして、そこから導き出されている。従って、このような見解は、経験科学的な見地においてのみ、批判されなければならない。

「天皇は、日本国の象徴であり日本国民統合の象徴であって、この地位は、主権の存する日本国民の総意に基く。」(日本国憲法第一条)。そしてこの憲法典は、主権が存する国民によって確定されている。

これら二つの憲法においての、天皇は全くその本質を異にする存在である。このような差異を明白に把握するがためには、まず第一に、天皇の起源を闡明しなければならない。それがために本著においては、天皇の起源に関する、それぞれ独立する六つの論文がのせられている。その第一のものを除き、その他のものは、全部新たに本著のために書かれている。そして附録として「二〇世紀後半における天皇」という一篇をのせ、日本国憲法における天皇と従前の天皇の差異を明らかになすべく意図されている。

本著におけるような、天皇の秘密に関する、「法社会学」的な研究が、わが国において、余り多くは、存在していないと思われる今日、たとえこのような小著であっても、未だ天皇に関して、明らかになされてはいない領域の、一、二でも明らかになすことができ、併せてわが国の民主主義化に対して、多少なりとも寄与することができるならば、著者の欣び、これに過ぎるものはない。

この研究をなすにあたって、内外の先進の学者、とくにわが古代史学者の、貴重な研究業績に負うところが甚だ多く、ここに厚く謝意を表する次第である。

なお終りに、本著の校正に際し、その労を執られた伊藤勲上智大学助教授及び出版を決意された阿部義任成文堂書店主に対して、深く敬意を表することとする。

昭和三五年七月

著　者

場序と支配の形成

序　説

明治憲法の下では、国体又は天皇は、かの「国家の秘密」(arcana imperii)(1)に属するものとして、法学の領域においても、その研究が「実定法」的なものに限って許容され、その他に関しては、国法の禁止するところとなっていた。

国体又は天皇に関する、「国家の秘密」とは、なにを意味したであろうか。この国家の秘密の核心をなすものは、「神と天皇の間の対極的な緊張を止揚せず、天皇と臣民の間に、大きい間隔を存在せしむ」べしとすることに存した。このような秘密の現代科学的な研究は、国体を危殆ならしめる虞《おそれ》があった。このような研究の禁止から、国民は、かの「八・一五革命」の発生によって始めて解放されるに至っている。

天皇に関する研究(2)をなすにあたっては、まず第一に歴史の「細目研究」(Detailforschung)から、「抽象」によって、「本質的なもの」が選び出されなければならない。このような操作だけでは、決してその本質を明らかになすことができない。このような立場は、従来わが国においては、多くのいわゆる「歴史学者」によって執られていた。

このような方法をとるにあたって、どんな資料が利用され得たであろうか。わが国においては、もともと文字が存在せず、このような時代に関しては、主として考古学的な遺跡と遺物によらなければならない。これに遅れて、古事記や日本書紀等の文献[3]が著作されるに至った。これらの文献の正確性に関しては、すでにしばしば論ぜられており、ここにそれを繰り返す必要もないであろう。とくに古い時代に関する部分においては、後に述べられるように、「意識された」説話が多分に存在している。

歴史（とくに古代史）は、われわれの生活の「日常性」（Alltäglichkeit）を伝えず、かえって常に「異常」なできごとをとりあげがちである。それゆえ人々は、しばしば légende が、歴史よりも、真実であるといっている。[4]社会学者にとっては、この見解は、つぎのような意味で、絶対に確実である。mythos（神話、説話）また légendes は、それらが、社会において流布した瞬間から、いちじるしい社会的な重要性を有することができる、「社会的出来事」を構成する。

わが国の神話、説話には、固有、自然発生的なものと、外来的なもの[5]が存している。したがって後者については、その「原型」（Urform）が、「なに」であるかが確かめられなければならないとともに、それがわが国において、「いか」に「変形」（déformer）されているかもが、明らかになされなければならない。たとえば記紀に伝えられている、「天岩屋戸」または「天石窟」の変のごときも、その原型を、かの「地母神」（the Mother-Goddess）の礼拝に還元される、「季節的な礼拝ドラマ」において求めることができ、それがわが国におけるできごとによって、説話として今日まで伝承されている。

人間の記憶は、文字を媒介しない限り、いく世代まで溯ることができるであろうか。Willy Hellpach[6]の研究によると、人間以外の、すべての動物は、「一時の、二世代生活体験」しか有しないとしている。すなわち親獣が子獣の養育をなしている期間の生活体験しか有することができない。一度親子両獣が分離すると、相互の記憶が消失するに至る。これに反して、地球上の、すべての人間は、「一生涯の、数世代生活体験（ein lebenslängliches Mehrgenerationenlebenserlebnis）を有することができ、それは常に少くともかつ主として、「三世代」を包括する。それはしばしば「想像的な祖先」にまで溯る。これらには、氏族の祖先、神がみ、英雄（Heros）またはデモン（Dämonen）が包含される。

記紀における、いわゆる「皇孫」は、三世代生活体験に該当し、神武天皇から開化天皇に至る九代、崇神天皇から応神天皇に至る六代等も、この三世代生活体験によって、基礎づけられているのかもしれない。

現に景行（第一二代）、成務（第一三代）、仲哀（第一四代）の、三天皇の、和風諡号[7]「オホタラシヒコ」、「ワカタラシヒコ」、「タラシナカツヒコ」であって、これは「古い天皇」、「新しい天皇」、「中つぎの天皇」という、かの三世代生活体験によっても、その意義が理解され得るであろう。記紀における三世代、九世代、六世代等も、あるいは現実においては、より少なかったかもしれない。だがいずれを削除すべきかは今日においては、もちろんそれを決定するに由もない。法の発展の重点は、昔から国家活動には存しないで、社会自身に存在し、現在においても、そこに求められている。[8]

支配[9]はもともと法制度として、恐らく被支配者を所有することであったであろう。自由でないことは、たしかに人間掠奪で始まり、婚姻もひょっとかすると、婦人掠奪でなされ、親権も正しく常に子供を所有することにおいて、かれらがなお全く小さい間に限り、基礎づけられた。しかし支配は持続的には「所有」として例外的にしか維持されることができない。一般に支配は多かれ少なかれ被支配者の精神状態、支配制度においての、精神的な自己編入および自己はめこみを前提とする。このような精神状態をもってしない支配は、常時の監督によってのみ維持されることができ、その結果として、最も多くの場合において、支配者にとって、完全に価値がないであろう。

あらゆる、人間の小さい結合[10]は、まず第一に全然自発的に、そこで秩序づけ、小さい結合がより大きなものに結合し、または結合させられるときには、合成した結合は、その構成分の関係において、一定の秩序を作らなければならない。しかしまた必然的に、全体において、すでに原細胞において存続していた秩序を引き受けなければならない。そしてその秩序は、一般に原細胞において発展したように、なさしめられなければならない。

このような Ehrlich の、支配形成に関する見解をとりあげることによって、天皇の支配形成に関する過程を、明らかになすべき方法ともなすことができるであろう。このような方法により、天皇に関する、わが固有の資料からのみ、得られる成果は、右のような見解と対比することによって批判され[11]、さらに一層の正確性を生ぜしめることが期待され得るであろう。

（1） Pietro de Francisci, Arcana Imperii Milano 1947-1948.
（2） Friedrich Gogarten, Verhängnis und Hoffnung der Neuzeit Stuttgart 1958 S. 121.
（3） 直木孝次郎「日本古代国家の構造」（一九五八）三二七頁
（4） Henri Lévy-Bruhl, Aspects sociologiques du Droit Paris 1955 p. 18.
（5） 三品彰英「神話と文化境域」（昭和二三京都）
（6） Willy Hellpach, Der Sozialorganismus Köln und Opladen 1953 S. 30.
（7） 直木前出三四一頁
（8） Eugen Ehrlich, Grundlegung der Soziologie des Rechts München und Leipzig 1913 S. 314.
（9） Ehrlich 前出七四頁
（10） Ehrlich 前出九四頁
（11） Peter Badura, Die Methoden der neueren allgemeinen Staatslehre Erlangen 1959 S. 154.

一　場　序

い　場序の意義

Ortung（わたくしは、これを「場序」と訳したい）は、Carl Schmitt[1]によって、「秩序」（Ordnung）とともに、人間の共同生活において、顕著となっている。これは「大地」（die Erde）が、説話的な表現において、法の母であるということに基いている。精神的には、かの「地母神」の「礼拝」（cult-Kult）に関連を有するであろう。[2] この神はわが国においても、至るところで祀られ、豊受大神宮の別宮におけるものの外、最も有名なのは、三輪の神、伊和の神等々である。

場序に関して、便宜上Peter Schneider(3)の解説にしたがって、以下述べられるであろう。「土地の占拠」(Landnahme)とNomosに関し、

(一)「動作と形態」が述べられなければならない。土地の占拠によって、人間の群が一定の土地と固著する。人間の群は地球の表面の全体から、それを切り取る。これは一部族、民族または国家等を問題とすることができる。土地を占拠する群の社会的構造の大きさおよび種類は、概念的には意義を有しない。調整または従属の原則が支配するか、分化した組織が横たわるかまたは横たわらないかは、どうでもよい。本質的には、土地占拠の主体が「社会」であるか、集合体であり、そして土地占拠の動作が「総括動作」、「共同体的動作」であるかの確定が、唯一のものである。

人間群が土地の一部分に結合することにより、人間を群となす、その実体、その政治的、社会的および宗教的な秩序が、空間的に見えるようになる。実体は出現し、形態を保つ。同時に占拠された土地――地球の一部が、一つの秩序の力の場となる。この土地は空間的に、内部に向っては、一定の土地の区分、外部に向っては、境界において、可視的となる。群は土地の占拠によって、「位置づけ」られる(sich verorten)。その生々した秩序が「場序」となる。場序は形成的なものとして、全く成長および変化に可能となる。目に見えない核心から大きな国家が成立することができる。

土地の占拠の体験、土地占拠者の政治的、社会的および宗教的な秩序を、Carl Schmittは、Nomosと名づける。「Nomosは、一民族の政治的、社会的および宗教的秩序が可視となる、直接の形態である」。

（二）　土地の占拠と法の基礎づけ(4)　土地の占拠は法の基礎づけ的な、「原初行為」（Urakt）である。また Nomos も法の基礎づけ的な原初行為であるということができる。また土地の占拠から、それが法の基礎づけ的な原初行為として、Nomos が展開したともいうことができる。

土地の占拠が存せず、また土地の占拠以前には、法は存在しない。論理的なもの、および歴史的なものは、それゆえ一体として見られる。定住しない、場所づけられない群は、法を有しない。遊牧者は法を有しない。土地の占拠が、法の論理的および歴史的な前提であるならば、その他のものではあり得ない。

土地の占拠は、二重の方向・内外に向って法を基礎づける。内部に向って、すなわち土地の占拠をなす群の内部において、土地の最初の区分をもって、すべての占有および所有関係の最初の秩序が作られる。この最初の土地区分によって公的のみまたは私的のみの所有権、または集団的または個別的な所有権、または両者がつくられるか、などはすべてあとの問題であり、共同の土地の占拠の行動を前提とし、この行動から、まず誘導される区分にかかっている。外部に向っては、土地を占拠する群が、他の土地を占拠しまたは土地を所有する群または権力に対立する。

土地の占拠以前には、またはそれなくしては、法は存在しない。法は場所づけられた秩序である。場所づけられた秩序としての法が、Nomos である。場所づけられた原初行為としての土地の占拠が Nomos といわれる。土地を占拠する群の、土地の占拠によって場所づけられた秩序がまた Nomos である。

以上を要約するとつぎの如くなる[5]。

一　土地の占拠は、法を基礎づける。

二　土地の占拠は、歴史的な意味において法を基礎づける。土地の占拠以前には、法は存在しない。

三　土地の占拠は論理的意味において法を基礎づける。法は土地の占拠なくしては、考えられない。

四　歴史的なものと論理的なもの、一般的なものと特別的なものは、根源においては、一である。

五　歴史的および論理的なもの、考えられ得るものと現実の統一体としての法は、その本質において、つぎの「反対命題」(Antithesen) を包含する。

イ、国際法と国法、公法と私法、群総体と群の多数の反対命題

ロ、Sein と Sollen、事実と規範、規則と決定、秩序と法秩序の反対命題

六　法は存在 (Sein) の原初的な正しさ (Richtigkeit) および単一体である。法は Nomos である。法はそれで形成力と形成の対極性を包括する。法はそれでその根源に関する基礎において、土地の占拠を超克し、また土地の占拠を決定する限度としても現われる。

なお Carl Schmitt[6] は、支配 (Herrschaft) は、第一に、単に土地に関する支配であり、まずその結果、その土地に居住する人間に関する支配であると解している。

(三)　土地の占拠の方式[7]　Carl Schmitt は土地の占拠に関して、三つの方式を区分している。

一　第一の区分としては、本来のものと本来でないもの、本質的なものと非本質的なものの土地の占拠とする。本来の土地の占拠は、日常事的ではない。それは法史的な時期をつくる。それは各

時期にとって、本質的な、空間区分的な根本過程である。非本来的な土地の占拠は、それに反して一時的な、自身を破壊する権力行為である。それはNomosでもなく、またそれをつくらない。

二　第二の区分としては、「組成するもの」と「組成されたもの」の対立にかかっている。土地の占拠が、まず秩序を基礎づけ、組成された秩序のなかで実現されたものを基礎づける。これをさらに表現すると、「正当」(legitim)である土地の占拠が存し、「合法」(legal)であるものが存する。第二の場合において、この土地占拠が単なる権力行為として、またかの土地の占拠が法行為としていい現わされることをも許容する、規準が存在し、標識が与えられている。確定力を自分自身からではなく、それを担うNomosから獲得する、規準が、Nomosの存在力をゆるめる契機においてその解体をなし、新規なNomosをひき出すのでそれがきかない。

三　第三の区分として、土地の占拠が、都市を建設しまたは植民地をつくることがあげられる。土地の占拠は社会の初めての場所づけをなすか、またはすでに一定の場所からでてきた場所づけを建設する。

このようなCarl Schmittの土地の占拠に関して批判(たとえばPeter Schneider)がないでもない。わたくしはその批判にはおよばず、直にこの見解に基いて研究を進めることとする。なおCarl Schmittにおいては、die Erde, das Landが混同されているが、さらに場序を理解するがためには、Walter Ehrlichが述べているように、「大地」(Boden)と「土地」(Grund)の区分をなさなければならない。これらに関しては、後に述べられるであろう。

(1) Carl Schmitt, Der Nomos der Erde im Völkerrecht des Jus Publicum Europaeum Köln 1950 S. 13.
(2) E. O. James, The Cult of the Mother-Goddess London 1959.
(3) Peter Schneider, Ausnahmezustand und Norm Stuttgart 1957 S. 31.
(4) Schneider, S. 33.
(5) Schneider, S. 37.
(6) Schmitt, Der Nomos der Erde S. 18.
(7) Schneider, S. 38.

ろ　場序と関連する、わが固有の表現

古代の天皇の支配に関する、わが古代歴史学者の多くの立場は、文献学的な、[1] 極めて詳細な分析によって、推し進められている。このような方法をもってする研究は、もはやその極限に達しているのではなかろうか。とくに天皇支配の発生またはその以前に関しては、その感を深からしめるものがある。

わたくしはこの問題を法学の立場から解明すべく、まず第一に天皇をもって経験科学の対象となすべく決意した。だがこの問題の解明には、さらにイデオロギー的な見地[2]も加えられなければならない。なお「意識された神話」――「国体」等の検討に関しては、これが、とくに重視されなければならない。

古代人の思惟は、ここにそれが詳細に述べられるまでもなく、現代人のそれが、複雑、理論的、抽

象的であるのに対し、単純、実際的、具体的であることは、いうまでもないところであろう。[3]

古代日本人が、大地または土地の占拠ならびに場所と関連して使用した、いくたの系列の表現がある。その発生史は、日本列島に人びとが居住するに至ったときから、または外来的に、考察しなければならない。だがこのようなことは、わたくしの任ではない。今ここで、二、三の系列の表現を、思いつくいたままかかげ、言語理論的に考察することとする。

まず第一にあげられなければならないのが、「オニ」、「クニ」および「タニ」である。「ニ」はもともと「所」と「人」をさす古語であろう。したがって「オニ」[4]とは原義においては一定の定住地から見て、「奥の方」、「奥の人」であり、「よその」、「他の所」(fremd)、「よその人」、「見知らぬ人」(Fremde) を意味したであろう。一定の大地を占拠する共同体から見て「オニ」は前者とは異なる秩序または法の下にあったであろう。その法が同質であるかまたは異質であるかは、個々の場合について検討されなければならない。

中国からの「鬼神」の思想が、その後において、受容され、たとえば、古今集序においては、「目に見えぬ鬼神をもあはれと思はせ」と書かれている。

「クニ」は原義では「クガ」(陸)「クロ」(畔)「クマ」(隈――トコロ、場所)に通ずるものがあり、「タニ」に対立している。「タニ」はもともと「下」または「田」であり、「タニ」は低地または低地人を指称したであろう。

この系列の表現(用語)は、多分に「水平的」であり、「外延的」であり、macrocosmic である。したがって「クニ」を占拠する共同体が「オニ」および「タニ」を克服し、遂に「国」となったものと解されるであろう。かの鬼が嶋の征伐もこの意味で理解されるであろう。このような変遷において、「タニ」が、現在の「谷」(valley)となったであろう。

第二の系列としては、「アマ」(天)、「ヤマ」(山)、「シマ」、「タマ」(田間)がかかげられる。「アマ」はもともと「山」(I-Ama)であり、古代人の思惟における、「超越性」(Transzendenz)の形成に伴って、山と天に分化したのではなかろうか。この表現は垂直的または立体的であり、「内延的」であり、microcosmicである。古代人の間における支配が樹立されるにしたがって、征服者は高地に、被征服者は低地「シマ、タマ」において、大地の占拠をなしまたはなさしめられたであろう。そして支配が確立するにしたがって「シマ」がかえって先行する「クニ」によって克服され、「クニ」が「国」または「国家」を表現するに至ったものであろう。「アキツシマ」、「シキシマ」等は、この見地から理解されなければならない。かくして「シマ」は、microcosmicに限定された土地の称呼となり、「島」として理解されるに至っている。

ここでかの「高天原」に関して一言されなければならない。高天原は必ずしもわが国固有の説話とはなすことができない。現に古代Hittiteの説話にも存している。「天候の神のために、天と地の祭、年頭の偉大な祭が始まった。すべての神々が集合し、天候の神の家に到着した[5]」は、かの高天原における八百万神の集合と同一視して大過ないであろう。

従来高天原に関しては、いくたの見解[6]が存在している。高天原は、「高い天にある国」であって、この「国」（クニ）には「安河」という大河があり、「天香山」という大山もある。更に田畝、草木、家屋、家畜、市等さえも見られている。高天原にある地名は、ヤマトにおいて求めることができるが、「天安河原」に関しては全く不明であるとなされている。ヤマトのアスカ川は現存し、後に述べられるように「スカ」は「春日」、「横須賀」等の「スカ」であり、この Asukakawa に「イ」の冠頭詞を附すると「ヤスカカハ」となり、「安河」となったのかもしれない。

柿本人麿の日並皇子殯宮之時作歌中に

天地の初の時ひさかたの天の河原に八百万千万神の神集ひ坐し神分ちし時に

とあり、更に古事記の中にも

天照大御神之命以於天安河之河原神集八百万神集而

とあり、いずれも河床よりも高い地に、しかも、未開人間での「境界」とも思われる河原にヤマトの原住人の群（またはその代表者）および外来人の群（またはその代表者）が集合し、これらの間にはすでに支配関係にあるものもあり、その多くはそうではなく、ここに集合し、かれらにとって重大な事項を議したものであろう。古事記ではここで葦原中国の平定のための支配者が選定され、「倭国乱、相攻伐歴年、乃共立一女子為王」（魏志倭人伝）の「共立」などもこの種の会議で議せられたものであろう。このような現実が、上代人の支配意識の向上に伴って、遂には「高天原」を生ぜしめるに至ったものであろう。このような展開は山（ヤマ）――高地から天（アマ）に展開したのと同様なものであろう。このような見解はかの「反暎法」⑺の一適用ともいえよう。

最後に第三の系列として、「カミ」、「オミ」、「クミ」および「タミ」があげられなければならない。これらの表現はさきの二つの系列とは異って、大地を占拠する人間にかかっている。一定の地域における原住民が、外部から侵入して来た群（共同体）によって、低地に追いやられ、「タミ」となったであろう。すなわち「田身」である。「クミ」は「クニ」を占拠する群であり、組（ククル――Verband）であり、だがかの支配関係は未だ成立していなかったかもしれない。必要に応じ、祭祀管掌者を選び、外敵（オミ）の侵襲を防ぐための指揮者を選んだであろう。「オミ」は原義においては、「オニ」に通じ、やがて「クミ」は統合されたであろう。これら「クミ」の中でとくに記憶されているのが「来目」「久米」（クメ）であったかもしれない。「カミ」に関してはいくたの見解が存しており、(8)もともとは、香島、香取の「香」（かぐはし）という美称と「ミ」（身）が結合して生じたものであろう。「カミ」は後に述べられるように、一つの「階級言語」である。被征服者から征服者、逆説のようにも考えられるがその反対の場合もあり得る。たとえば大山祇神、大国主神、大物主神というが如きが存している。またヤマトの三輪（御姥）氏、甘茂（香者）氏または出雲（厳者）氏の如きも、それらに包含されるであろう。これは後に述べられるように支配に関しての被支配者の同意を得、抵抗を防ぐための一つの方策に出でたものとも考えられる。

やがて支配関係の成立に伴い、「カミ」が「上」となり、Obrigkeitを示すようになった。この「お上み」は後世に至っても使用され、宮中においてはもちろん、かつての「臣下」の家々においてさえ用いられていた。かの「上役人」なども、一つの適例であろう。

「カミ」は更に超越性を向上し遂には神々にも適用されるに至っている。だが、この表現の形成過程から見ても、わが神々は氏族または民族的宗教の神々であって世界的宗教の神（Gott）に比して、その超越性が相対的であり、著しく低度であって、人間に近接している。

後の国造族の名称中に「臣」と「君」[9]が多数占めている。その君と臣が単純に支配者と被支配者を意味するのであろうか。「君」とは、「木」を礼拝する人びと（木身）であり、「臣」は外人（Fremde ; foreigner）ではなかったとも断じ難いものがある。

大地の占拠から生ぜしめられた、民族的、地域的、礼拝的、社会的、政治的な「成層化」（stratification）の過程[10]は、支配の成立、やがて国家の成立に関して欠くことができない寄与をなさしめた。ここで「階級言語」（class language）を理解すべく、Stalin の言語理論[11]に立ち帰らなければならない。かれは氏族または部族の言語が、「階級言語」ではないといっている。

だがわが国では征服者と被征服者の相互における美称が存在している。しかし「君」は階級言語には属しないで、一つの大きな部族または部族群の称呼と考えられ、この君族によって、正確にいえば天皇はこの氏族が礼拝する神の権威を基盤として、ヤマトの一角に支配権を樹立することができ、やがて「キミ」が支配者の称呼となり、「大君」を経て「天皇」を生ぜしめた。

（1）直木「日本古代国家の構造」三三一頁

（2）Helmut Rumpf, Die ideologische Gehalt des Bonner Grundgesetzes Karlsruhe 1958 S. 10 ; Walter Hofer, Geschichte zwischen Philosophie und Politik Basel 1956 S. 7-Vorwort ; E. K. Francis, Wissenschaftliche Grundlagen soziologischen Denkens Bern 1957.

(3) Paul Radin, Primitive Man as Philosopher N. Y. 1957. p. 59. 久松潜一「古代詩歌における神の概念」(昭和一〇) 五頁
(4) E. Possoz, Die Begründung des Recht im Klan in: Religiöse Bindungen in frühen und in orientalischen Rechten Herausgegeben von K. Bünger und Trimborn Wiesbaden 1952 S. 21; H. J. Rose. Primitive Culture in Italy London 1920 p. 67.
(5) O. R. Gurney, Hittite Kingship in: Myth, Ritual, and Kingship. Edited by S. H. Hooke. Oxford 1958 p. 108.
(6) 白鳥庫吉「神代史の新研究」(昭和二九) 二四頁
(7) 直木前出三二四頁
(8) 久松前出一七頁
(9) 直木前出四四頁、五〇頁等
(10) Joachim Wach, Sociology of Religion Chicago 1944 p. 288.
(11) J. Stalin, Marxism and Problems of Linguistics Moscow 1955 p. 17.

は　ヤマトにおける、土地の占拠の実態

古代または上代の人々は、どんな契機をもって、とりわけ重要なものとして、「統合」[1](Integration)し続けていったであろうか。人々が「礼拝」を、ともどもにすることによって、「機能的」に統合し続けていった。言葉をかえていうと、かれらは神々とともに存在していたということになる。これがいわゆる「民族結合または連帯」(Sippensolidarität)[2]と呼ばれる。「結合する」ということは氏族に属する者を同様に満たしかつ担う「生活」の秘密の概念である。これをわが固有の表現をもってするときは、「マツリ」であって、「マツラフ」を意味し、神の「御側にいる」[3]ことである。

わが国土においては、もともとどんな神々が礼拝されていたであろうか。その一々に関してはこれ

を述べることができない。原始人における神々の出現形態は、まず第一に「numen の力」（numinose Macht）[4]として現われる。numen[5] は古代ローマの表現であって、もともと単に、nod（うなずき――点頭）を意味した。もっと正確にいうと、その受身の形で、「うなずきによって生ぜしめられたもの」である。だがそれは力自身ではなく、力の産物または表現である。本当は、神々、そしてある場合には人間よりも余計な力を有する者が numen を有する。かれらはしばしば numen と呼ばれ、またとくに複数の形で numina と呼ばれた。ローマの神学的な思想が進歩するに従って、それが「神性」（divinity-diety）を意味するに至った。このような表現は、思惟的にはわが固有の「マツル」に先行して発生したものではなかろうか。

未開社会では神々として、「神聖な石」、「神聖な山[6]」、「大地」、「火」および「水[7]」、「聖木」、「聖獣[8]」、「驚異[9]」（Wunder）等が礼拝されるに至った。

このような見地から、神々の祭祀を手がかりとして、ヤマトにおける、大地のもともとの占拠者をさがし求めんとする。そしてその検討にあたって、天皇支配の形成に直接関係あるもののみに限定せざるを得ない。

まず第一に「地母神」の礼拝者を求めなければならない。この神の出現地[10]はカスピ海沿岸地方であるであろうとされ、漸次地中海沿岸におよび、その出現時代は、「古石器」（palaeolithic）時代であった。この神は食物供給に関する神として出現した。この神の礼拝は欧州[11]、北アフリカおよび中東地方等にも普及した。

食物蒐集から食物生産への移行に伴い、この神の礼拝が拡大し、種族の母である女が主として生命の生産者であり、この資格で、子孫の生産に欠くべからざる役割を演じたとはいうものの、農業と牧畜が、食物供給の確立した方法となり、創造的エネルギーの二つの極――(一)女性で、受胎的、(二)男性で、授胎的――が認められざるを得ざるようになり、それぞれの象徴的な意味を有するようになった。しかし Phallus の礼拝が新石器時代以後において顕著となったとはいえ、母的原則が、段々と「地母神」(Mother-Goddess) として人格神化され、とくに西アジア、クレート島、エーゲ海沿岸地方で礼拝において指導的な役割を果たすようになった。そしてこれらの地方では男神は従属的な地位を占めた[12]。

この種の地母神がわが国土において礼拝されていたであろうか。かの三輪の神または伊和の神が地母神であるとなされている。「ミワ」[13]はわが固有の表現であり時には「ムワ」となり、また「ワ」の古音がVAであり、ウバ(姥)(嫗)と同義とされ、嫗は母と同義である。「伊和」もこの見地から理解されるであろう。地母神の象徴である蛇[14]は古語では「ハハ」といわれた。

三輪の神または伊和の神は、わが国土において殆んど至るところで礼拝されていたようであり、今ここで風土記等について一々論証することも必要ではないであろう[15]。この神の礼拝は、その礼拝の方式等から見ても、わが固有のものではないであろう。この神がイランまたはインド等において礼拝され[16]ていたが中国または朝鮮半島等[17]においても礼拝されていたようである。恐らく西域地方を経てこれらの土地に流布され、やがてわが国土においても受容されたものであろう。

天皇支配の成立と関連してヤマトの三輪の神が最も重要視されなければならない。この神の礼拝に関して、ここで一々説明をなすまでもなく、この礼拝の原始形態が、その主要部分において受容されているばかりか、地母神の象徴たる土偶さえもいくた残存[18]せしめられている。

地母神の祭儀は年々定期に行われ支配者の即位式でもあった。わが国土においても、新嘗（大嘗）において、「日常事」として行われていた。

三輪の神はもともと三輪氏によって祀られ、甘茂氏はその胞族であったか前者の征服者であったかは、今日においては確かめることができない。これらは恐らくヤマトにおける原住氏族をなすものであろう。次いで出雲氏が来たり[19]、次いでキ（木）神を礼拝する部族群の、部分的な支族がわが国土に移住して来たり、その一部がヤマトに来たのであろう。新羅（シラギ）、壱岐（イキ）、杵築（木継かもしれない）［一七八頁補注参照］、安芸（サキノキ――Vor-ki）、紀（キ）、志貴・磯城（ノチノキ――Hinter-ki）等が、右の部族群を構成したであろう。

ミワ、カモ、イヅモ等が三輪山を中心として定住し、大地または土地を占拠していたであろう。そこに神武天皇または崇神天皇が侵攻してきたものであろう。このような見地からのみ、魏志倭人伝に伝える卑弥呼が、どんな機能を発揮し得たかを理解することができるであろう。

「地」または「大地」（Boden）[20]は、それと融合したもの――祖先と神秘的なものとに属する。人間およびその子孫は、この大地の用益権しか有しない。人間はこの用益権を全部または一部の他の者に譲り渡すことができるが、大地自身を譲与することができない。勝利を収めた征服者は、その征服した大地の全部を決してわがものとすることができない。征服者はそこで常に用益権者またはその家族をそのままにしておき、それらの存在が、大地のもともとの神々との和解的な結合を維持する。この用益権者はその土地のすべての歴史的時代を通じて恒久的な要素を残存させる。

天皇のヤマトにおける支配権の樹立に関しても、このような理解が必要であって、天皇はヤマトにおいて直に直接支配を樹立することができず、間接支配に甘んじなければならなかった。

（1）Rudolf Smend, Staatsrechtliche Abhandlungen Berlin 1955 S. 136.
（2）Gustav Mensching, Vergleichende Religiouswissenschaft Heidelberg 1949 S. 39.
（3）柳田国男「日本の祭」（創元文庫昭和二八）四二頁
（4）Mensching 前出七八頁
（5）H. J. Rose, Primitive Culture in Italy p. 44.
（6）Mensching 前出八八頁
（7）Mensching 前出九〇頁
（8）Mensching 前出九二頁
（9）Mensching 前出九四頁
（10）James, The Cult of Mother Goddess p. 20.
（11）たとえばイギリスでは、失われた神となっている（Brian Branston, The Lost Gods of England London 1957.）
（12）James 前出二二頁
（13）田中勝蔵「天皇論序章」徳島大学学芸紀要（社会科学）第七巻（一九五七）四三頁
（14）James 前出二三頁による地母神は、「二重斧」（double axe）、「鳩」、「牡牛の頭」、「蛇」等で連想されていた。
（15）「真説日本歴史(一)天皇制のなりたち」雄山閣（昭和三四）一〇六頁
（16）James 前出九三頁以下
（17）古代中国においても、地母神が礼拝されていたようであり、土地の神である「土」が「社」と同字であり、「岳」

も神と呼ばれ（貝塚茂樹編古代殷帝国（昭和三二）一二四頁）、雨風や穀物を左右する神は、異教神である（一二九頁）。地母神の礼拝は、古代朝鮮等においても行われていた（石田英一郎、「桃太郎の母」（昭和三一）一九三頁、二二五頁等）。

もともとの土偶は、Harold Peake and H. J. Fleur, Priests and Kings Oxford 1927 p. 119, 130 ; Branton, The Lost Gods of England p. 173 等において見ることができる。

（18）わが地母神の土偶は、「日本の土偶」（写真解説田村幹宏、滝口修造、野口義磨昭和三四）において、いくたの類型が見られる。地母神に関するものには、もちろん男弟神が Phallus によって明示され、なおいくたの陰陽を表示する「彩文土器」がかかげられている。なお読売新聞社「日本の歴史――日本のはじまり」六九頁土偶（千葉県発見――明治大学所蔵）または昭和三四年一〇月一八日毎日新聞「アメリカで日本はにわ展」土偶（青森県発見）等についても見ることができる。

（19）文献的に田中卓「古代氏族の原譜――ミワ支族の移住と隆替」（芸林第七巻第四号―昭和三一）等において詳細な研究がなされている。

（20）Maurice Leenhardt, Das Verhältnis zwischen Religion und Recht in : Religiöse Bindungen in frühen und in orientalischen Rechten S. 9.

二　支配の形成

い　支配の意義

「支配」[1]（Herrschaft）の下では、人々は通例人間に関する「処分権」を理解している。それが人間の生死に関する決定を意味する。すなわち人間的な生命、人間的な財産、人間的な自由に関する処分権、人間を決著させる、すべてのもの、人間がその労働によって作った、すべてのものまた人間に属しまた排列せしめられている、すべてのものに関する処分権である。人間に関する支配権は、物における所有権と同様に包括的である。人々が両者に関する、ラテン語で dominium という同一の表現を選んだことは不当ではない。

支配は国家に固有なものではあるが、国家以前の共同体において固有でなかったとはいえない。支配は人間の生命に関する処分権であり、支配を行使する者は、人間から生命をとり去る権利を要求する。国家以前の共同体における支配は国家のそれとは異って、単純な世界であるがために、複雑ではなく、多義的ではない。人間と神々の関係、生存のための単純な経済、外敵に対する防衛等に関して、その処分権が存在したであろう。

なに人もそのものの命令に対して持続的に服従させるような権力を有するがためには、少くとも決定的な権力支持者がその権力の正当性の確信を有することが必要である。政治的な権力は社会的な関係であって、必然的に人的政治的な能力ではない。最も能力を有しない支配者も、その支配の正当性が信ぜられる限り、権力を行使し、服従を見出す。すべての権力単位は、その外「強制」を要することも述べられなければならない。支配秩序に「同意」しない者に対する強制が、この秩序への強制された者の内部的な同意をもって前提とすることが確定されなければならない。あらゆる支配的な群は、長く続くうちには、その法原則、そしてそれによってその法規が、一般的な、また被支配者を拘束するところの義務を負わす力をもつだろうという信念を要する。「正義」(justice; Gerechtigkeit) に仕えるような要求をなすことに成功する法のみが、支配者自身を、国家的権力が構成されるような給付に対して、義務づけることができる。[2]

なお天皇支配の形成に関して、とくに注目しなければならないのは、すでに述べられたように支配が被支配者の一定の「精神状態」(Seelenzustand)[3]である。支配はこの精神状態なくしては、恒久的な「監督」(Aufsicht)だけによるのみでは存続させることができない。そして精神状態を有しない支配は、その結果として最も多くの場合において、支配者にとって全く価値がないものであろう。これに関しては、後に述べられるが、それは支配者(天皇)による被支配者の神々の礼拝の尊重によって確保されていた。後の「官祭」、明治憲法の下での神社行政も、この観点から理解されなければならない。

(1) Friedrich August Freiherr von der Heydte, Vom heiligen Reich zur geheiligten Volkssouveränität Schloss Laupheim Württ. 1955 S. 5.
(2) Hermann Heller, Staatslehre Leiden 1934 S. 191.
(3) Ehrlich, Grundlegung der Soziologie des Rechts S. 74.

ろ　始源的支配の成立

支配の始源的な成立は、国家の成立に先行するものであって、直に国家の成立を意味するものではない。たとえば神武天皇または崇神天皇の「御肇国」の如きも、それによって直に日本国が成立したとはなすことができない。

生活の配慮の同様な衝動によって動かされた人間は、二つの根本的に相対立する手段によって、必要な満足手段を得ることができる。すなわち「労働」と「掠奪」(Raub)である。固有の労働と他人の労働の暴力的な奪取である。需要充足の手段として、自己固有の労働および他人の労働に対する固有のそれとの等価の交換は「経済的手段」であり他人の労働の無償の奪取は「政治的手段」である。[1]

国家は政治的手段の組織であり、経済的手段が、需要充足の(軍事的掠奪が手に入れることができる)対象たる一定の氏族をみつけるまでは国家は成立することができない。それ故原始的な「狩猟者」は国家をなさない。言葉をかえていえば、かれらは土地を占拠する段階に達していない。原始的な農耕者の社会形成は狩猟者群に類似している。これら農耕者群は散在して生活を続け、わが国土ではかの「オニ」、「クニ」、「タニ」のような大地の占拠をなしていたであろう。農耕者たちは稀れにのみ、恐らく一年に一回氏族の神(わが国土でも地母神)を礼拝すべく集合したであろう。これら全体をまとめて支配する「権威」は存在してはいなかった。[2]

社会のこのような状態においては、侵略の目的のため、軍事的組織を有していなかった。農耕民の経済的および社会的な関係において、統合のより高度の形態を促すような分化が存在せず、隣人の征服の動機も、可能性も存在しなかった。

「牧者」(Hirten)氏族の場合にあっては、[3]かれらが散在していたとしても、国家形成の要素の全系列が見出される。一つの要素は経済的なものであって、経済的では権力の介入がなくとも、資産および収入の顕著な分化が発展する。財産の差異が至るところで、「階級の差別」を生ぜしめる。貧しくなった牧者は、有富となった牧者に従属するようになる。

そこで政治的な手段がまず、もともとの平等を長期に渉り、かつ強度に破壊するようになった遊牧者たちは、戦争によって奴隷や、婦人または武器等の所持をなすに至った。奴隷は遊牧民によって始められたといわれている。[4]

狩猟者も戦争を遂行し、俘虜を作ったが、奴隷とはしなかった。これらを殺したり、それぞれの氏族の中にとり入れた。これらは資産氏族または生産資本となった。

遊牧者におけると同様に、「海の遊牧者」(Seenomaden-Viking) が見出される。これら海賊たちは、遊牧民の中間段階がなくして、直接に漁民族から生れた。[5] わが古代史において現われている、かの「海神族」は正しくこれに該当するものであろう。

ここで一々記紀等から、わが国土における原住民共同体の征服過程を述べることはできない。かの海神族は恐らく直接に黒潮に乗って、九州等に渡来したであろう。またあるいは朝鮮半島を経由して間接に来たものもあろう。牧民または狩猟者が来たとすれば、まず第一に朝鮮半島があげられなければならない。天皇支配の成立につながっては、多くの場合において、すでに海神族と交婚した者が、ヤマトに来たであろう。恐らく前者の有力群が「木」、「火」、「日」を礼拝し、後者は「風」を礼拝していたであろう。

ヤマトにおける天皇支配は、原住氏族への支配権を順次に積み重ねて、最後に成立するに至ったものであろう。

支配、新規な権力秩序が正当に武器と財産の権力（Gewalt）においてのみ存在することができなかった。すなわちそれはまた服従者の精神的な服従を要した。神々が首長たちと紛う方なく一所にあったので、服従者は精神的に屈服させられ、たとえ秩序の気にむかない同意に強制されたとしても精神的に呪縛される。(6)

このようなEhrlichの見解は、天皇支配の成立に際しての精神的服従に関してはその後段の記載よりも、さらに一層複雑な過程をもってなしとげられている。

（1）Franz Oppenheimer, Der Staat 4. Auflage Stuttgart 1954 S. 10 ; Peter Badura, Die Methoden der neueren allgemeinen Staatslehre Erlangen 1959 S. 160.
（2）Oppenheimer, S. 12.
（3）Oppenheimer, S. 14.
（4）Oppenheimer, S. 16.
（5）Oppenheimer, S. 21.
（6）Walter Ehrlich, Einführung in die Staatsphilosophie Tübingen 1958 S. 33.

は　恣意的支配とデスポット制

原初的な社会秩序においては、(1)外部的な強制契機と内部的な畏敬契機が相並んで存在し、相互に完全な一体となる。この発展の中間段階における、礼拝または祭祀に関しては、次篇（支配の正当性）に譲られるであろう。法秩序においては、外部的な拘束の契機が、その統合を、周囲の自然の圧迫が、制度から生じ、組織された強制によって置きかえられることをもって、経験する。

支配が、その内容の範囲および強度に関して、なんらの規制なくして行使される限り、「恣意支配」(Willkürherrschaft)と呼ばれる。[2]「恣意」[3]とは、支配者が各々の、個々の場合において、かれの瞬間的な考えにしたがうことを意味する。支配者はすべての状態において、各人にたいし、かれに気に入るように行動することができる。形式的なデスポットにおいて正しくかくあるのではなく、その行動において、事実上一定の規則の正しさが形成せしめられている。このような規則正しさが慣習的または成文的に存在する限り、事実上支配者にたいして拘束が存在している。天皇支配における律令制の制定のごときも、かく解さるべきであろう。

征服または広義の屈服理論[4]は正しく権力の優先を包含する。法以前の生活をなす農耕氏族は、有権的ではない遊牧または好戦的氏族から服従せしめられ、やがてこれら両者の結合から「国家」が生ずる。二つの、これまで離れて存在していた社会統合体によって国家に結合され、それで法社会となる過程は、権力行為である。征服の瞬間において、そして両群の属員の間に、直接にその後存在する関係は、純粋の恣意および権力関係であり、そしてまず権力行使およびその利用の、ありきたりの形態および度合の、漸進的な作用をもって、恣意制から、支配が法則にしたがって生ずることができる。権力関係は、その恣意関係または法形態において、他人の行動の心のままな操縦性とは同義でないことは、明白である。この操縦性は、むしろ一定の抵抗の限界においても、その限界が見出される。これはしかし、服従者も一定の権力を有することで同義である。かれらは征服者の権力の行使および利用をすこしばかりの度合で操縦する状態にある。すべての権力関係においては、つぎのような限界が存在する。すなわち二者択一が暴動または内乱である。おそらくは、その結果に配慮することなく、そして、面前の、確実な敗北をもってなされる。征服者と被征服者のその法状態は抵抗の限界に沿って、単純に支配行動の作用である。すなわち法状態は、支配者の支配権力と被支配者の抵抗力のための関係――権力関係の均衡状態である。

このような支配関係の下では、支配における権威と権力の対極性がみのがされており、支配力が永続せしめられるがためには、さらに支配の「正当性」が存在しなければならない。恣意的支配者が、「デスポット」であることがある。アジア的デスポット(5)とは、なにを意味するであろうか。神と支配者の対極的な緊張を止揚することなく、君主と臣下の間に、大きい間隔を作る、「風習」(Sitte)が、それなのである。天皇はもともと人間であったが、人間でもあり、また神ともなり、さきに述べられた言語理論からも理解されるように、君と臣の間隔の拡大をなすことができるにいたった。これがためには大化改新またはその以後まで待たなければならなかった。

(1) Theodor Geiger, Vorstudien zu einer Soziologie des Rechts Kobenhavn 1947 S. 237.
(2) Geiger 前出二八二頁
(3) Geiger 前出三〇七頁
(4) Geiger 前出二八九頁
(5) Fritz Taeger, Charisma I. Band Stuttgart 1957 S. 205.

支配の正当性

まえがき

国家にあっては、「憲法の正当性」[1]を論ずることができる。ここでは未だ国家を形成するにいたらない、原初的共同体における、支配を問題とする限りにおいては、「支配の正当性」となさざるを得ない。現代において、「合法性」(Legalität)が重要視され、「正当性」(Legitimität)が軽視されているのは、そもそも「なに」にもとづくものであろうか。「議会的な立法国家」においては[2]、すべての国家的な行動の欠陥がない、まとまった合法性の理想と制度をもって、全く特色がある弁護制度を発展させた。「合法性」は、ここでは君主または国民投票的な国民意思の正当性またはあらゆる自分自身もしくはより高度の権威またはお上(Obrigkeit)を余計なものとし、または否定すべき意味および課題を有する。この制度において、「正当」(legitim)または「権威」のような言葉がそうじて用いられないならば、この制度は「合法性」の表現としてのみ、そしてそれからのみ導き出される。同様にかの有名な Max Weber (Wirtschaft und Gesellschaft S. 19.) において、「この合法性」は「正当性」として妥当とすることができる、または「今日もっとも流暢な正当形態は合法性確信である」となされ、ここでは、合法性が正当性にたいして対立しているのに、両者——正当性と合法性が、正当性の共通概念に還元されている。(3)

このように「正当性」と「合法性」の混同によっては、国家的統一およびその統一的機能の連続性および不易性を維持することができない。(4) このような時代において、「権威」と「権力」を区別し、それが一般国法学に関して重要な意義を有することを明らかになした功績者(5)は、いうまでもなく、Carl Schmitt(6)である。

かれは、「憲法が憲法制定権（すなわち権力または権威）から生じ、その意思によって定められるので、一つの憲法は、真に妥当する」と述べている。わたくしはかれの著書の出版の年（一九二八年）以来このMacht oder Autoritätのoderに疑問を生じ、いく年かの思索と研究によって、はじめて天皇の二元的構造を明確になすために遂に役立たせることができるにいたった。

権力と権威の両者は、あらゆる国家において相並んで、効果があり、生々している。かつてローマ国法において、元老院が「権威」（auctoritas）を有し、人民から「権力」（potestas および imperium）を派出させた。後に元老院が勢力を失墜するにいたったが、なおも権威を保有し、終に皇帝時代においては、ローマ人の権力が皇帝に移行したが、元老院は、なおも「正当性」のような、なにかを付与することができた、唯一の審級であった。

ローマにおける権威および権力の保持者の二元的存在は、わたくしにとっては、やがて天皇における二元性の存在の発見への手がかりを生ぜしめるにいたった。

（1）小林直樹「憲法の正当性について」一―二（国家学会雑誌第七二巻第一一―一二号）
（2）Carl Schmitt, Legalität und Legitimität Berlin und Leipzig 1932 S. 14.
（3）Johnnes Winckelmann, Gesellschaft und Staat in der verstehenden Soziologie Max Webers Berlin 1957 S. 35 ; Max Imboden, Die Staatsformen Basel 1959 S. 59.
（4）Carl Schmitt, Der Hüter der Verfassung München 1931 S. 136.
（5）大串兎代夫「国家権威の研究」（昭和一六）二三頁
（6）Carl Schmitt, Verfassungslehre Berlin 1928 S. 9, 75 Anm. 1.

一　権威の意義

一つの国法における権威と権力の存在は、その対立の「対極性」（Ploarität）によって特徴づけられ、やがて支配の正当性の形成へと導かれる。

わが国における国法学の研究において、「弁証法」がよく語られているが、「対極性」に関しては、ほとんど無視されている。権威と権力、法と現実、規範と社会学的なもの、Sein と Sollen 等の間の対立は常にそれらの対極性によってのみ理解されなければならない。

対極的な対立は、相殺することなく排除しない。それらはむしろ相互に制約しかつ相互に支える。それによって社会像の構造が特徴づけられる。対極的な対立は、入り乱れかつ相互に効果的となる。

各々の一面的な地位の自然的傾向は、時の経過にともない、直線的にその論理的な結果に展開しつつ、その傾向は反対の地位に対抗する。これら両者は相殺することなく、相互に緊張に富んだ均衡を、卒直に和らげかつ持続する。この均衡は、上位におかれた統一によって囲まれる。社会における生々したものは、対立における統一または統一における矛盾としてのみ理解される。生々したものは決して一元的方式において、もちきたらされることができないで、同時に多くの観点（一次元的な論理とは一致しないであろう）からのみ理解さるべきである。(1)

このような対極性が憲法学において、決定的にとり入れられたのは、Dietrich Schindler の功績によるものであるが、Theodor Litt, Rudolf Smend, Carl Schmitt, Hermann Heller(2) 等も忘れられてはならない。

「権威」が何であるかが述べられるにさきだって「権力」に関して一言を費さなければならない。わが国語にはドイツ語におけるように、「権力」に関して、Macht と Gewalt を区別することができない。したがってこれら両者が常に「権力」によって表現され、ただその「文章の前後」(context) によって判断するよりほかに途がない。

政治的、社会的な意味における Macht(3) は、政治的、社会的—文化的なものも包含されるし、経済的またはこれらの混合作用をもちきたすべき、目的のために、人間および物に関し事実上行使された支配である。支配は強制的または自由意思的であり得る。すなわちは《ママ》支配は恐怖 (fear ; Angst ; peur) をもって樹立される (Hobbes) か、または被支配者の同意をもって持続せしめられる (Rousseau)。すなわち初発的に Gewalt によって基礎づけられた Macht 関係が、まず第一に被治者の同意によって「正当化」される。

ドイツでも、Gewalt と Macht がしばしば混同して使用されている。理論においても、また実際においても、しかりである。外にたいする関係では、Staatsmacht、とくに国家における内部関係においては――国家によって接合された人間に対しては、Staatsgewalt、「統治権」(Regierungsgewalt)、「権力分立」(Trennung der Gewalten) 等々があり、ここでは表現が事物の正しい認識に向っている。(4)

確かに Gewalt と Macht の間には密接な関係が存している。すべての Macht は、Gewalt にたいして多少実質の分け前を有している。両者の間において本質にしたがい、かつ概念的に、それを明確ならしめることが必要である。

Gewalt は人間と人間の関係において、Gewalt にさらされた者が固有かつ独立の意思活動を働かすことができないように、権力 (Gewalt) 者の側において、物的または精神的 (または両者) の力の活動である。すなわち「克服」されることである。

このような意味において、純粋な強制としての Gewalt は、精神的に被支配者の「同意」によって裏打ちされる Macht から区別される。

このような意味において、Macht はあらあらしい Gewalt から、つぎのようにして区別される。前者は経過的または折りにふれて行使されないで、それが作用する枠の中で、持続および繰りかえしの傾向を有し、持続的に絶えず活動しようとするので、秩序、規範、組織をほしがり、このような組織、制度およびその他の権力 (Macht) 手段をも、実際に処理する。(5)

暴君またはデスポットが、Gewaltをたのんでいるばかりか、伝統または被支配者の明示的な同意にもとづいている権力（Macht）関係においても、Gewaltが役割を演ずる。すなわち国家権力（Macht）がGewaltとして、国家権力にたいして同意を拒否した者からここでも見出される。このような拒否は、国家権力が保証する、政治的社会的、経済的な秩序に満足せず、かれら自身が権力（Macht）を得ようと努めるときに見出される。国家権力は、Gewaltとして、個々の場合において、国家権力がかれらをその意思に反して服従せしむべく、反抗する個人に強要するところで、しばしば見出される。

もともとの天皇支配は、その崩壊にいたるまで、本質的にはデスポット的であり、たとえその支配が規範化された後においても、Machtではなく、Gewaltとして現出する機会が、常に内在せしめられていた。

「権威」という表現および観念は、ギリシアの言語または政治経験において、その起源が存在せず、むしろローマにおいて、その起源が認められている。[6] ローマの政治では、共和制の始めから、事実上帝国時代の終りまで、その「建国」（foundation）の神聖の観念が、つぎのような意味で存続していた。一度なにかが建設されると、この神聖の観念はすべてその後の世代を拘束した。政治に従事するのには、第一にかつ真先きに、ローマの「市」の建設を保存することを意味した。ローマ人は植民地の建設に際して、かれらの最初のPolisの建設をくり返すことができなかった。イタリアの全体、西欧の全体がローマによって統一されかつ統治されるまで、もともとの建設に付加することができた。それはあだかも全世界がローマのHinterlandであったごとくであった。ローマ人は最初から終りまで、この特定の都市ローマに結びは《ママ》付けられていた。そしてローマ人はギリシャ人とは異なって、新しい政治体の建設が常に「中心」に結びつけられていた。[7] これに反してギリシア人はそれぞれ都市の神々[8]さえも有していた。天皇支配の長い歴史においても、常に神武または崇神の肇国に還元され、たとえば神皇正統記の冒頭においても、「神武天皇の東征より代々の皇都」から名づけられた「耶麻土」（ヤマト）が説かれている。

「権威[9]」はこれを理解するがためには、この概念が「強制」（Zwang ; coercion）と「説得」（Überzeugungenpersuasion）から区別されなければならない。権威は常に「服従」を要求するから、一般に権力（Macht）または強制（Zwang;violence）のある形態として誤解される。権威は強制の外部的手段の使用をさえぎる。強力が用いられるところでは、権威は失われる。他方において、権威は「説得」とは両立し難い。すなわち説得は平等を仮定し、議論の過程を通じて行なわれる。議論が行なわれるところでは、権威は停止される。説得の平等的秩序は、常に階序的である、権威的秩序に対立する。もしも権威が定義されるとするならば、それは強力による強制または議論を通じての説得の両者にたいして対照的に区別される。命令する者と服従する者の間の、権威的関係は、両者の共通の一つの理性または命令者の権力（Macht）に依存しない。かれらが共通に有するものは、「階序」（Hierarchie）である。両者がその階序の正当性を承認し、そしてそこで両者にたいしてそれが予め定まった安定した場を示す。

権力のみならず、権威を有する支配者たちは、その権威的権力が、支配者のかなたまたはそれに超越する、淵源の持ちこみによって、引きうけまたは証明された「正当性」によっていることを承知している。歴史的には、支配者がその支配を正当化するために、訴えることができる、種々の淵源が存している。それらには神法、自然法、伝統によって神聖化された慣習、建国等が包含される。すべてこれらの場合においては、正当性が人間の行為以外の、なにものから導き出され、神法または自然法のように、人間が作ったものではないか、または少くとも支配者となった者によっては作られなかった。

一つの憲法[10]は、事実的な状態としてのみならず、法的な秩序として「正当」である。すなわち憲法自身が依存している、憲法制定権の権力(Macht)と権威が、承認されたときにおいて正当である。憲法の実質を決定する、国家的存在の様式および形態に関してなされる政治的決定は、その憲法に関する、政治的統一体が存在し、憲法制定権者がこの存在の様式と形態を決定することができるので、妥当する。「権威の見地」が優越するところでは、君主の憲法制定権が承認され、歴史的に形成された、王朝的(dynastisch)正当性が語られる。

国家以前の政治的単一体における支配の正当性に関して、右に述べられたことを、「古代的」(archaisch)に考察することによって理解され得るであろう。

ここで原初社会における権威が、「いずこ」に存在し、その本質が「なに」であったかに立ち帰らなければならない。[11]このような社会で権威が神々と人間によって保持されていたことは、いうまでもないところであろう。権威が一定の世襲の地位に属し、一定の親族の各世代に与えられた。権威は他の者と分け合い、その効果に関しては、親族の間を支配する、特別な人間的関係にかかっていた。

このような制約の下に、権威は個人化されたり、人格化されたり、または局限されたりすることができなかった。「特権は地位に属し、地位は特権に属しなかった」。もともとその行使は、一定の人に服従し、他の人を服従させなければならないということならびに最初の者が、その最終の適用に際し、かれに服従さすべく権威を有することが承認されるような地位の作成を必要となさなかった。

原初民族においては、一定の時期において、形式的および公然的な妥当および証明を有しない権威は、僅かしか力を有しない。継承された権威とそれを行使する権利の間に、鋭い分界線がひかれるように見える。

権威の法的所有とその行使の権利のために分界がなされるが、現代のわれわれにとっては、そのようなことはない。原初民族の場合には、死または一定の他のでき事が、権威の行使が何人かによって、常に、時々、一定の事実が定められるまで中断された場合としてみなされた。権威は、原初民族においては、このような場合には、もともとの群に逆戻りするか、または本然的に見えなくなる、なにものとして見られる。権威は、他の個人に委譲されるまで見えないでいる。可視的存続——現代的な意味での存続はない。だがそれは決して存続がないというのではない。それは明白に存在している。それを存続させるのは、組織された群である。このような理解の下[12]においてのみ、かの魏志倭人伝中の、「倭国乱……乃共立女子為王、名曰卑弥呼」を理解することができるであろう。その共立以前においては、権威はもともとの共同体に逆戻りしていたであろう。

権威の個人的な保有者は、その反対の主張およびその単純な、ほらふきまたはえらがりにもかかわらず、本質的には重要ではない。

群が、現実に存在する、唯一の権威である。これをもって群を直に、なんだか「形而上学的」なものまたは「神秘的」なものと見てはならない。群は非常に具体的な統一体である。群は可視的および非可視的な結合の複雑した組織で相互に結合する、個人から成立する。そして明瞭な構造を示している。このような構造は、人々がそれを「相関的構造」としてみなすときにおいて、最もよく理解されることができる。すなわちそれは空間的および動的に限界づけられる。(一)「空間的」に、文化的に制約された、社会形態および内容において表示された領域、(二)「動的」に、過去と将来のために目標および目的の結合をもって表示された時の間隔を意味する。この結合と構造の組織の中に、権威がその位置を占める。一個人は権威をかれに委譲された程度まで保持する。権威は個人に単に貸与または独占させられる。この貸与が数世代におよび有効であっても、その権威が由来する淵源は、決して忘却されない[13]。

このような事情の下に、その「貸与」(Pacht)の性質が「なに」であるか、またそれがどんな条件の下になされるかを知ることが極めて重要である。ある場合には、この貸与が永遠の委譲であることがある。たとえばある血族の特権となされる。だが、これは普遍妥当的でない。ある場合には、この貸与が無限の期間であることがある。たとえば首長制が限定されているところでは、一定の氏族またはその氏族の中の特別のファミリーに貸与される。だがここで一手に貸与されたものが、他人によって取去されることがある。首長の権威は、全然象徴的でなくとも、遠くにおよぶ。かれは命令や規則を発せず、反抗者を排除する力を有しない。首長は単にしばしば目的にかなう擬制にすぎないことがある。首長が下級の首長に権力を付与することがあり、後者が一度それを失ったときには、最早それを回復することができない。全土が君主に属し、それにもかかわらず私有財産が個人的に継承せしめられ得る。

何故に権威の保持者が決して権威の現実の保持者ではないか、または、真の保持者であるとしても、特別の制約および持続的な看視の下でのみ、それがあり得るかが、分明させられなければならない。権威は財産のように、これに関する法律も「静的」ではない。権威はある意味では、財産のように、そんなに強力に循環する。(14)

天皇の権威に関しても、このような見解がその闡明に関して、大いに役立たしめられ得るであろう。

（1） Dietrich Schindler, Verfassungsrecht und Soziale Struktur 3. Aufl. Zürich 1950 S. 11.
（2） Schindler 前出一一頁
（3） Hans Ornstein, Macht Moral und Recht Bern 1946 S. 31.
（4） Ornstein 前出三二頁
（5） Ornstein 前出三三頁
（6） Hannah Arendt, What was Authority? in : Authority Edited by Carl J. Friedrich Cambridge Mass. 1958 p. 84.
（7） Arendt 前出九八頁
（8） Christian Habicht, Gottmenschentum und Griechische Städte München 1956 S. 160.
（9） Arendt 前出八二頁、Gerhard Möbus, Autorität und Disziplin in der Demokratie Köln und Opladen 1959 S. 8.

（10）Carl Schmitt, Verfassungslehre S. 87.
（11）Paul Radin, Gott und Mensch in der primitiven Welt Zürich 1953 S. 243.
（12）Radin 前出二四五頁
（13）Radin 前出二四五頁
（14）Radin 前出二五〇頁

二　始源的支配の正当性

支配の正当性を知るがためには、再び「権威」と強制の問題[1]に立ち帰らなければならない。これはかの auctoritas と potestas の問題である。「権威」とは、「承認されること」、そして「承認されていること」である。権威の基礎は、自由意思的な承認である。すべてが一定の秩序または人物に服従しまたはそれらの側に置かれるので、その秩序またはこの人物に接触する者による、その地位にある人物または秩序であってよろしい。権威は「人気」と混同されてはならない。人気を有する、すべての者が権威を有しない。あらゆる権威は大衆向ではない。権威はしばしば反対に人気がない処置を可能ならしめる。このような「承認」によってのみ、支配は正当化される。

未開社会における、始源的支配の成立に際し、いかにしてこのような承認が期待され得たであろうか。たとえ未開人にあっても、服従者は精神的に屈服せしめられ得たであろうか[2]。ここでは、かの奴隷の場合は問題とはならない。

かつて古代ローマでは、君主の政治的な機能が人々の記憶から消え失せてしまったが、君主によってのみ本当になされ得た祭儀のみが、その大部分に関して、そのまま伝承されていた。[3]

このような現象は、わが天皇支配にも正しく妥当するのではなかろうか。たとえば景行天皇紀にある、日本武尊の焼津の変の如きも、燧（flint）と「風」（暴風につながる）と神聖な「剣」から理解されなければならない。まず第一に燧石[4]は、石器時代から、その一つの機能として、火を出すことであり、また「ナイフ」としても使用された。歴史時代においても古い燧石が置かれていた。木の礼拝から分化した「火」の礼拝に通ずる。ローマでは Iuppiter Feretrius の神殿に、歴史時代においても古い燧石が置かれていた。

わが国においては、この燧石が「ヒ」（火）の礼拝につながる象徴（おまもり――amulet）として、古事記の記載の如く、倭比売命から、御嚢に入れて賜わったものであろう。まず「剣」によって草をかりはらい、この「燧石」により「火」が「風」によって燃え拡がり、敵が撃退されている。

この説話は崇神天皇が、かの魏志倭人伝の「倭国乱」において、ヤマトを攻略せんとした事実の反映とも解せられ、崇神天皇が礼拝した「風」によって象徴されている。従って崇神天皇による第二の肇国に関しては、少しも報ぜられず、その「政治的機能」は、全く忘れている。

始源的支配は、どんな契機によって「正当化」されたであろうか。国家は宗教なくしては、存在することができない[5]といわれており、宗教は総じて国家性を可能ならしめる、一つの条件である。国家は古代においては、もともと宗教、神々の聖別（Weihe ; Sanktion）、形而上的及び人的なやり方の、このような相関なくしては、決して成立しない。

国家または支配の始源的成立に際しての、その成立または正当化の契機となった神々は、どんな神々であったであろうか。多くの国々において、この神は「地母神」であったであろう。ここで再び第一の「場序と支配の形成」における、「土地の占拠」または「場序」に立ち帰らなければならない。「人間」(Person)[6]は決して単に下層化された人間への、積み重ねによって生じないといわれている。それは単に内部的な人間的方面である。むしろ「人間」(Person)にとっては、真の人間――「自我」(Ichs)の「立場」(Stand)に自身を高めるために、なんだかが必要である。古代または上代初期においては、人間が「土地と大地」(Grund und Boden)を有せず、自由ではなかった。土地と大地を有する自由な人間が、それらを失うと自由でなくなる。それはなぜだろうか。大地の「土地」は、一つの秘密を保有している。それが全然見そこなわれる。人々はこの秘密(それはまた宗教的なものを意味する)を見落している。人間が坐している単純な大地は、それになにか(下からの承認)が欠けているので、「土地」―大地(“Grund”-Boden)ではない。歴史以前の人間は、自分が居住するかまたはよそ(もともとの意義での「オニ」)の、単純な大地しか知らなかった。かれらは「土地(Grund)」の基礎づけを未だ知らなかった。「土地」は同時に法的であり、宗教的である。「大地」は法と宗教、すなわち人間の基礎である。

農民家族が長期にわたり、同一の大地に居住し、それを所有権の客体とする。すなわち大地に縛られるようになり、単に大地の上に、たとえ長期にわたっていても、大地を所有するに至らない者とは全然差別されなければならない。かれらは定住するけれども、大地に縛りつけられない。古代人は土地――大地を追跡する。大地が土地となり、土地財産となると、大地は一つ「大地神」(Erdgeist)を発散させる。それは呪縛し、また再び祝福され、そしてまた甚だはっきりしなくなる。それ故最初の神々は多分「大地神々」、「土地神々」または「地下神々」であった。これらの神々は、世界中ほとんど至るところで、種々の名称で呼ばれた。このような土地の神々は、原初的なものであり、首長たちは積極的に、奴隷たちは消極的に、これらの神々に縛りつけられた。ここに人間の法――上位への積層化――が繫留される。ここでさきのわが固有の表現「アマ」、「ヤマ」、「シマ」、「タマ」(これは大地につながる)及び「カミ」、「オミ」、「クミ」、「タミ」(これは大地から土地への定着過程が示されている)が、再び想起されなければならない。古語拾遺にいう「大地主神」・「地母神」とわが古代人の関係は、すでに述べられている。

根拠を有する者には、事物が展開することができる。[7] 法の基礎である「土地」は、真実の「土地・大地」であり、地母神による、下からの聖別、はっきりしない宗教的なもの、所有権者による昇格によって、土地が大地以上のものとなる。このような下からの承認なくしては、(一)土地(大地)もなく、(二)論理的に法の基礎もなく、(三)法的に告訴することができる人間もなく、(四)かかる人間の地位――国家さえも存在しない。それ故国家は現実の土地から法的土地の上に存在し、土地を有しない国家は、まだ国家ではない。遊牧者国家は、真の国家ではない。国家は「土地平地国家」である。「土地」とは強力的に収奪された大地底部であるばかりでなく、それ以上のものであり、可能な所有権への、大地の基礎づけのための、形而上学的な「心土」(Untergrund)である。所有権概念は、宗教的なものにつながっている。原初人は、それ故財産も、またかれらの大地底部の上にそれも有しない。それ故かれらは、聖別された現実の土地に対して法が向けられているので、未だ法秩序を有しない。この法の基礎の土地が総じて欠けているので、このような社会は未だ国家ではない。

神々がまず大地を「土地大地」に深めるので、財産を承認する。それは原初人が地上でなお全く知らなかった、新しい「深さ」である。それ故かれは神々について、なんら予感することができなかった。血と大地が土地大地を生じた。すなわち人間をもって施肥によってのみ、単なる大地が土地となった。自由人が積層され、地下の者が、このような、より高度の文化及び国家の担い手となった。

このような理解をもって、天皇支配がいかに正当化されたかを明らかにすることができる。天皇支配には、その成立以前において、ヤマトにおいてすでに「土地所有権」の成立が先行していた。だが大化改新によって、土地制度の改革があり、法的に確立するに至った。

ここで神々と人間の関係が述べられなければならない。未開人は常に神々とともにあるものと信じていた。人間の宗教的心性における神々の領域は、非常に広範囲であり(8)、地球の下の領域、天、太陽、月、星を包含し、一般世界領域は、無限である。それ故神々に接触する、宗教法の行動の範囲は、無限である世界空間（world space）を包含する。人間が住む地球上の表面は、宗教法が行われる延長の、ごくわずかな部分にすぎない。人間に関連し、神々のための権利義務を設定する法は、すこぶる広汎である。

人間につながる神々の権利の中には、飲食の供給に関する神々の法的請求権が重要であり、宗教法の発展の低段階においては、とくにそうである。ある場合には、債（義）務者が直接に神々を養うべく要求される。人間の犠牲が人身食肉時代においては、神々の法的請求権に包含された。栄養請求権の外に、金銭及び物件に関する神々の請求権が発展した。その他種々の神々の請求権が生じた。

人類の社会生活および文化的教育における、とくに重要な、かつ高度に有益な部分が、人々が他人に対して一定の方式で行動すべきことを要求する神々の権利によって演ぜられている。その中で、君主および官吏たちが、人民のため、かれらの支配をなし、人民は君主およびその他の官憲に服従しなければならないことが包含されている。かくして法によって要求され、かつ内容において一致する、行動の二制度が生ずる。義務者としての他人について人間的義務を設定する「人間間の法」と、同一の人間のために、同一の行為を要求する義務を、それへの請求権の主体としての神法の理念とともに設定する「神法」が存在する。人間法に違反する者は、同時に神法に違反することになる。

人間と神々の法関係は、相互的性格を有する。人間についての神々の法的義務、神々についての人間の権利は、人間についての神々の権利、神々についての人間の義務に相応する。人間についての神々の法的義務は、人間が適当に行動するところでは、——神々の権利を正確にかつ礼をつくして遵守する——悪をなすことを避け、種々の積極的な役務をなすことに存する。もしも神々が人間についての義務を履行しないときは、原初的人間の場合には、神々が罰を受けることになる。

このような神法は、現代人によって全く理解し難いところであろう。支配権の樹立にあたって、征服者が礼拝する神々と征服者と、被征服者が礼拝する神々と被征服者の間において、支配の「正当化」

が、なんらかの形態と様式で行われたと解すべきではなかろうか。そして天皇支配の正当化の過程においても、その実証を明確に見ることができる。

（1）von der Heydte, Vom heiligen Reich zur geheiligten Volksouveränität S. 24.
（2）Ehrlich, Einführung in die Staatsphilosophie S. 33.
（3）Rose, Primitive Culture in Italy p. 125.
（4）Rose 前出四五頁、白鳥庫吉「神代史の新研究」（昭和二九）一六五頁。直木孝次郎「ヤマトタケル伝説と伊勢神宮」（読史会創立五十年記念「国史論集」所載）
（5）Ehrlich 前出三四頁
（6）Ehrlich 前出三六頁
（7）Ehrlich 前出三八頁
（8）Law and Morality : Leon Petrazycki Cambridge Mass 1955 p. 85.

三　天皇の始源的支配の正当性

明治憲法の崩壊に至るまでは、天皇支配は、常にかの「国体」[1]によって正当化されていた。すなわち明治憲法典第一条において、「国体」が具体化され、天照大神の神威に基礎づけられた、天皇が神であり、神の子であり、それがために正当の支配者たり得ることが規範化された。

このような観念は、必ずしもわが国固有のものではない。古代エジプトにおいても、同様の観念[2]が見られている。君主の起源は、ここでも断絶することなく、最初の「神―君主」に還元されている。君主の地位への継承権は、「神婚」によって正当化され、その継承者が純粋に君主の後継者でないとき、またはなんらかの理由によって、その地位に関して、疑問があるときには、「神託」(oracle)、「夢」、「神聖婚姻」の擬制によって、決定された。

この「国体」は、いうまでもなく、かの「天孫降臨」に際して下された「神勅[3]」に還元される。皇孫の降臨に際して、天照大神のみが現われず、または現われなかったりしている。すなわち日本書紀においては、高皇産霊尊の名が数ヶ所に記載されているが、天照大神は単に二ヶ所に見えている[4]。古事記においては、高御産巣日神天照大神[5]が現われ、さらに高木神は高御産巣日神の別名となされている。

日本書紀の一書によると、大物主神および事代主神(いずれも三輪の神の別名ともなされている[6])が八十万神を天高市に含め《(ママ)》〔合《あつ》め〕、帥いて天に昇りてその帰順の意を表している。古事記にはさらに「爾高御産巣日神、天照大御神之命以、於天安之河原、神集八百万神集而」とあり、天孫降臨と高天原の関係が明らかになされている。

「高天原」とは、さきに述べられたようにヤマトの一地方と解され、なお「高天原」は必ずしもわが国に固有なものではない。すでにHittite[7]では、「運命」を定める目的のために神々の集会が行われた。その場面は天におかれている。しかしこのような神々の集会は、現実には祭儀の形で行われたようであり、その集会の場所は、地上の「社および戸外の社」(the temple and open-air shrine)であったようである。このような事実は、わが高天原の理解に大いに役立つであろう。

ヤマト地方にはすでに述べられたように、原住民があり、三輪族、甘茂族および出雲族等々が占拠していた。そしてこれらの生活状態は必ずしも明確には伝承されていない。

日本書紀によると、天照大神は、天狭田長田または日神の三田——天安田、天平田、天邑幷田を有し、スサノオの尊は天織田、天川依田、元口鋭田を有していた。後者は磽地であり、ために同神による、天照大神の田に対する紛争が起った。これらの田には稲種が植えられ、収穫され、「新嘗」さえも行われた。さらに蚕を養い、糸が紡がれ、その織布さえもされた。これはすでに「土地」の所有権の形成を意味し、これら氏族が、すでにいわゆる「氏族又は部族経済」を運営していたのである。

しかるに神武天皇のヤマトにおける、いわゆる「肇国」に際しては、ヤマトにおける原住共同体からの、人的および物的な「掠奪」(Raub) または「貢納」(Tribut) に依存していた。

これは、天照大神はすでに土地所有権を有しており、神武天皇はヤマトの一地方において、単に大地に対してのみ支配権を有していたことを意味している。従って高天原がヤマトにあったとの見解をとる者からは、天孫降臨と神武天皇の間には連続がないことになる。ここにも、かの作為された説話(8)が出現している。

神武天皇はいかにしてその支配を正当化し得たであろうか。その支配は、一応原住民の「恐怖」によって建設された。神武天皇はその支配を正当化すべく、まず第一に原住民が礼拝していた神々との和解的または有和的な関係を形成せしめなければならなかった(9)。

神武天皇はどんな神を礼拝していたであろうか。もちろんそれを知ることができない。神武天皇の父は、日本書紀によると、ウガヤフキアエス尊であり、その第四子とされている。これら兄弟は全部が必ずしも「彦」の称呼を有してはいなかった。その母は姨玉依姫といわれ、「海童の少女」であって、海神族の出である。従ってこの見地から、神武天皇は、母系的には、その礼拝の対象を風神[10]に還元することができるであろう。神武天皇は、父系的には日神を礼拝していたといわれている。だがこれも必ずしも明確にはなされ得ない。

ヤマトにおける原住民たちは、種々の神々を礼拝していたであろう。そしてこれらの人々はその「異族意識[11]」によって制約され、他の氏族の祀る神々を礼拝することができなかった。そのような顕著な事例を、常陸風土記信太の郡浮島村について、左の如く見ることができる。

乗浜の東に浮島の村あり。（中略）戸一十五烟、里七八町余あり、居る百姓、塩を火きて、業と為す。而して九つの社あり、言も行も謹み諱めり。

従って天皇のもともとの支配は、その崩壊に至るまで、この異族意識の制約の下に、その正当性を持続しなければならなかった。これが後の「官祭」、明治憲法の下での「神社行政」につながっている。天皇が臣民から遠く離れ、自らが、人間でもあり、神でもあるに至ったのは、長い年月の経過の後であった。[12]

神武天皇は日本書紀によると、日神の子孫として、ヤマトに侵攻した。その率いた「軍隊」は、どんな構成であったであろうか。これら軍隊に女子が随伴したのは、「女軍」があったことで知られる。

だが神武天皇の属する氏族および随伴した氏族が、自然発生的な、かつ完全な、いわゆる「二元組織」(Dualorganisation)[13]の形態でヤマトに入ったのではなかろう。多分男姓《ママ》が優勢であったであろう。これはその後の天皇氏族の通婚に関して重大な関連を有する。これは天皇の権威がやがて母系的に形成せしめられるに至った一つの契機をなさしめている。

神武天皇は、強敵と思われる、磐余邑にあった兄磯城を討つべく、天香山の土による、「魔術」(Magie)を行っている。これは、攻略せんとする「大地」が、原住民の祖先のものであるとともに神秘なものであり、「神」のものであるとされたことにもとづいている。魔術(厳呪詛)が成効するならば、征討が可能なりとするものと解され、大地の「占拠」を予めトし、その可能を図らんとしたものであろう。この場合において、すでに「天神地祇を敬ひ祭れ」とのべられている。やがて兄磯城や長髄彦等が征討され、「ヤマト」が征服されるにいたった。地母神――三輪神につながる事代主神と三島溝橛耳神の女玉櫛姫を皇后とされた。そこでまず第一に、ヤマト原住民の中で、最も勢力があったと思われる出雲族との間に通婚関係が形成されるにいたった。ここに支配の正当性が、被支配者の「同意」[14]に依存すべく、第一歩がふみ出されている。

日本書紀の「辛酉年春正月庚辰朔、天皇橿原宮に即帝位、是歳を天皇の元年と為す」をもって、直に国家の初発的成立とすることができない。これは文字が存しなかったばかりでなく、国家の成立に関するメルクマールに合致しないからである(ヤマト国家の成立[の章]参照)。現代において紀元節の復活に関して、保守および革新の両陣営[15]の間において、盛んに論争されている。いずれにしても感情や思いつきでは解決さるべきではない。この問題は「国家の成立」に関する国家学の見地からのみ解決されなければならない。

「無産者の独裁に至るまでは、『歴史』は人類の歴史ではなく、人間の不変の隷属と非自由のデモンストレーション、民族に関する階級権力の力のデモンストレーション、人間を隷属させ、抑圧、掠奪した国家権力の発展であった。歴史は支配階級の支配形態および大衆に関する政治的支配の方法のデモンストレーションであった。歴史は非人間性の歴史であった。[16]」というが如き見解をもって、紀元節の復活に反対する進歩的な学者が、まだ現出するにはいたっていないようである。

この問題は、一つにいつ天皇が日本国を初発的に成立せしめたかの見解にかかっており、天皇がいつ単なる支配者から、「君主」(Monarch) になることができたかの時期の決定によってのみ解決されなければならない。

(1) 藤田嗣雄「明治憲法における Sein と Sollen」(上智法学論集第一巻第一号昭和三二)

(2) H. W. Fairman, The Kingship Rituals of Egypt in : Myth, Ritual and Kingship edited by S. H. Hooke Oxford 1958 p. 77, 81.

(3) 白鳥庫吉「神代史の新研究」三一七頁

(4) 白鳥前出三一八頁、三二一頁

(5) 白鳥前出三二一頁

(6) 「真説日本歴史」(1)一一五頁

(7) O. R. Gurney, Hittite Kingship in : Myth, Ritual and Kingship p. 108.

（8） Theodor Litt, Die Stellung der Geisteswissenschaften im nationalsozialistischen Staate 2. Auflage Leipzig o. J. S. 6.

（9） Maurice Leenhard 前出九頁

（10） 石田英一郎「桃太郎の母」（昭和三一）一八七頁、一八八頁、一九六頁、松本信広「日本の神話」（昭和三一）九七頁

（11） 松村武雄「日本民族の異族意識」（日本民族—日本人類学会論）（昭和二七）

（12） H. W. Fairman, The Kingship Rituals of Egypt in : Myth, Ritual and Kingship. edited by S. H. Hooke p. 76.

（13） M. O. Koswen, Abriss der Geschichte und Kultur der Urgesellschaft Berlin 1957 S. 14.

（14） Harold J. Laski, Authority in the Modern State New Haven 1929 p. 33 ; Gerhard Ritter, Die Dämonie der Macht München 1948 3. Auflage S. 48.

（15） 歴史教育研究会編「紀元節」（一九五八）等

（16） Karl Polak, Die Schöpferische Rolle der Volksmassen und der Staat in : Staat und Recht im Lichte des Grossen Oktober Berlin 1957 S. 67.

地母神の礼拝と天石窟の変

序説

地母神の礼拝は、人類の発生以来古くから行われており、わが国土においても歴史以前から、この礼拝が、殆んど至るところで受容されていた[1]。天皇の神性の形成の、最も重要な契機の一として、この種の礼拝があげられ、その権威もやがてその神性によって基礎づけられるに至ったとなすべきであろう。地母神と暴風神、木、火および日の礼拝は、いずれもその根源を、地母神の礼拝に求めることができる。

何故に大地、風、太陽、石または穀霊等が神となり得たかに関して、まず第一に述べられなければならない。

人間の体験の、宗教現象等の観察において[2]、まず第一に、目標がつぎのようなものに向けられなければならない。すなわち未知なもの、異様なもの——意外なもの——単に「一つの全く異っているもの」(ein ganz Anderes)が、不思議な強力をもって、人間の眼前に現われ、それを直接に把握する体験者が、自らの不十分から浮び出て、その権力作用に侍して、それを敬虔な畏怖をもって抱くほど抵抗しがたく声明する。

このような優越した力の理解方法の、「二重の成層」(Doppelschichtigkeit)[3]を認識することによって、つぎのようなものを理解することができる。動力学的(dynamistisch)な理解方法から発し、最初に一つの概念を知ることができる。これがいわゆるmanaである。これは、完全に物理的な力から分離し、あらゆる方法で善と悪に作用する、一つの「力」(Kraft)である。これらを所有し且つコントロールすることは、最大な長所である。manaが付与されているものは、すでに一の石であり得る。たとえば果実においては、manaが付与されているものを、樹木の根に見出している。また一人の人間の、異常な特徴から、そのmana天賦が結論される。

純粋の、manaの超自然的な力の、理解方法がやがて多少「人格心理学的」(personalistisch)な理解方法に変遷する。たとえばmanaを有する霊が、終にmanaと呼ばれるようになっても、不思議ではない。「大地」は天と同様に、純粋に動力学的に観察すると、すべての力およびエネルギーの源泉にすぎない。それゆえ人間を大地と合成されている名称で呼ぶ措置が由来する。しかしたちまち大地がさらに人格心理学的に把握されて「地母」(Mutter-Erde)と呼ばれるようになる。[4]日本書紀は「天石窟」、古事記は「天石屋戸」となし、この変に先だって、天照大神とスサノオの命の誓約が行われ、それによって皇室の祖先が生まれた[5]となされている。この変に関しては、漸次現代科学的[6]に闡明されんとしつつあるようである。

天石窟の変に関して(一)本居宣長は、記紀の記載をそのまま受け容れている。この解釈は、明治憲法の下では、公定解釈であった。(二)高木敏雄（比較神話学）は、これを天照大神は太陽、素尊は暴風雨とし、磐戸の変は、太陽が暴風雨におおわれているとなし、(三)津田左右吉は、その神代史の研究で、自然民族が日蝕を見ると、悪魔が太陽を食うのだと信じ、これを追い払うために、烈しく楽器を奏したのによるのだとしている。(四)中山太郎[7]は、葬儀に伴う祭祀であるとしている。すなわち「神避り座した」ことを意味する。この祭儀は、主として神霊を慰めることにあって、従として遺族の愁を払うにあったとする。

このような変は、地母神の礼拝を研究することによって、容易にその礼拝に還元して理解することができる。わが国土においても年々行われていた、この種の祭儀がたまたまスサノオの命の「暴行[8]」によって、古代人の記憶に長く残り、説話化され、今日におよんでいるものと解すべきであろう。

（1）柳田国男「新たなる太陽」（昭和三一）九頁
（2）Alfred Bertholet, Grundformen der Erscheinungswelt der Gottesverehrung Tübingen 1953 S.8.
（3）Bertholet 前出一〇頁
（4）Berthollet 前出一六頁
（5）白鳥庫吉「神代史の新研究」二七二頁
（6）川添登「民と神のすまい」（昭和三五）一一七頁
（7）中山太郎「国体と文化」（昭和一七）二七七頁

（8） L. G. Pine, The Twilight of Monarchy London 1958 p. 13.

一　地母神の礼拝の原型

地母神は有史以前から、世界中ほとんど至るところで礼拝されていた。わが国土においても、その例から漏れてはいない。今ここではわが国土における地母神の礼拝の受容を明らかにするための限度において、その「原型」（Urform）と思われるものを、左にかかげ、天皇の権威の形成過程の闡明に役立たしめることとする。

地母神の礼拝は、種々の国々で必ずしも一様の方式をもって礼拝されてはいない。したがって全般に通ずる普遍的な方式を発見することが必要となる。

子孫および食糧の、充分な供給が、人間の存在のための条件であるから、生命の増進および保存が根本的な必要なこととして、石器時代の昔から、今日におよんでおり、その影響がわが日本にもおよんでいる。

まず最初には、地母神が、神聖な原則として、母性の承認および尊敬のしるしとして現われた。その後食糧の維持のために、農耕と家畜化が結合された、「混合耕作」が、やがて生殖的過程における男女の二元性を意識させるようになった。そこで人間と牡牛で具象化された「若い神」が、季節ドラマにおける地母神の男の子でもあり配偶者となった。地母神はだがその地位と重要性を依然保有し、西アジアからクレート半島では「山の母」として最高の支配者として継続した。

しかしその背景においては、「空の父」の、幻のような宇宙像――最高のものが、天候――とくに降雨をコントロールし、雷と稲妻として現われ、暴風雨でその力を示した。この神がとくに家父長制の下に、最も卓越した超越性によって人格神化されて、より重大な卓越性を獲得したときに、ギリシアでは、オリンピアのパンティオンの長として、「神々と人間の父」として現われるようになった。エジプトでは、Re-Atum――自顕の創造者が単独に現われ、天と地がまだ区別されず、他の神々が出現しない前に、自分が創造したものを創造し始めた。[1]

わが国においては、古くから「地母神」が礼拝され、その祭儀の形式は種々変容せしめられている。その古くからの存在は、縄文式土器の中に、「土偶」としていくた発見されている。現にこの神は、伊勢の豊受大神宮においても祀られており、大和の三輪神社が最も顕著な存在である。

エジプトまたはギリシア等では、最高の父神が形成されたが、日本では最高の神天照大神は女性となされている。これは天皇ファミリーの父系化が遅れて生じたのによるものであろう。[2]天照大神は日神であって、地母神とはなされていない。しかもその対偶神は、暴風雨の神スサノオ命である。したがってこのような説話には、時代のずれがあり、それをいかに理解すべきかが問題となる。

古代宗教は、大体において、「教条」（creed）を有せず、制度と慣行から全く構成されていた。これらは厳重に確定されていた。だがこれらに付せられた意味は、全く漠然たるものであった。同一の祭儀が異った国々の人々によって、異ったふうに説明されている。[3] したがって地母神の祭儀にあっても、各国、別になされなければ、その祭儀を完全に理解することが全く困難である。したがって以下において は地母神の礼拝の大略しか述べることができない。

この祭儀はもともと豊饒の祈願または感謝のために行われた。原型においては新年祭礼であり、たとえば、ヘブライ[4]の例をとるならば、

(一)神の死と復活の劇的な演出

(二)創造神話の朗読または象徴的な演出

(三)祭儀的な戦闘――神の敵に対する勝利が描写される。

(四)神聖な婚姻

(五)凱旋行列――国王が神の役割を演じ、この神よりも微力な神々または来向した神々によって随伴される。そして春または秋に行われることがあっても、右の性格を具有していた。

またエジプトでは神聖な婚姻と呼び慣わされた祭儀が、(一)神婚(二)収穫および(三)祖先の祭の結合であった。[5]

エジプトでは、この祭儀が「復活祭儀」[6]として解釈された。この祭儀は、たしかに豊饒説話および死んで行く神の神話(この神は死において子を生み且つ再生する)に基づいている。同時に三つの仕方で自然の通例の循環に編合されている。(一)まず第一に、それは太陽の運行にしたがい、日没は死、日出は再生を示す。(二)それは月の「みちかけ」に結合し、国王の死と再生は月の「かける」ことおよ

び満つることに結合され、国王が月がかける最後の晩に葬られるので、新月は、ある意味からいえば新王を象徴した。(三)祭儀は四季と結合された。

ここでこの祭儀に関連して国王の「即位式」[7]について述べられなければならない。古代エジプトでは国王の践祚と即位式が区別された。践祚は前王の死の翌朝の夜あけに通例行われた。「即位式」は、必要な準備の都合と、お目出度い日を選ぶために、別の日が選ばれた。エジプトでは、即位式およびこれにつながる祭典のために、冬の第一月の第一日が最も都合のよい日となされた。ここでは即位式に関する、完全な記録が残存していない。

この即位式日が、わが日本書紀に伝えられる、天皇の即位式日と合致しているのは、あながち、全然無関係ともなし難いであろう。たとえば、神武天皇は、辛酉年春正月庚辰朔、綏靖天皇は元年春正月朔、孝昭天皇は元年春正月朔に即位した。これには中国の直接の影響があったことは、もちろん否定し得ないであろう。

終にわが国における、地母神の礼拝の推移の理解に資するため、一言付加せしめられなければならない。古代の中東においては地母神の礼拝は「若い神」の礼拝と関連して、季節のリズムに集中した、同一の特徴を有した。すなわち地母神は永久に生殖と調達の具現であり、その若い男である対象は、各々がそれ自身の自主的な重要性を保持しつつ、宇宙の循環の絶えず変化する連続の、つかの間の全生命を人格化した。しかし、シリア、メソポタミア、アナトリアおよびエーゲ海地方では、地母神が優勢な姿であったが、エジプトではその地位が逆であった。ナイル流域では、公けの僧侶たちが神学的な理論を組織づけ、一人の「ファラオ」（Pharaoh）の下、「二国」の統一された支配の下に、地方の礼拝を組織した。国王はHeliopolisで太陽神Re、ThebesではAmonの権化および物質界的な男子となった。国王はこの資格で、エジプトの国家的神、Amon-Reの地上の代表者として君臨した。Osiris説話が「太陽化」されたときには、国王は、生きているHorus——最上級に豊饒の神の死後の男子（Osiris）——として王位を占めた。そこで国王はすべてが男性である、かれが具現化した神々に対して、その神性と国家における地位を負うに至った[8]。

わが国においては、このような地母神の礼拝の変化を考察することによって、わが地母神の礼拝の衰微を知ることができるであろう。すなわち地母神の礼拝がヤマトでは三輪氏によってなされ、甘茂氏、出雲氏の順序に明瞭性を欠くにいたり、さらに「キ」氏の来住により、一層それが強化され、遂に天照大神によってほとんど忘れられるにいたったとなすべきであろう。

（1）James, The Cult of the Mother-Goddess p. 257.
（2）Koswen, Abriss der Geschichte und Kultur der Urgesellschaft S. 125.
（3）O.E. James, Myth and Ritual in the Ancient Near East London 1958 p. 294.
（4）Myth, Ritual and Kingship, Edited by Hooke p. 226, 269, 273（古代中国に関し）。
（5）前出八九頁
（6）前出九六頁
（7）前出七八頁—八二頁、九一頁、九七頁、一〇三頁
（8）James, The Cult of the Mother-Goddess p. 241.

二　天石窟の変の構成要因

地母神の礼拝が、非常に古くから、わが国土に受容されていた。この礼拝がわが国土において自然発生的に形成されなかったために、その受容がすこぶる変則的であって、時を異にし、順序を経ず、その「原型」(Urform)をいちじるしく「変形」せしめている。

今ここで記紀の記載するところを順を追ってかかげて、地母神の礼拝との比較対照に供することとする。天石窟の変の構成要因または要素(factors)は、つぎの如きものである。

(一)　須神の昇天に伴い、天照大神の武備充実——これはかの地母神の礼拝における「聖戦」の影響とみなすべきではなかろうか。

(二)　須神と天照大神の宇気比または天真名井の誓約——この誓に関して、天照大神の、「清浄無垢」(virginity)が現出せしめられている。これもまた地母神の礼拝における「聖婚」の影響の下にあるのではなかろうか。ここでとくに注意が払わ〔れ〕なければならないのは、天照大神は地母神と弟神(暴風雨の神)の関連から理解されなければならない。天照大神はすでに magna mater であり、須神は天照大神の「弟」とし、「風」または「暴風の神」であるとされている。たとえば Anatolia では日神(女)と天候神(男)の神婚[1]があったと推定されている。なお須神の称呼[2]は「ちいさい」男の命(Sukunao)であったかもしれない。

（三）須神の勝佐備——天照大神が行われる「大嘗」が妨害され、天石屋戸に入り、ために天下は暗黒となった。紀では「新嘗」と作られている。勝佐備は、勝ち進み荒ぶことであり、「祭儀的戦闘」に通ずる。

（四）この礼拝は、もともとは地母神に対する新穀収穫の感謝、来年の収穫の祈願にあったであろう。夜中神人共々行ったものである。まず第一に神婚が行われ、「再生」が期待された。この点がこの説話において、最も重要視されなければならないのにもかかわらず、暗黒に包まれている。現に新嘗祭において、神座が「二座」[3]設けられている。なお新嘗祭は首長または君主の即位式でもあるが、後に述べられるであろう。

（五）暗黒の世界からまぬかれるために、八百万神の会議の結果、祭儀が行われることになり、鏡（紀一書も「彼の神の象を図し造」る。古語拾遺「鋳日像之像」）および「玉」を作り、天香山からとった、真坂樹の上枝に玉、中枝に鏡、下枝に青和幣をかけて、相与に祈った。これは神聖な木をもって神の象徴となすものであった。だがいずれの神を象徴したものであったであろうか。これを解明するがためには、もともとの地母神の礼拝に立ち帰らなければならない。たとえば紀元前二一〇〇—一七〇〇年において、クレータでは地母神は、地母神としては、もちろん「木の女主人」[4]としても現われた。

天石窟の変では、地母神が直接には礼拝されなかったようであるから、この木によって象徴された神は「高木神」であったであろう。この神の前での祭儀が行われたと解すべきではなかろうか。

（六）天石窟の前での祭儀　天之石屋戸に「汗気」（空笥）を伏せ、天宇受売命がこれを踏みならし、神かがりし、女性器までも露出しておどった。そこで八百万神が笑った（記）。日本書紀にもほとんど同様の記事がある。その本書中では、「火処焼き、覆槽置せ」とあり、古語拾遺では、「覆誓槽挙庭燎作俳優相共与、歌舞」とある。ここで解明されなければならないのは、「火処」、「覆槽」と「淫猥な舞踊」である。

このような祭儀は、もともとかの「授胎ダンス」（fertility dance）[5]に、その起源が求めらるべきであろう。このような祭儀は、「石器時代」において、その起源が求められている。この祭儀は、その本質から見て、淫奔であって、女性器の露出さえも行われている。なおこの祭儀には地母神に仕える祭儀的な prostitutes[6] も現われている。

古事記では「天宇受売命」、日本書紀では「天鈿女命」となし、古語拾遺では「天鈿女命」または「天鈿女命」と作り、加藤玄智校訂本（岩波文庫）によると「鈿」は「鈿」であるとしている。そして藤村作編古事記によると、「宇受」は原本では「乎受」であり、さらに「古語拾遺に天鈿女命（古語、天乃於須女、其神形悍猛固、故以為名」とある。これらから解するときは、「ヲス」または「オス」は「圧」であり、したがってこの称呼によって、古事記中の「何由以天宇売者乃楽、万神諸咲」の「為楽」[7]も理解されるのではなかろうか。なお「阿知女」[8]との関連も考察されなければならない。すなわち「阿」（接頭語）、「チ」（霊）、「メ」（女）とし、「神女」とし、「チコ」、「テコ」と同義とする者もある。

地母神の祭儀には、太鼓、笛、「しんばる」（cymbal）等が用いられ、この太鼓または「しんばる」から聖餐（sacramental meal）がとられている。[9] わが国土では文明が後れており、太鼓の代わりに、「槽」をふせ、これをついたであろう。現に貞観儀式略第五、鎮魂祭儀中に

御巫覆二宇気槽一立二其上一以レ桙撞レ槽毎二十度畢一伯結二木綿鬘一御巫舞訖

とあり、それが立証され得るであろう。さらに同儀式巻第三践祚大嘗祭儀中にある

造酒童女先舂御飯稲次酒波等共不易手且舂上歌

等から理解されるが如く、槽中には酒等が貯えられ、神に供え、参加者もこれを共に飲食することができたかもしれない。

つぎに「焼火処」が解明されなければならない。地母神の祭儀の終の段階において「燈火」がもち来たされている。これは祭られた神の復活に際して行われた。わが国においても、いわゆる「永久火」が存しており、中山太郎[10]によると、黒甜瑣語第一につぎの如き記事が存しているという。

伊勢の宗廟天照神の御霊は禁裏に在して、神宮も皇居も差別はない。今に神宮の火と禁裏の火とは、古くから消えたことがなく、本朝開闢よりの火と言はれてゐる。人の世となつて遷都しても、この火の絶えたことはない。昔は地下でも、大家といへば火を絶さず、家の子等が別家する者あれば、この火を分ちて与へたものである（以上摘要）。

なお今日においても、伊勢皇大神宮および宮中賢所において、このような永久火が燃え続いているといわれている。火処焼きは、恐らく（年々）祭儀の開始に際し消された火が、祭儀の終（復活を意味

する）に際して、再点火されたことを意味するのではなかろうか。

永久火に関しては、たとえばかのFrazerによって極めて詳細に研究されており、ここにその一々におよぶことができない。かのローマのVesta神殿の永久火の如きは、最も顕著であった。永久火の再点火は、かの「復活祭儀」[11]（renewal rites）に関連を有し、この祭儀を象徴するものとも解されるであろう。なおこの火処は、「火の祭壇」（fire-altar）[12]であったかもしれない。

この天石窟の変に関する説話は、いつ頃のでき事であったであろうか。もちろん正確にその時期を知ることはできない。この祭儀が高木神に対して行われており、ヤマトにおいて出雲氏がなお優勢であったようでもあり、まだ天照大神の形成以前とも思われ、したがってまだ「日神」——大日孁貴の出現以前であろう。すなわち「キメ」（木女）とスサノオの命の説話であったかもしれない。

なお天石窟の変に関して、いくた解明されなければならない点があるが、ここには省略することとする。

この祭儀（あるいはドラマ）の終了により、「故天照大御神出座之時、高天原及葦原中国、自得照明」、須作之男命は根国へ追放されるにいたった。古代人の生活は、もともとの共同体に依存し、それからの追放は死を意味し、極刑であった。

（1） James, The Cult of the Mother-Goddess p. 87.
（2） 白鳥庫吉「神代史の新研究」二三六頁
（3） にひなめ研究会編「新嘗の研究」第一輯（昭和二八）八四頁

（4）James, The Cult of the Mother-Goddess p. 129. 133 ; Chiristopher Dawson, The Age of Gods London 1928 p. 99.
（5）James 前出一七頁
（6）James 前出八二頁、一六三頁
（7）志田延義「神歌の研究」（古代詩歌における神の概念三一七頁）
（8）志田前出三三二頁
（9）Dawson 前出九九頁
（10）中山太郎「国体と民俗」九五頁
（11）James 前出一〇四頁
（11）James 前出一〇四頁

三　天石窟の変の意義

天石窟の変が、かの地母神の礼拝に還元して理解することができたとするならば、それが天皇支配に関連する意義も、またここから理解されなければならない。

まず第一に、地母神の礼拝は、暴風雨の神との関係においてなされており、わが国においてもその原型が恐らく存在したであろう。そして地母神と暴風雨、木、ヒ（火と日）の礼拝が受容されており、原型的な礼拝からいちじるしく変容され、したがってその理解が充分になされ得なかったのであろう。

右に述べられた神々の礼拝の起源に関する記載が充分ではなく、受容の時期の転倒または混同が存しているであろう。かの「伊勢内外宮両神御一体の旧信仰」[1]の如きも、この見地から解明されなければばならない。

年々行われていた、新嘗が、スサノオの命の暴行によって、わが古代人にとくに記憶され、説話化され、その本質の理解[2]が失われていた。したがってそれが新嘗であったことが忘れられたばかりか、天皇の即位式の原型であったことも、同様となっていた。現に貞観儀式巻第三——践祚大嘗祭儀の中に、その祭儀の終に、「跪拍手四度」とあるのに、とくに注目しなければならない。これはもともと支配者の選挙または選立に際して行われた、当該共同体の構成員の「歓呼」(Akklamation)[3]の痕跡として理解しなければならない。後に受容された即位式が重要視され、もともとからの同一の目的のための大嘗の意義が失われ、即位式が二度行われたことになっていた。今後この点に関する詳細な研究がなさるべきことが期待されてやまない。

(1) 志田前出三〇三頁
(2) 「新嘗の研究」第一輯、第二輯
(3) Fritz Kern, Gottesgnadentum und Widerstandsrecht Münster-Köln 1954 S. 13.

ヤマト国家の成立

一　支配の始源的成立

従来わが国においては、国家の始源的な成立に関する研究が主として古代史の研究者たちに委せられ、法学の範囲において、等閑に附せられていたようである。

国家の始源的成立の研究は、それを「経験科学」の対象となすことによってのみ、遂行せしめ得るであろう。この方法によって、その成立に至る社会状態および経過の正確な明細を知ることができる。わが国においては、このような見地からの研究は、主としてマルキスト国家理論によってなされていた。だがわたくしは、自由主義の立場から、この問題を解明せんとするものである。

日本国家は、第一次的に、「ヤマト」国家、第二次的、終局的に「日本」国家として成立したものとする見解に立って、以下述べられるであろう。

支配（国家にあっては「君主」）の「始源的」（ursprünglich）の成立は、どんな契機によって行われたであろうか。ここに、J.G. Frazer の見解[1]がまず紹介されなければならない。

まず第一に、Fustel de Coulanges により古代の王制の宗教的基礎が一般に承認せしめられた。ギリシアおよびローマの王権の司祭的な性格がとくに疑問がないものとされている。しかるに、Frazer は、「魔術」(Magie) の時代が宗教の時代に先行するというかれの一般的観念に基づいて、(一)もしも魔術が、すべての宗教に先んじて、発生した王権の基礎たり得なかったか、(二)構成されかつ発展した王権の形跡において、なお固有の意味での魔術的要素が発見されないか、(三)終に、古代の王制が保護の手段の代わりに、魅惑および魔術的な禁止を用いなかったかを探求した。

Frazer (Les Origines magiques de la Royauté, p. 32-33) は、第一の点に関して、次のような結論に達した。[2] すなわち人びとが国王たちを神性の司祭または神々の化身と考えなかった以前において、魔術者たちが知らず知らずに国王たちに変形したことを、かれは確かめた。全氏族の繁栄が依存する公けの魔術者たち(雨司、収獲物の喚起者、治癒者等々)がこのような事実から、非常に重要な威信と政治的権威を獲得する。同時に、この職務が人びとをして非常にかしこくかつ野心的な人物たらしめる(八四頁以下)。公けの魔術者たちは非常に原始的な職業階級――社会的労働の最初の実現をなした。魔術と結合した、このような分業は、魔術家たちの影響および威信の媒介で、「ジェロントクラシー」(gérontocratique)(氏族の長老たちの会議)的民主制から、非常に堪能でありかつ冒険を企てる人物の手中に、政治的権力を集中する君主制へと導いた(八六―九一頁、一六三―一六六頁)。国王となった魔術家たちは、段々と発展して、国王―司祭、国王―活神となり、第二位における魔術の押し返しのこの瞬間において、正しく職業的な魔術家の階級が学者たちを供給し始めた(一六五頁以下)。王権を生じた魔術は、新しい局面において、人性の恩人であった。すなわちジェロントクラシーの不活発かつ陰鬱な劃一性を破壊し、国王―魔術家の創議によって、かつていく世代も有終な美を全うするに充分でなかった変化を実現せしめることができた。それはデスポット―魔術家たちの空想および気まぐれによって、人性を伝統の従属状態から解放することに寄与し、人間に対して非常に大きくかつ自由な生活を確保すべく働いた（八七頁―九一頁）。

Frazer は右のテーゼを実証すべく、いくたの実例をかかげているが、ここには省略するであろう。要するに Frazer[3] は、(一)魔術が王制の第一の基礎であり、国王はまず最初に魔術家であり、次いで地上の生きた神であり、終に神性の司祭であるとする。(二)同様に王制が宗教にその基礎を有する神聖な機能に変化したときに魔術は、王権に貫徹し続ける。(三)終に魔術は、超自然的、自動的な制裁（すなわち魔術）の力をめぐらして、国王の人的権威の保護のためには非常に強力かつ有効な手段を供した。

Frazer は右の三つのテーゼが内部において結びつき、最後の二つが、第一の有効性のために決定的な証拠であると考えた。Gurvitch[4] は、右に関して次のように批判している。かれは、Frazer の基本的な観念を拒否しつつ、第二、第三のテーゼを完全に採用することができるとなす。すなわち Frazer の意見は、「魔術が宗教の歴史的の淵源である」という、誤った仮定による人為的な態度にすぎないからである。

Frazer の主要なテーゼ[5]――非常に堪能な公けの魔術家たちが、まず第一に氏族や部族のジロントク（ママ。以下同）ラシーに属する社会的権力をその手中に集中した最初の国王であった――かが検討されなければならない。実際君主制は、従前から存在する群において、行使されていた社会的権力の組織の特別な形態にすぎない。かなり異った三つの問題が存在する。(一)群において行使された社会的権力の根拠はなにか。(二)氏族において無頓着に司祭的な権力、家族的権力および政治的権力を代表する、この社会的権力がいかにして、他の構成分から分化して、いわゆる政治的権力に変形するか。これが「国家の起源」の問題である。(三)いかにして氏族に積み重ねられた国家の政治的権力が君主制を成立させつつ、単一の人間の手中にそれが集中されたか。

そこで国家の成立と王権の組織[6]について述べられるであろう。Fustel de Coulanges および Frazer の理論の批判によって、一方において、国家および君主制の宗教的な基礎が確かめられ、他方において、その本質上魔術的な基礎が仮定されたが、無限に困難な問題が現出せしめられている。それはこれら制度の成立における、宗教と魔術の競合的な参加にかかっている。氏族の構造の激動およびその首長たちの個人的権力の構成における魔術的な団体の役割の描写、並びにこれら団体の機能――同時に発生した国家と王権――の分析、国王の従者として警察機関および軍隊(アフリカにおいてとくに観察される現象)を条件として、Gurvitch 等の仮定の具体的な態度を正確ならしめることができる。

国家に先行する氏族の政治的―司祭的―ファミリー的な権力は、疑いもなく、宗教によって基礎づけられた。しかし共同体におけるこの散漫な権力は、分離しかつ分化した、一つの組織によって代表されなかった。この権力は、慣習的な共通の社会的法に従って行動しつつ、すべての長老、氏族のジロントクラシー、司祭、家父たちによって管理された。共同体の直接の社会的権力が、非常に離れかつ分離した権力を重ね、政治的権力が束縛された特別の組織に集中し、氏族と部族を解放し、それらを上から支配するに至ったときに国家が誕生する。氏族を征服した非常に抽象的かつ離れた国家の、この政治的権力の組織が、経済的分化、個人的財産の発展、階級争闘の最初の痕跡の結果であるであろう。それは Engels[(7)] によって一方において確認されている。他方においてこの組織は氏族への軍隊――戦勝の軍事的組織――の積み重ねの結果であることが承認されている(たとえば Jenks : Gumplowicz)。

しかしながら経済的活動も、軍事的活動も魔術の古代社会において分離されることができない。すべての経済的活動および兄弟のような親族関係の群が、氏族に対し反対し、抵抗したのは、一方において魔術的団体である。更に個人的権力が発展した環境において首長たちは、氏族の平等的なジロントクラシーに反対することができた。クラブの特別な形態の下において、これら団体は富者の金権政治的な結合と経済的分化の要因を代表した。かれらは potlatch(これは北アメリカインデアン語で、贈与又は部族の首長たらんとする者が贈物を与える贈与祭式――をいう)に参加した。それは、かれらだけで、首長としてクラブに参加する「機会」(chance)〔 〕個人による社会的と経済的な威信の累積、動産の発展といった強力な要因である。首長への政治的、社会的権力の集中と potlatch 契約の発展における平行は、Davy(la Foi jurée において)によって知らせられ、ここに新規な確認が生じた。経済、交換における活動的な魔術、終に氏族から解放された親近の群の集合的魔術および戦闘員が、ここに全体の唯一の結果として結合し、氏族における魔術団体およびそれらの首長たちの勝利において、全

体の集合体のかれらによる社会的権力の独占が生ずる。(8)

戦勝の魔術的な団体は、自ら解体せず、解体されない氏族や部族の上に重ねられる。魔術的および経済的に最も強力な首長が、国王となり、団体の構成員——その属員——警察と軍隊は、生れた国家の統治機構を形作る。しかし国家の支柱に変形した宗教的な氏族の勝利者——魔術的団体はいわば、「敗れた俘虜」となる。かれらは国王によって始められ、宗教および司祭の処理に附せられ、いわゆる魔術的な性格を放棄する。国王およびその属員によって、差し当たり代表されている、共通の社会的権力は、とくに宗教的基礎における権力としていのこる。すなわち国王は司祭となるかまたはむしろ魔術家としてのもともとのかれの資格を、氏族のジロントクラシーの地位を継承して、司祭者の新規な資格に従属させる。魔術は全体の社会（国家）の名において行動する、共通の社会的権力を自身で生ぜしめることができなかった。またこの権力の変容にしか寄与しなかった。それでその基礎は長い期間に渉って宗教的に、唯一人の手中に集中した国家の政治的権力において存し、またそれに存していた。氏族の社会的権力を克服した、魔術団体の個体者的な社会的権利は、国家の政治的権利に新規な名称を与えたものと、国王の個人的権力による、その横領に寄与したもののすべてに服従した。

遠くの抽象的な支配する政治的組織（国家）における氏族の社会的権力の集中、並びに国王の個人的権利による権力の横領は、大部分において宗教の上における魔術の部分的勝利の結果であり、宗教は同時にここでは魔術に打ち勝つ。

このような見解は、神武天皇または崇神天皇の支配権の樹立に妥当するであろうか。以下、具体的に検討されなければならない。これら二つの天皇はヤマト侵攻以前においてそれぞれの故地において、すでに「支配者」たる地位を得ていたようであり、そしてこれら事実に関しては全く忘れられている。従ってこれら天皇に関しては、専らヤマトにおける征服がいかになされ、その支配がいかに被征服者たちによって「同意」され正当化されたかの問題の解明のみにかかっている。

（1） Georges Gurvitch, La Vocation actuelle de la Sociologie vers une Sociologie différentielle Paris 1950 p. 474 : Monica Wilson, Divine Kings and the Breath of Man Cambridge 1959.
（2） Gurvitch 前出四七五頁
（3） 前出四七八頁
（4） 前出四七九頁
（5） 前出四八一頁
（6） 前出五二三頁
（7） Friedrich Engels, Der Ursprung der Familie, des Privateigentums und des Staates, W. A. Turetzki, Die Entwickelung der Anschauungen von Marx und Engels über den Staat Berlin 1956.
（8） Gurvitch 前出五二四頁

二　国家の始源的成立

原初的な団体的関係の下では、すべての人に対して、すべてのサークルにおいて行使される権力を有する者がいない。統合的な権力関係が、人的に指名することができる仲間には存在しないで、一方において各個人的な社会の構成員と他方においてその全員の間に存在する。[1]

一人の人間または群の内包的な権力関係の一定の布置が、全社会内における他の人々又は群への、かれの関係を設定するのみならず、この社会をその全体において操縦的に決定すべく、処理しかつ貫徹する可能性を、提供することがあり得る。この過程が中央権力の樹立であって、「征服」によって「外因的」(exogen) または「簒奪」によって「内因的」(endogen) に行われる。社会的な依存関係が密となった、社会の中央権力が統合的権力の実質である。内包的な権力関係における特別に好都合な地位の基礎づけは、一人の人間または群に集中的に統合力を有せしむべく成功させる。このような統合的な権力関係はそれで一方的である。すなわちここに支配される者と支配する者が存する。一定の均衡状態においてかかる統合権力関係が確固にかつ持続的に落ちつく限り、「支配関係」といわれる。[2] だが支配がこのような状態を保持し続けるがためにはその「正当性」が形成されなければならない。

「国家」が「なに」であるかの問題は古来しばしば論争されており容易に解決されることができない。通例世に行われている、概念規定は、必ずしも決して満足すべきものではない。今ここでは Richard Thoma[3] によって述べられるであろう。「国家とは、区劃された領土において一民族の主張された最高の支配組織によって実現されたものである。」この定義の決定的な構成分子は、「人間的結合」「領土」、「最高の支配組織」と「民族または人民」(Volk) である。[4]

人間的結合は、「近隣群」(genus proximus) として、国家がそれに排列される限りにおいて存在し、そしてこの関連において国家が非人格的な機構としてではなく、人間団体として理解される限りにおいて意味される。「限定された領土」は、国家の存在可能に対して、詳細な状態化を授けるばかりであり、かかるものとして一度も疑問となされない。更に説明を要するのが、「人民」と「最高支配組織」である。「人民は国家概念に関して構成的なように定義され得ない」。Thoma自身によっても、すなわちそれは、「正しく国家組織への関係であり、この関係が人間群をこれまで用いられた意味で、『人民』に極印した」。しかし人びとは、ここに用いられている「国民」(Staatsvolk)と、なおいくた人民概念が存在するために、国家概念を「人民」(Volk)という概念によって構成することができない。「国家は一国民(Volk)の支配組織である」。「Volkは国家的に組織された群である」。これら二定義は、それ自身にて正しいかもしれない。——これらは相互に結合し、言葉の最も厳格な意味においてなんにもいっていない。かれらを論理的に許され〔る〕内容に還元すると、「国家は、一つの最高支配組織の(制限された領土に居住する)人間の多数」という定義ともなるであろう。中立的なこの関連において殆んど説明を要しない要素——「領域」、「制限された」、「居住する」と「人間の多数」は別として、そこで概念—特徴として、「最高支配組織」のみが残る。そこにすなわち実際人びとが「国家」の下に表象するすべてのものが存する。[5]

ここで始源的または初発的な支配権と国家概念[6]について述べられなければならない。主権的な支配権をもって備えられている、地域団体が国家であり、そしてそれ故形成物がこのようなメルクマールを有するに至るところで、どんな方法でこのメルクマールを「正当」または「不正当」に獲得したとしたとしても、全く同様に、「国家」が存在しているということに関しては人びととの見解が全く一致している。しかし「自主性」(Selbstherrlichkeit)を備えていない支配権をもってする地域団体については、これをいかに処理すべきかの問題が存する。このような団体は国家ではない。一般の言語の慣用法は、このような団体の多くを「国家」と呼んでいる。しかしこのような国家を疑問の余地がない非国家から区別しようと努力されている。しかしこのような場において確かな限界を発見することができない。そして国家概念を漠然たるメルクマールによって散漫になさしめるよりも、もっと狭い、しかし容易に認識され得る、メルクマールによって、地域団体の確かに限界できる範囲を制限すべき途が選ばれている。多数の学者はこの見解には同意せず、概念を現実の現象に順応しなければならないとし熱心にその限界の発見に努力している。しかし殆んどすべてが他のメルクマールを求めんとしている。すなわち「始源的支配権」が解明されなければならないとする。

「始源的支配権」という表現が主権的支配権の意味において使用されるとすると、その対立は「誘導された」支配であり、このような支配は非主権的形成物を指称する。このような表現は支配憲法の歴史的な由来の様式をいい現わすために用いられる。前所有者の行為によって建設された支配が誘導されたものである。すべての非法律的または法律以外的な方法によって成立した支配が、「始源的」なものである。終に歴史的由来に顧慮することなく、その適用において支配をなす団体の固有の意思に存する支配が、「始源的支配」と名づけられる。上位に置かれた権力の意思に基いて「建設された支配が誘導された支配」である。多くの人びとは、国家の特定の差異として、始源的支配を語るときにはこの意義による。このメルクマールは、支配をなす団体に、その(実質的な)基本憲法を固有の規範によって規制すべく権力が属するところで付与される。略言すると「憲法自主権」が帰属するところにおいてである。われわれはこのメルクマールを、一般に国家として名づけられる、すべての非主権的国家において見出す。主権的国家においては、それがすでにその主権の特徴において具有されている。憲法自主権――この意味における始源的な支配権が、それ故主権国家と非主権国家を包含する国家概念の本質的なメルクマールとして見られなければならない。

更に憲法自主権に対して、なお支配権の一定の範囲と量が附加されなければならない。憲法自主権と支配機能の充実が併発しなければならない。それで一つの地域団体が国家として現われる。主権的支配権をもって付与された、地域は、常に国家である。このような団体は、最高の完成状態における国家である。非主権団体はそれが全印象において主権的な国家の全性格に適合するときにおいてのみ国家である。この全性格は、憲法自主権と支配権の充実の併存によって、特徴づけられる。このような併存およびそれによって特徴づけられた全印象は、疑問の余地がない非国家においては見出されない。支配権の最高性および独立性で、すでに国家として特徴づけられた主権国家から、非主権地域団体における支配権の充実の、さもなければ限界づけることが困難なメルクマールの詳細な規定に関する客観的な規準が取り出される。この地域団体は、一般に主権国家が有するような、支配権の、このような度合を有さなければならない(8)。

日本国の成立は、このような見解によってのみ規定されなければならない。国家の成立――とくに古代国家の場合において――はその「成立の時期」を確定することが、頗る困難である。君主の支配権が正当化され、持続するがためには、まず第一に「内政的正当性」が樹立されなければならない。これは被支配者の「同意」(consent)によってのみなされるであろう。だがこの「同意」がRousseauのいうが如く、純粋に自然法的にではなく、半ば「恐怖」によって基礎づけられたであろうことは、いうまでもないところであろう。更にこの国家は「外政的」(aussenpolitisch)正当性[9]によって、更に強化され、補完されるに至るであろう。

(1) Geiger, Vorstudien einer Soziologie des Rechts S. 281.
(2) Geiger 前出二八二頁
(3) Richard Thoma, Staat in : Handwörterbuch der Staatswissenschaften 4. Aufl. VI. 1926 S. 724.
(4) Geiger 前出八六頁
(5) Geiger 前出八七頁
(6) Max Wenzel, „Ursprüngliche Staatsgewalt“ und der Staatsbegriff, in : Festgabe für Karl Bergbohm Bonn 1915 S. 159.
(7) Wenzel 前出一六五頁
(8) Wenzel 前出一六七頁
(9) Friedrich August Freiherr von der Heydte, Die Geburtsstunde des souveränen Staatses Regensburg 1952 S. 345.

三　第一の肇国

い　支配氏族の構成

支配者の属する氏族の構成を知ることによって、被支配氏族との関係を明らかになすことができるばかりか、被支配者による支配の「同意」がいかになされ、支配の正当性がいかにして形成されるかが検討され得ることとなる。

「氏族」(Gens)の成立の歴史については、未だ満足すべき説明が与えられていないようである[1]。氏族社会はすでに非常に早期の状態において、特別な構造を有していたこととしか知られていない。この構造においては二つの氏族が異った関係において、相互に結合され、そしてそれで一つの部族(Stamm)をその胚形態において描写した。かかる氏族社会の構造の古典的な実例は、オーストラリアの部族の二つの半分――または二つの婚姻階級への分裂――Kroki と Kumite である。早期の氏族社会の、このような構造は、「二元構造」(Dualorganisation)と呼ばれている。この種の構造は、国々の異った部族において、一層複雑な様相を示している。

二元組織の形態における氏族秩序の成立[2]は、婚姻の発展における、新規な段階と密接に結合している。二元組織の最も本質的かつ重要な、メルクマールは、次のような規制の下にあった。すなわちその最も早期かつ単純な形態において、もともとの「半分」(Hälfte)における人間は、相互に婚姻してはならないで、他の対立する「半分」の構成員との婚姻しかなすことができなかった。男および女は常に部族の異った半分に属していなければならなかった。この種の婚姻の様式には、複雑したものがあるが、ここには省略する。

このような部族構成の下での婚姻秩序は、「外婚」(Exogamie)と呼ばれる。婚姻が常に部族の二つの半分、胞族（Phratrie）またはこの二つの胞族の二氏族の間においてなされるという規則が、この秩序が二元的外婚と名づけられる基礎となす。しかし他方において、この秩序に従っても、婚姻が照応する部族の限界内においてなされるにすぎない。この原則がかの「内婚」（Endogamie）と呼ばれる。外婚の原則によると、「半分」または氏族の構成員は相互に婚姻をなすことができない。すなわち母方の兄弟と姉妹、傍系の属員の間の婚姻が許されない。それが既存のものに加えられた、新しい重要な婚姻制限であり、それによると新旧の世代の近親代表者は婚姻社会から排除された。

本来この段階における婚姻は、確かに男と女の純粋に偶然かつ一時的な結合を示している。そこでは男子の全群（一氏族の全男子）が一時的に全女子群（他の氏族の全女子）の「男」（相手）となることができたので、この婚姻の歴史的形態は「群婚」（Gruppenehe）と名づけられる。この婚姻の形態は、父が全く不明であって、母のみが知られるような結果を生ぜしめる。この歴史以前における人間は性交と子の出生の間の関連の概念を有することができなかった。

このような条件の下では、父は常に母よりも異なった群——経済団体に属し、社会的な意味における父の身分が明瞭とはならず、またこの点において、なんら役割を演ぜず、女子および母たちの周囲に、「全二元制」が群をなす。各群は女子の子孫から生じ、その親族関係は「男系」ではなく、「女系」によって計算される。かくして氏族が母的氏族として成立し、同時に氏族社会の発展の、この段階は、「母権制」（Matriarchat）と名づけられる。

氏族社会が始源的に母系的に建設され、まず第一に、母権制が成立したという事情は、右に述べられた理由――父の不明等によってのみ説明されない。この事実は、なお顕著に、より深遠な根源を有している。その一は、性別による分業および社会の、この段階における女子に存する、経済的地位にある。

人類の初期の発展は、二つの方法で行われたとするのが、多数説である。人間の一部分が「大地」を耕作し、母権制の段階を経過し、後進的であったであろうとし、他の一部分は牧畜をなし、これには無条件にアリアン種族が属すべきであったとし、すなわちこの段階を経過せず、母権制を知らず、すなわち父権制的な秩序へ発展し、国家の成立をもたらしたとする。[3]

現実においては、母権制は、全人類の発展において、一般的―歴史的段階を示している。これは後期古石器時代、初期新石器時代および中期新石器時代において、長く維持されていた。また今日においても、地理的に見て、種々の形態において母権制が存在している所がある。

「初期」母権制は考古学的には後期古石器時代および初期新石器時代に該当している。経済的には「採集」――「狩猟と原始的な漁撈」――によって特徴づけられ、この場合においては、労働は両性間に、優越的に採集は女子に、狩猟は男子、漁撈は両性間に配分されていたようであり、社交的領域においては、初期母権制は、とくに男と女の同権的地位によって、特徴づけられていたようである。

発展した母権制[4]は、中期新石器時代および後期新石器時代にもおよび、経済的領域において、若干の社会では、鍬での耕作（Hackbau）、他の社会では高度に発展した漁撈または海獣の捕獲によって特徴づけられ、さらにこれら両者の場合において、家畜の馴致によって特徴づけられた。

かかる社会の、胚細胞は、氏族から生じた母的ファミリーを形成した。これは女系的の親近者の、かなり大きな群であり、最初のファミリーの女子と男子および子孫から四から五の世代に構成される。このようなファミリーは、二百人から三百人も包含することができた（ヤマトに天皇が出現した時代には、恐らくこのような社会が存在していたであろう）。

発展した母権制は、婚姻の新形態への移行によって特徴づけられ、群婚から、いわゆる、「対偶婚姻」（Paarungsehe）への移行が見られた。ここではすでに一定の対が婚姻し、だがその共同生活は、比較的短期で、持続せず、容易に解消しやすかった。さらにこの婚姻は、当初配偶者の共同定住をしらないで、かれらの各人は、かれらの、もともとの母系的なファミリー（いわゆる分離的（dislokal）定住）に止まり、そしてその婚姻関係は、通例男が女のところへ（その反対の場合もある）訪問という形態がとられた。対偶婚姻の発展および強化に伴い、男は女のファミリーへの定住（いわゆる「母処的」（matrilokal）定住）をなした。だが対偶婚が、単に経過的な存続であり、配偶者たちが独立の経済を営まなかったから、対偶婚は、なんら経済的な意味を有しなかった。さらに父は引き続き、その子供たちに対しては他人であり、子供たちはしばしばその父が何人であるかを知らない。(5)

対偶婚の側において、一定の、外婚によって制約された群婚の規則とその残余が維持された。これらは種々の形態で現われ、その若干は、長く行われ、かつ広範囲に普及していた。二元的、外婚的な群婚の基礎は、たとえば、次の如くして現われた。すなわち婚姻は通例は二つの一定の氏族の構成員、そして、しかも二つの母的ファミリーの間に締結された。かかる関係の下においては、成年の男および女は、父系的に計算されて、「おじ」（Vetter）「おば」（Base）となる。（わが国においては、今日においては、見知らぬ中年の男女をおじさん、おばさんと呼んでいる。）これがいわゆる「あちこち―おじ婚姻」（Kreuzvetterehe）であり、多くの氏族の、最も広く流布した、かつ伝統的な婚姻形態である。群と外婚の、他の残余は、「多夫婚」（Polyandrie）であり、あまり広範囲には行われない。さらに他の残余として、Sororat がある。これは一人の男子が二または多数の実の姉妹またはおばと婚姻をなすものである（わが国においては、後れて天武天皇は兄天智天皇の四人の女子を妃とした。なおその他にいくたの妃があった）。このSororatの、さらに変わった形態が、男やもめが、その死んだ女（妻）の姉妹と婚姻しなければならないか、又はそれをすることができるということに見出される。その際姉妹たちが自由であるときには、婚姻することができ、しばしばまた婚姻しなければならない。これとは逆の規則があり、Levirat と名づけられる。すなわち夫の兄弟を意味する。ここではやもめは死んだ夫の兄弟と婚姻しなければならないかまたはそれをなすことができる。その兄弟は、かれらが自由であるときは、かかる場合には婚姻をなす権利と義務を有する。これら二つの規則は、残余として広く行われている。[6]

　母権制の制約の下における、婚姻の最も決定的なメルクマールは、婚姻が優勢的に男ではなく、女の創意に基いて締結される事実である。若い娘たちは自由にその男を選ぶ。母権制の下における婚姻は、大体複雑しない祭儀をもって伴われている。

　母的ファミリーは、密接に結合された経済細胞、一つの個々の家屋または一つの全体の「百姓屋敷」

(Gehöft) に住む人間の小さい確かにつぎ合わせた社会を形成する。ファミリーの全資産は、純粋に個人的な物を除き、総有資産である。集産性の厳重な原則の下に、生産と消費が存している。母的ファミリーの頂点に、最も老年の女が位置する。それがすべてのファミリー構成員の労働配置を指導する。その指導の下に、一つの共同かまどの下における全ファミリーの食料が調理され、かまどがたくさんあるときは、最も年長者のかまどで調理される。[7] 母権制[8]の発展とともに、最年長の女が一定の権力をも獲得し、男女のファミリー構成員の個人的生活において影響力をもつ。とくに婚姻に際しては、本質的な役割を演ずる。夫婦間の関係は、仲間関係および自然的であり、その婦に対する夫の、悪い態度に関しては、母権制の下では問題とはならない。もしもそのような場合が生じたならば、婚姻を即刻解消することで足りる。その外の侮辱された妻の属員たちの側からの復讐で夫を嚇かす。[9] 発展した母権制に関して検出せしめられた、メルクマールの配列の中に、男のなんだか下げられた地位の犠牲において行われる秩序への移行を示している。それは経済的および社会的領域において現われ、イデオロギーにおいても明瞭となる。夫が別処婚にあっては、その母的ファミリーのために労働することが必要であるが、母処婚のところでは、しばしば「二つの家」のために、働くべく強要される。初期の母権制の下では、男子と女子の出生は、同様に承認されるが、発展した母権制の下では、漸次女子に対して先位が与えられる。一般に発展した母権制の下では、ファミリーにおいても、また社会的関係においても、女の明白な優越が現われる。母権制的な氏族（胞族に区分される）の全体が、部族であり、部族は、発展した母権制の下でも、しばしば一人の女によって指導される。

生産力の、その後の発展は、氏族社会の新規な組織――「父権制」（Patriarchat）に移行する。（崇神天皇は少くともその故地においては、父権制の下にあったであろう――後述参照）。

ここで古代ローマの君主について、一言を費さなければならない。ローマにおいて、（恐らくLatiumにおいて）王位継承は、一般に「外婚制」によって決定されていたようである。母権制の下では、親等はもちろん、ファミリーの称呼が男によらず、女によって伝えられた（天皇のファミリーの称呼が「キミ」であり、皇女が「ヒメ」、皇子が「ヒコ」であることも、ここからも理解される）。もしもこのような原則が、承認されるならば、古代ラテンでは、各社会の政治的および宗教的な中心は、王氏族のVesta処女たちによって、かしずかれた「永久火」であったであろう。君主は他氏族（恐らく他の都市または他の種族の出身）の男であり、その先行者の娘と婚姻し、彼女とともに国を継承したであろう。生れた子は母の名称を継承し、娘たちは家に留まり、息子たちは成長すると、そこを去り、婚姻し、君主または常人として、その妻の国に移住した。家に留まった娘たちの中で、全部または一部の者が、長期または短期、Vesta処女として永久火に仕うべく捧げられ、間もなくその中の一人が、その父の継承者の配偶者となったであろう[10]。

神武天皇がヤマトに侵攻し来たり、原住の諸氏族の間に交渉を生じ、これら氏族の構成に対し、いかなる影響を与えたか、またその影響の下に、天皇支配がいかに正当化されるにいたったかに関して、順次述べられるであろう。

(1) Koswen, Abriss der Geschichte und Kultur der Urgesellschat S. 113.
(2) Koswen 前出一一五頁
(3) Koswen 前出一一七頁
(4) Koswen 前出一一八頁
(5) Koswen 前出一一九頁
(6) Koswen 前出一二〇頁
(7) Koswen 前出一二二頁
(8) 推古天皇は豊御食炊屋姫である。
(9) スサノオノ命の暴行の原型につながるかもしれない。
(10) Frazer, The Golden Bough (St. Martin's Library) Vol. 1, p. 201.

ろ　支配の建設の方式

記紀における天地創造または天孫降臨等に関する説話は、多分に天皇支配の正当化をなすために作られた、いわゆる「意識された説話」となすことができるであろう。だがその中に、支配者および被支配者の属する氏族の構成が多分に反映していないとも断じ難いであろう。

ヤマトにおけるもともとの原住民たちは、地母神である三輪の神等を礼拝していたであろう。そしてこの神の礼拝は、前にも述べられたように、わが国土に拡がっており、この礼拝者たちは大きな部族をなしていたであろう。紀の一書にいう、大三輪の神の子甘茂君、大三輪君等は、この大きな部族から生じた、かの「二の半分」(zwei Hälften)に分かれたものに属し、「二元組織」をなしていたのかもしれない。それぞれ「女系的」に構成されていたであろう。

後れてヤマトに入って来た、これもまた大きな部族の中の一氏族であったと思われる「出雲族」が三輪族等と関係を生じ、後者が恐らく征服者たる地位を占めたであろう。

出雲族の首長と思われる大国主神は、紀の一書によると、大物主神、国作大己貴命、葦原醜男、八千戈神、大国玉神、顕国玉神[1]等と呼ばれた。これらの称呼は、出雲族の支配が広範囲におよび、かつ強大となったときに生じたものであろう。

出雲族は三輪族に対して支配権を獲得したであろう。そして信仰的には地母神に対して、風神の地位を占めたであろう。現に大国主神は風の神であるとせられ、また葦原の醜男も風神であるとされている。

紀の一書によると、スサノオの尊の五世孫が大国主神であるとされている。他の一書によると大己貴命が六世孫であるとしている。出雲族におくれて、ヤマトに来たと思われる、「木」を礼拝する氏族「キ」の祖神である天照大神の弟が、スサノオの尊となされ、その間にいちじるしい矛盾が存在している。スサノオの尊が風神である限り、その対偶神は、地母神でなければならない。したがってこの神と天照大神の対立には、時間の大きなずれが生ぜしめられている。いくつかの説話の混同によって、このような矛盾が生じているのではなかろうか。

「キ」部族または氏族が礼拝する、神はなんの神であったであろうか。紀の一書によると、「高天原に生れます神の名は天御中主尊とまうす。つぎに高皇産霊尊、つぎに神皇産霊尊、皇産霊、此をばミムスビと云ふ。」とあり、天御中主尊が「天之御柱」によって象徴されたとする限りにおいては、地母神に還元されるのではなかろうか。高皇産霊尊と神皇産霊尊は、高木神の別称[2]であるとされており、地母神に対する対偶神的な性格が内在《ママ》しめられているようである。伊弉諾尊、伊弉冉尊は、「磯凪、磯浪[3]」であるならば、ここにも風神が現出している。

キ氏は恐らく高木神を礼拝し、この神に仕えた者が、「キメ」（木女）であったであろう。高い木の礼拝は、かの「シャマン」(Schaman)[4]によるものであり、火の礼拝とともに「ヒメ」（火女）が生じ、「キメ」は全く忘れられたであろう。だが「キサキ」（木前）が残存している。キサキは厳格な意味では、木の礼拝者であり、「ヒ」（火、日）の礼拝には「ヒサキ」（日前）が存している。[5]なお「キツギ」は廃絶に帰したが「ヒツギ」（火、日継）は存している。

日本書紀によると、天真名井の約誓により、スサノオの尊の子、天忍穂耳尊等の五子神が、ことごとく天照大神により、「吾が児なり」とさられ《ママ》、天照大神の三女が、スサノオの尊の子となっている。そして天忍穂耳尊は、高皇産霊尊の女を娶って、ホノニニギの尊を生んだ。ここに高木神、高皇産霊尊、天照大神の関係を生じ、いよいよ複雑な存在となっている。

ホノニニギの尊は「皇孫」であり、皇孫は大神大山祇神の女――鹿葦津姫（神吾田津姫――木花開耶姫）をもって妃とし、三児を生む。その二男が「彦火火出見尊」、三男が火明命であり、後者が尾張連等の祖となっている。

彦火火出見尊の父ニニギの尊もヒコホノニニギの尊であり神武天皇もイワレヒコホホデミの尊であることから、これら三つの神々[6]があるいは一神であったかもしれない。神代の系譜がかの三世代生活体験から修正され、短縮されなければならないかもしれない。また木の神の礼拝から火の神の礼拝への推移もうかがわれる。

紀の一書によると、天照大神は皇孫に対して

葦原の千五百秋の瑞穂国は、是れ吾孫の王たるべきの地なり、宜しく爾皇孫就いて治せ。行矣。宝祚の隆えまさんことまさに天壌と窮無かるべし。

との勅があった。この説話によって天皇支配の正当性がすでに示されており、これが後の国体――明治憲法典第一条の起源をなしている。

また一書によると、ヤマトの原住の大物主神および事代主神が八十万神を天高市に合《あつ》め、帰順の意を表した。これが征服に対する降服であったかに関しては、記載がない。高皇座霊尊が大物主神に対して、国神をもって妻とすることなく、その女を妻とせよとし、八十万神を領いて、皇孫のために護れといわれた。ここにも「キ」氏のヤマト征服が想像されている。

彦火火出見尊は、海神の女豊玉姫を妃とし、その子がウガヤフキアハセズの尊であり、その子が神武天皇である。かくして天照大神から六世代目が、この天皇である。

天照大神とスサノオの尊は、すでに述べたように、かの氏族経済を営んでいた。ところが神武天皇がヤマト征服に際して、まだ大地――土地を占拠または所有することなく[7]、かの「掠奪経済」(Raubwirtschaft）を営まざるを得なかったようであって、原住共同体の構成員とは、直接の関係を生ずることなく、その首長たちを通じて、「間接支配」（indirect rule）をなしたこと等から考えて、「神代」と「人代」の継続が直に存在するとなすことができるであろうか。ここに大きな「断続」があるものとなさなければならない。

神武天皇が実在の人物であるかないかは、しばらくおき、ヤマトにおける支配権の樹立は、原則として、原住の共同体に対する攻撃をもってなし、その首長たちの「殺戮」にあった。このような行動こそが、やがて国家形成の先行[8]をなすものである。Nietzsche（Fragment über den griech, Staat, W. 1. 215 u. 213.）は、「勝利者には、女と子供、財と血をもって被征服者が属する。権力が最初の『権利』を与え、そして法は存在しない。それはその基礎において、横領、簒奪、権力である。」といい、Eroberer mit der eisernen Hand と述べている。これは支配力がまず第一に「恐怖」をもって建設されたことを意味する。

神武天皇のヤマト征服に際して、三輪、甘茂および出雲等の各氏族または部族との関係の記載がないのは、これをいかに解すべきであろうか。だが原住の氏族が礼拝していた三輪の神（地母神）に還元することができる、事代主神と三島溝橛耳神の女玉櫛姫の間の子媛踏鞴五十鈴媛命をもって、神武天皇はその正妃としている。ここに神武天皇と原住氏族の間の関係が露呈せしめられている。このような婚姻関係は、神武天皇の支配の正当化に関して、重大な意義を有している。

神武天皇による、いくたの氏族の首長の殺戮が記載されているが、中で最も重要視されなければならないのは磯城彦の征討である。兄磯城は殺され、弟磯城は帰順している。有名な長髄彦も殺され、櫛玉饒速日命はその有する矢と歩靫によって、同部族に属する先住者であることが分かり、神武天皇に帰順している。

神武天皇の支配の樹立が現実にあったものとしても、ヤマトの狭い「大地」に限定されたであろう。そして「土地」の占有にはおよばなかったと解さなければならない。神武天皇の所在と、もともとからの三輪、甘茂および出雲族等または磯城氏等が有していたと思われる土地の関係も分からない。恐らくこれら土地のある部分に居が占められていたであろう。

神武天皇がしばしば「呪術」(Magie) を用いたことが記述されている。その即位に際して、被征服者による同意(歓呼)があったか、なかったことも判明しない。

神武紀二年の記事によると、被征服者弟猾弟磯城等に対して恩賞があったが、他の氏族の長に関しては、なんらの記事がなく、神武天皇の支配圏が狭少であったのか、または記事が失われたのかが、全く分からない。したがって神武天皇に関する限りにおいては、四年の記事に、天神を郊祀し、皇祖天神を祀ったとあるのみで、被征服者の礼拝していた神々に対しては、なんら述べられていない。

(1) 「真説日本歴史」(一) 一一五頁、川添登「氏と神の住まい」一二七頁
(2) 白鳥「神代史の新研究」五七頁、八二頁
(3) 「真説日本歴史」(一) 一八九頁
(4) Bertholet, Grundformen der Erscheinungswelt der Gottesverehrung S. 35.

（5）「真説日本歴史」(一)一〇一頁
（6）洞富雄「日本母権制社会の成立」二二八頁
（7）Leenhart 前出九頁、「真説日本歴史」(一)一九三頁
（8）Jakob Barion, Recht Staat und Gesellschaft Krefeld 1949 S. 63, 174.

は　綏靖天皇から開化天皇に至る闕史時代

神武天皇から開化天皇にいたる、「九代」は、すでに述べられたように、三世代生活体験から見て九世代にあたる。上代人の、記録がなかったことから生ずる、記憶の欠乏から、あるいは「九世代」がもっと寡かったかもしれない。

綏靖天皇は神武天皇の第三子、母は事代主神の女である。葛城をもって都とした。皇后は五十鈴依媛（一書には磯城県主の女川派媛、一書には春日県主大日諸の女糸織姫）である。なお古事記においては、師木県主の神河俣比売を妃とし、師木津日子玉手見命を生む、これが安寧天皇である。[1]

紀によると安寧天皇は磯城津彦玉手看であって、母は五十鈴依媛となる。この天皇の称呼がすでに外婚的に母方の称呼によっており、紀の一書の方が正確であろう。都は片塩であった。シキ氏はすでに母権制の下にあって、天皇との間に外婚が、自然発生的ではなく、政策的に締結されたと解すべきであろう。この天皇によって礼拝された神も、母系的に決定されたであろう。すなわち木の礼拝ということになる。

安寧天皇の皇后は淳名底津仲媛命（一書には磯城県主葉江の女川津媛、一書には大間の宿弥の女糸井媛）をもって妃とする。記によると河俣毗売の兄、県主波延の女、阿久斗比売をもって妃とする。

懿徳天皇は安寧天皇の第二子――母は淳名底津仲媛であり、事代主神の孫鴨主の女である。ここでも天皇と原住氏族の関係が見られる。天皇の称呼は、大日本彦耜友である。記によると、母は阿久斗比売である。都は軽池である。

天皇は天豊津媛命を皇后とする（一書には、磯城県主葉江男の弟猪手の女泉媛、一書には磯城県主太真稚彦の女飯日媛とする）。記によると、妃は師木県主の祖賦登麻和訶比売である。またの名飯日比売命である。その子が御真津日子訶恵志泥命である。

孝昭天皇の称呼は観松彦香殖稲である。懿徳天皇の子であり、母は天豊津媛命である、そしてこの媛は息石耳命の子である。都は掖土である。その妃は世襲足媛である。（一書では磯城県主葉江の女淳名城津姫、一書では倭国の豊秋狭太雄の女大井媛――「豊秋」とはさきに述べられたように、キ部族の一氏族であろう）。記では尾張連之祖、奥津余曽之妹、名余曽多本毗売命が妃となっている。なお尾張連は、「火」を礼拝していたようであり、キ部族の一氏族であろう。

孝安天皇は、日本足彦国押入といわれ、孝昭天皇の第二子であり、母は世襲足姫、尾張連の遠祖瀛津世襲の妹である。都を室地に遷し、秋津島宮という。姪押媛を皇后とする。（一書では磯城県主葉江の女、長媛、一書では十市県主五十坂彦の女五十坂媛）記では姪忍鹿比売命を妃とする。

孝霊天皇は大日本根子彦太瓊といわれ、孝安天皇の子であり、母は押媛である。（蓋《けだ》し天足彦国押入命の女か）都は黒田である。皇后は細媛命である。（一書では春日千乳早山香媛、一書では十市県主等の祖の女真舌媛）、記では十市県主之祖大目之女、名細比売命が妃である（ママ）。）

孝元天皇は大日本根子彦国牽といわれ、孝霊天皇の子、母は細媛命である。細媛は磯城県主大目の女である。都は軽池である。皇后は鬱色謎命である。記では、穂積臣等之祖、内色許男命妹、内色許売命を妃とする。

開化天皇は、稚日本根子彦大日日といわれ、孝元天皇の第二子、母は鬱色謎命である。穂積臣の遠祖鬱色雄命の妹である。部を春日に遷し率川宮という。伊香色謎命を皇后とする。記では母は内色許売命である。

ここでまず第一に、なぜに天皇の「即位」とともに「都」が変更されたかに関して述べられなければならない。これにはいくたの理由が存したであろう。だが中でも外婚的にひきおこされた「母処性」(Matrilokalität) の影響[2]によるのが、ここで最も重要視されなければならない。

ここで首長制および神聖な王制が、人の記憶に残らないほどの昔からの制度ではないことが、アフリカの事例[3]に基いて、一言されるであろう。これはアフリカの大湖の間にある廻廊における、Nyakusa-Ngonde およびその近隣者における事例であり、恐らく過去四百年に足らない革新であった。その地域の、すべての人々は、かれらの首長が、よその人 (stranger) として来たといっている。Nyakusa-Ngonde は、その歴史を三百年から四百年さかのぼり、東方からの侵攻者が、原初的なかつ散在していた人々の間に首長制を作ったといっている。これら侵攻者は原住民より、よりよい生活をなし、武装し、これら地方にはなかった家畜と鉄武器を有していた。しかし強力によって支配権を樹立したという証拠が欠けている。むしろかれらはよい「仲裁者」として行動したようである。かれらの出現前には、原住民たちは、狩猟者たちからなる小さい村落または集合体がそれぞれ独立しており、共通の権威を認めていなかった。建国の英雄たちは、礼拝、権力の数多い淵源の中心となった、小山の頂上に定住した。漸次その子孫たちが近隣地方に散在し、首長となった。二つの建国の英雄たちの継嗣者が、「神聖な王」となり、その他の男子と子孫は、王たちの威信と仮定された神秘的な資格に、より少ない度合で、参加した。もともとの散在していた部落の指導者たちは、村の長となったが、かれらが首長とならない限り、世襲たることが許されなかった。新規な村の長は、各世代において、もともとの住民——常人の中から選ばれた。

　侵攻者たちは、かれらが家畜をつれてきたことや、有効な耕作法を採用していたこと等によって、急速に増加し、神聖な王制に対しては興されたと思われる、推進的なエネルギーを示し始めた。

　争闘は祭儀において決定された。なお祭儀は飢餓か、病気によって、その克服のためにも行われた。Bu-Nyakusa の Lwenbe という、建国英雄は、もともと祭儀の指導者であったが、広汎な世俗的な権威を発展させなかった。だが、Ngonde では、神聖な王が象牙の輸出、織物、後には鉄砲の輸入で、神聖な王がその権力を強化し、その世俗的な権威を漸次強化した。Nyakusa は象牙の輸出も、奴隷《ママ》を有せず、かれらの神聖な王は神官および神として残り、Ngonde では、神から執政者に変わった。

　このようなアフリカの事例は、もちろんわが建国に対して妥当するものではない。だがその理解に対して、なんらかの示唆を与えるものがあるであろう。

（1）「春日」、「アスカ」、「ヨコスカ」等の「スカ」はなにを意味するであろうか。「ス」は川等の土砂の堆積を意味し、「カ」は「ところ」であろう。したがって「カスガ」の場合では、「率川」又は記の「春日之伊耶河」の洲に該当し、「カ」は香であろう。春日神社の地主神（Ortsgott）が榎木であるから、春日族は木の礼拝をなしており、「キ」部族の一つであったかもしれない。

（2）洞富雄「日本母権制社会の成立」二一九頁

（3）Wilson, Divine Kings and The Breath of Men p. 19.

四　第二の肇国

い　崇神天皇と倭国乱

魏志倭人伝中に、「倭国乱、相攻伐歴年、乃共立一女子為王、名曰卑弥呼、事鬼道、能惑衆、年已長大、無夫壻」等の記載がある。倭国大乱がこのような魔術（Magie）をよくする、老女人によって、どうして平定し得たであろうか、ここには権力の発動がなんら示されていない。

すでに述べられたように、支配が権力と権威の対極的な展開から形成されなければならないとするならば、卑弥呼は権威の保持者であって、権力のそれではない[1]。それ故同時代において、ヤマトにおける権力者が何人であったかが、検討されなければならない。魏志倭人伝等における、「邪馬台国」が日本列島において、いずれの地点にあったかに関しては、すでに長年月に渉って論争されており、今日に至るまで、その決定的な見解に達してはいない。[2] それが筑後山門か、畿内ヤマトか等に関してのいくたの見解があり、その一々に関しては他の研究に譲ることとする。

わたくしの立場からは、邪馬台国が「ヤマト」にあったとし、卑弥呼の時代がほぼ崇神天皇のそれ[3]に該当するものとして、論を進めることとする。

卑弥呼が何人であり、その「共立」がなにを意味し、かの女の権威が倭国大乱をいかにして平定し得たかを検討すべく、まず第一に、崇神天皇による、第二の肇国から始めることとする。

記によると、この天皇は「所知初国之御真木天皇」とされている。この天皇は神武天皇から算して、一〇代目にあたり、かの三世代生活体験から見て、そのきれ目[4]にあたっている。

崇神天皇は御間城入彦五十瓊殖天皇といわれ、御間城姫が皇后であり、「三年秋九月都を磯城に遷したまふ。是を瑞籬宮と謂ふ」、記では「御真木入日子印恵命」とされ、師木水垣宮に坐すとし、妃には御真津比売が存在している。だが垂仁天皇紀によると、この姫は大彦命[5]の女としており、記では大毗古命之女となっている。おそらく同一の姫であろう。ここで注目しなければならないのは、「入彦」または「入日子」である。これは一の氏族に属する男子が、他の氏族の家に入り、そこの女子と婚姻をなしたことになる。しかもその女が「キ」氏に属している。すなわち崇神天皇が入日子であるのにも拘わらず、前代からの血統が、母権的に伝えられ、御間城姫命が礼拝した神は「キ」(木)であったであろう。しからば崇神天皇が礼拝した神はなんの神であったであろうか。ここにこの天皇の本源が求められなければならない。

日本書紀神代巻の一の一書に、「伊弉諾尊伊弉冉尊」の間に生れた「風神級長戸辺命」について述べられなければならない。さきに述べられた、前二者の神が風神であることに注目されなければならない。この神のまたの名は「級長津彦命」である。この神は古事記には、存せず、また旧事本紀では二神となっている。

この風神は伊勢皇大神宮の内外両宮に祀られている。この神は崇神天皇の夢に現われ、[6]大和国の竜田坐天御柱国御柱神二坐に祀られている。紀によると伊勢国は、「天照大神の始めて天より降ります処なり」であり、「神風の伊勢」であり、この国が御間城姫から見て、「夫の国」であるとするならば崇神天皇の礼拝する神が風とする限り、この天皇は伊勢からヤマトに侵攻し来たとも解せられる。この侵攻によって、「倭国大乱」がひきおこされたと解したい。

「倭国大乱」に関する記事は、記紀においては、全く見当らない。日本書紀崇神天皇五年の条に、「国の内に疾疫多く、民死亡者有り。且大半矣。」、六年の条に、「百姓流離へぬ。或は背叛くもの有り。其の勢徳を以て治め難し」とあり、更に古事記には、「此天皇之御世、疫病多起。人民死為尽」とあり、これが「倭国大乱」[7]を反映しているのかもしれない。崇神天皇のヤマト侵攻によってひきおこされた惨害を示すものであろう。

崇神天皇によるヤマト侵攻に際して、原住三輪、甘茂および出雲等の諸氏族に対してとられた態度に関しては、これまたなんら記事が存しない。磯城氏に対しては「入婿」となっている。

日本書紀によると、天皇は神祇に請罪し、天照大神と倭大国魂[8]二神をその宮殿に祭った。前者は女系的にキ氏の神、後者は出雲族の神である。「其の神の勢を畏れて、共に住みたまふに安からず」とあるは、異族の祀るこれらの神々を崇神天皇が祀ることができなかったことによるものと解したい。崇神天皇はその属する氏族が、伊勢において、漁撈による富の蓄積から、すでに「父系制」に移行していたために、母系制に神を祭ることを敢えてしなかったのではなかろうか（後述参照）。

天照大神は豊鍬入姫命をつけてヤマトの笠縫邑（磯城神籬）に祭らしめ、大国魂神には淳名城入姫命をつけて祭らせた。後者の神は異族の神の祭祀を拒絶している。豊鍬入姫命は崇神天皇の女、淳名城入姫命も同様である。両者はもともとキ氏に属せず御間城姫のファミリーとは別箇の存在であり、「入姫」となっている。古事記にはこのような記事はない。

紀によると崇神天皇七年春二月丁丑朔辛卯の祭に、天皇神浅茅原に行き、八十万神を会同させて、卜問した（これがかの卑弥呼の「共立」に通ずるのかもしれない）。倭迹迹日百襲姫命への、神かがりおよび天皇の夢[9]（人間が突然、全然他のものの、かれに優越する力の存在を認めたときに、恐怖、驚愕および畏懼が、人間を襲う、最初のものである。神から作用され、人間を慄えさせるものとして、恐慌的な恐れを人びとが心ならずに想起するのが、夢である）によって、「大物主神」を祀るときは、国が治まるとなされ、この神の子「大田田根子」を求めることとなった。更に三人の人びとの夢にも現われた。市磯長尾市をもって倭大国魂神の祭主となすべしと現われている。かくして天皇は茅淳県陶邑に大田田根子を得、また神浅茅原に、諸王卿及び八十諸部を会同して大田田根子をもって大物主神を祭る主とし、また長尾市をもって倭大国魂神を祭る主とした。次いで大田田根子をして大神（三輪の神）を祀らしめ、大田田根子が「今の三輪君等の始祖」であるとしている。なお天皇は八十万の群神を祭り、疫病は息み、五穀豊饒、天下泰平となった。

古事記においては、天皇の夢に大物主神が現われ、大物主神の子孫「意富多多泥古」をもっておのれを祀らしめよとあって、御諸山の意富美和之大神の祭主とされた。なお天神地祇之社がまつられた。何故に民生安定のために、天照大神が祀られないで大物主神（三輪の神）および大国魂神が祀られなければならなかったであろうか。

大物主神は、日本書紀巻一神代上の一書にあるが如く大国主神、国作大己貴命等であり、「夫の大己貴命、少彦名命と力を戮せ心を一にして天下を経営る」［と］あるが如く、ここではもともと地母神である三輪の神が「男姓《ママ》」化し男弟である少彦名命と協力することになっている。

すなわちヤマトにおける天皇支配の正当化のために、この地方における、原住の三輪族および出雲族の祀る神々の同意を得るために、その祭祀が復活されたことを意味する。言葉をかえていえば、これら神々の祭祀担当者が天皇によって殺され、すでに述べられたように、その権威がもともとの共同体に復帰したのを、更にその共同体から、「共立」せしめたことになる。

もともと女神であった地母神が、ここでは何故に男神であり得るのであろうか。なお崇神天皇紀九年の条によると、大物主神の妻が、倭迹迹百襲姫命となっている。前者は地母神の象徴である「蛇」（美麗しき小蛇）であって、その長大衣紐のようであった［の］であり、遂には御諸山に登ったといわれている。
これとほぼ同様の説話が古事記にも見えている。意富多多泥古の神の子たる実証として、活玉依毗売の関係が述べられ、かれが美和山に至って、その神社に留ったと記載されている。

母らしいことの化身としての地母神は、同時に母と花嫁、そして男神の妻と娘となったときに、ぼんやりなるようになった。(10) このような現象は早くから至るところで現出しており、わが国土においても、かくあったものと思われる。従って三輪の神は、もともとは御姥であったのが、男神と思われるに至った。

地母神は豊饒の保護者として、甚だしばしば聖木または聖柱と組み合せられて代表された。(11) かの木の礼拝はここにその起源が求められるであろう。また地母神は「山姥」(Mountain-Mother) となり、「山神」(12) ともなっている。地母神は山頂における聖所、神聖な木立ち、宮殿礼拝において祀られた。柱、松の木、糸杉、棕櫚および無花果樹とともに、必ず山の社において、ある時には石かこいと menhir を暗くして出会っている。ここで一々ヤマトの三輪神社の模様を述べるまでもないであろう。三輪山に向って、この神社には本殿がなく、拝殿のみを有し、杉木が密生し、山の状態も右の記載にほぼ合致している。

ヤマトにはいくたの山々が、神と祀られており、一々ここに述べられるまでもないであろう。すなわち三輪の神を祀っていたような原住民が、沢山ヤマトにいたことが分かるであろう。

ここで「倭国乱」に言及されなければならない。邪馬台国に関する論争(13) に関しては、他に譲ること

とし、魏志倭人伝中に

其間本亦以男子爲王、住七八十年、倭國亂、相攻伐歴年、乃共立一女子爲王。

更立男王、國中不服、更相誅殺、當時殺千餘人、復立卑彌呼宗女壹與。

ことあるが、さきにも述べられたように、倭国乱がいかにしてひき起され、これら女子によってその鎮圧がなされたかに関しては、語られてはいない。この男王は垂仁天皇にあたるかもしれない。

卑弥呼が立つまで七、八十年は、大体紀元一〇〇年前後――一世紀から二世紀の始め頃といわれている。この七、八十年[14]は、天皇の治世の平均年数を一四年位とするときは、六世代から七世代となる。従って神武天皇から開化天皇までの天皇が包含されることになるであろう。当時天皇は主としてシキ氏と外婚的な関係にあって、未だ父権制が成立しては、いなかったようである。従って中国ではすでに、王家が父権制の下にあり[15]、それがために、日本でも父権制が行われ、支配が一元的に行われていたと解し、「以男子為王」となしたのではなかろうか。「相攻伐歴年」とは、崇神天皇の支配権の樹立のための抗争と解し、その平定に至るまでに、数年を要したであろう。そしてその権力による支配の成立が、被征服者の礼拝する神々並びに被征服者によって同意されて、始めて天皇支配が正当化されることができたであろう。

わが文献によると、この場合における崇神天皇の支配に対する被征服者の礼拝する神々として、主として、最も重要視された神々は、紀によっては、大物主神（その子大田田根子）と倭大国魂神（長尾市）としている。そして「市」とは「平生は神々と関係なく生活し、社々の祭りに際し招聘されて、行って勤めるのが多く、その点は全く自由なのを普通とする。しかし文献的には各社にはそれぞれそうした女性を出す社家がきまっていて、ミコとかモノイミなどをその社について奉仕していたようである」[16]。長尾市も恐らくこの後者に該当する者であろう。記ではこの場合に大物主神（その子意富多多泥古）のみをかかげている。すなわちヤマトにおける原住民たちが礼拝していた三輪神（地母神）の祭祀を復活し、その神の同意並びにこの神を礼拝する原住民たちのそれを得て、天皇支配を正当化したばかりか、その礼拝という機能的な契機で、統合を再編することができたであろう。

魏書における卑弥呼の称呼は、中国の倭の極度の蔑視[17]からでた用字であり、従って日本語の「なに」を漢音化したかも分からないとされている。卑弥呼の機能が記紀から理解されるならば、それが何人であるかは余り重要ではない。卑弥呼は「モモソヒメ」[18]に比定されるとして、なにの神に奉仕したであろうか。このヒメは、たとえば紀によると、父は孝霊天皇、母は磯城県主大目の女細媛命であり、「キ」（木）の神の礼拝しかなすことができない。「モモソヒメ」がどうして三輪の神（地母神）に奉仕し得たであろうか。魏志によると、「年已長大、無夫壻、有男弟」とあって、地母神と男弟の関係に還元することができる。卑弥呼はかの magna mater[19]と同一視されることになっていたかもしれない。現に淳名城入姫命が大国魂神を祭ることができなかったことから考えても、モモソヒメが三輪の神大物主神を祭ることができなかったと解さなければならない。従って卑弥呼は三輪[20]の神に奉仕したとなすべきであって、むしろ大田田根子に比定さるべきであろう。しかし大田田根子は「男姓」であったようで、かの道臣命が女姓[21]であったと同様に、「女姓」であったかもしれない。魏志では天皇支配を当時父権制の下にあったとなしおるように、ここでも倭国の乱の鎮定を女子がなし得たとし、しかもその「女子」を天皇の系統の「ヒメコ」(火女子)と誤解したのではなかろうか。モモソヒメは崇神天皇の「姑」であって、天皇は「男弟」の地位を占めている。このような関係では、ヤマト原住民からの「同意」を得ることができなかったであろう。すなわち天皇と磯城氏だけの関係であるからである。卑弥呼に関しては、ここに一々引用するまでもなく、邪馬台国のヤマト説および九州説によって、それぞれ異った、いくたの見解が存しており、永久にそれが何人であったかが決定[22]され得ないであろう。要は前にも述べたように、卑弥呼のはたした機能如何によってのみ、決定さるべきであろう。なお天皇称呼の「根子」との関係もあるかもしれない。

卑弥呼がいかにして「共立[23]」されたかに関しては、すでに一言されている。恐らくその「共立」は、崇神天皇の統裁の下に、神浅茅原において、関係共同体の首長並びに構成員が、参集し、「拍手」(Akklamation)によってなされたのであろう。

卑弥呼と男弟の関係は、天皇の二元制とつながるから、ここでは述べられない。魏志によると卑弥呼の死後、男王を立てたところ、「更相誅殺、当時殺千余人、復立卑弥呼宗女壱与(台)年十三為王、国中遂定」とあり、その後の経過は伝えられていない。

魏志によると倭女王(卑弥呼)は、魏王と交通し、「親魏倭王」とされ、金印紫綬等を受けている。ここに倭は魏から、かの「外交的正当性」を得ており、魏をもって上級国家とし、「倭」をもって下級国家とする、いわゆるStaatenstaat(後出参照)が形成されているようにも見える。すでにここに「倭」

（ヤマト）が国家として成立していると解すべきかは、更に検討されなければならない。

（1）上田正昭「日本古代国家成立史の研究」（昭和三四）五五頁
（2）上田前出二七頁
（3）和田清、石原道博編訳「魏志倭人伝等」（岩波文庫）四八頁
（4）門脇禎二「神武天皇」（一九五七）二〇一頁によると、古代天皇の和風称呼の分類がのせてある。すなわち「神」があるのが第一代神武、第二代綏靖であり、「大日本乃至日本根子彦」があるのが懿徳（第四代）、孝霊（第七代）孝元（第八代）、開化（第九代）、「足彦」をもって結ぶのが、孝安（第六代）景行（第一二代）、成務（第一三代）、仲哀（第一四代）、「入彦」とあるのが、崇神（第一〇代）、垂仁（第一一代）であって、これら四の群に入らないのが、安寧（第二代）、孝昭（第五代）、応神（第一五代）である。従って神武天皇からの「九世代」はあるいは、第一と第二の群であって、第四の群につながったのかもしれない。また磯城県主との関係から見ると第二代から第六代が同一血統の如くにも見える。いずれにしても伝承の不確実性は免かれない。
（5）大彦命は孝元天皇を父としこの天皇の母は磯城県主の女であり、皇后は穂積臣の出――鬱色謎命である。
（6）栗田寛「神祇志料」上六三四頁
（7）肥後和男「崇神天皇と卑弥呼」（昭和二九）六九頁
（8）宮地直彦「神祇と国史」（大正一五）一頁（国魂神の信仰）
（9）Gustav Mensching, Soziologie der Religion Bonn 1947 S. 53; G. M., Vergleichende Religiouswissenschaft Heidelberg 1949 S. 119; Berholet, Grundformen der Erscheinungswelt der Gottesverehrung S. 21, 43.
（10）James, The Cult of The Mother-Goddes p. 234.
（11）James, 前出二一三頁
（12）James, 前出一三四頁
（13）たとえば古代史談話会編「邪馬台国」（昭和二九）―二三九頁―邪馬台国関係文献
（14）前出（肥後和男）三二頁
（15）Eduard Erkes, Die Entwickelung der chinesischen Gesellschaft von der Urzeit bis zur Gegenwart Berlin 1953 S. 18.

（16）「邪馬台国」（前出――肥後和男）二二頁
（17）前出三一頁
（18）前出二一頁
（19）James 前出一八〇頁
（20）上田正昭前出五一頁
（12）邪馬台国（肥後）前出一九頁――道臣命も女姓とされている
（22）上田前出六〇頁
（23）上田前出五一頁。Max Weber は、宗教的組織においては、「選挙」がもともとの特徴ではなく、人的カリスマは常にそれに先行することを強調している（Gesammelte Aufsätze zur Religionssoziologie II Bd. S. 105）。もともとの祭祀共同体の祭祀主掌者が崇神天皇に恐らく殺され、そこでこのもともとの共同体から卑弥呼が「共立」されたと解される。

ろ　天皇支配の方式

かってJules Harmand[1]が近代フランス植民政策に関して、「支配」と「共同」（domination et association）を説いた。これはやがて天皇によるヤマトにおける支配の樹立に関しても妥当するであろう。天皇はヤマト（すでに、ヤマト侵攻前に北九州においてもあるいはかくあったかもしれない）[2]において、原住の共同体に対して、その首長たちとの間に、支配関係を樹立したが、これら首長たちが占拠していた「大地」（Boden）またはその「土地所有権」（Grundeigentum）に関してはどんな関係にあったであろうか。その関係は主として「人的」であって、「物的」には直接生産には従事しなかったであろう。すなわち被支配者、首長からの「掠奪」（Raub）または「貢納」（Tribut）に依存し[3]、被支配的な原住民との関係は、首長たちを通じて「間接的」であったと思われる。被征服氏族がすでに氏族経済を営んでいたことに関しては、すでにしばしば述べられている。

天皇のこのような「間接支配」(indirect-rule) の下における、住民たちは真正な意味における奴隷であったか、なかったかは、暫く措き、「奴隷的な性格」を有していたと解すべきであろう。

「東」と「西」(Orient-Okzident) は、その法が、歴史的発展の経過において、それに従って根本的に異ってでき上った地域である。東では「服従」が法の基礎たらしめられ、西ではそれに反して自由がその基礎をなしている。東では支配者の意思および命令が法の淵源であり、臣下はこのような法に対して無造作に服従している。個人的な自由および独立への、衝動は、全く存在しないかまたは強力に鎮圧されている。西では法が人民自身から生じ、その独立感情と自由志向の防衛をなす。東では社会が支配者の中に没してしまうのに、西では社会が臣下のように単に上から命令されるばかりでなく、国家生活に対して積極的に、協力して、自由な市民の全体をなす。[4] これらはギリシア人およびローマ人によって実証されている。

われわれ日本人は、一九四五年九月天皇が敗戦の結果ポツダム宣言を無条件に受諾したため、その固有の地位を喪失し、その核心においてデスポット支配から脱却し得たまで、自由の下に生活することができなかった。このような事態は、すでに天皇のヤマト征服にまで溯って生ぜしめられていた。

天皇は漸次その権力を拡大強化するに至り、その面積は狭小であったとしても、その直轄領が、「ミアガタ」(御県) として成立した。この成立には、もちろん被支配者とその祀る神々の同意を要し、それによって正当化された。その時期はもちろん正確には知ることができない。だが当時天皇は未だ「人間」であって、人間であるとともに「神」ではなかった。

国県制は、井上光貞の「国造制の成立」（史学雑誌六〇の一一）という、「劃期的業績」[5]によって、始めて、著しく明確に解明されるに至ったといわれている。

上田正昭の研究[6]によると、継体天皇以前（五〇〇年）までには、県および県主が三九あった。その中で天皇支配の成立に関して、最も重要な関係を有するものは、いうまでもなく「倭六県」である。

ここでまず第一に、「県」および「御県」の意義が明らかになされなければならない。上田正昭[7]の研究によると、県については、（一）「ミアガタ」から論究する者――本居宣長があり、「県と云は、もと御上田より起れる名にて、またそれに准えて諸国にある朝廷の御料地をも云」となしている。すなわち「ミアガタ」―アガタ―朝廷料地説をなすものである。（二）「アガタ」から考察する見解があり、これが最も有力であるように考えられる。これには班田説―生方説―田方在方説―吾田説等がある。中でも松岡静雄はア（吾）が（助語）タ（田）と説き、一番優れているように思われる。（三）関係外国語にその起源を求めんとする者がある。

この問題は、すでに述べられた、「オニ―クニ―タニ」、「アマ―ヤマ―シマ―タマ」および「カミ―オミ―クミ―タミ」の見地から解明し得るのではなかろうか。場所をヤマトにとっていうならば、もともとの原住民がすでに耕作していたところが、「タ」（田）であり、ここにおくれて来たと思われる出雲族、磯城族等が（天照大神またはスサノオの尊がそれぞれ田を所有していたことから証明され得るが如く）「タ」（田）を「所有」して農耕を営んでいたとなすことができるであろう。これら氏族たちが所有していた「田」が「アガタ」であり、その首長たちがすでに「アガタ主」といわれていたかもしれない。

天皇がヤマトに侵攻して来たときには、天皇は「大地」に対しては、なんらかの支配権（尤も間接的に）を行使したであろうが、「土地」を所有せず、農耕を自ら経営しなかったであろう。すでにその地でアガタ主であった、始源的支配者を征服し、その農耕生産物を収奪し、貢納させたであろう。このような間接支配の下で、その収納に従事したのが、「稲置[8]」ではなかったのではなかろうか。そしてStaatを「クニ」に読み替えてのStaatenstaat関係にあった、アガタ主または共同体からの貢納は、稲置から天皇に対して納付されたのではなかろうか。

天皇の間接支配の下にあった、もともとのアガタ主の、アガタが天皇のアガタとも呼ばれるようになり、アガタ主も地方官的な地位を占めるようになったのではなかろうか。やがてこれらの始源的支配権を有するアガタ主の支配権が天皇によって否定され、アガタが天皇の領土となるに及んで、「ミアガタ」と呼ばれるに至ったのではなかろうか。この場合において原則として天皇は直に土地所有権の収奪には及ばなかったであろう。依然「貢納」が存続していたと解すべきであろう。

ヤマト国家の成立を知るがためには、まず第一に「六御県」に言及されなければならない。この六県とは、山辺、十市、高市、志貴、葛木および添である。

これら六県の所在（旧郡制[9]）は、次の如くである（神社名による）。

山辺御県　山辺郡西井戸堂村
十市御県　十市郡十市村東
高市御県　高市郡四条村北
志貴御県　城上郡金屋村
葛木御県　葛下郡桑海村
添御県　添下郡三碓村
（志貴御県　志紀郡国高村）

これら六県の占める地域は、必ずしも広大ではなく、天皇の後の直接支配が、いかに狭小の地域から始められたかが、ここからも知られる。古代人の聚落は、今日に残っている古墳の分布[10]によってもこれを明らかになすことができる。前方後円墳を中心として集まっているのは、

奈良市附近、石上附近、三輪、桜井附近、高田町附近、畝傍山南方から高市附近

であり、小さい古墳が集まっているのは、

葛城山の東麓忍海町附近、山口の千塚、柳生附近、越智岡附近

であり、中でも畝傍山南方から高市地方、三輪、桜井、石上附近（三輪、大和、石上の神々の礼拝とつながるであろう）にある古墳群は、倭六県と関係がないとはいえない。

倭六県の共同体は、それぞれの県に座す神々の礼拝によって、統合しつづけていた。

ヤマト六県にとくに「ミ」がついたのは、文献的には天平一二年一二月または大化元年八月である

といわれている。[11] わたくしはその年代を確定することができないが、これら県に対して天皇の直接支配が樹立されたときから、「ミ」がすでに附せられていたであろう。

祈年祭の祝詞中に

御県爾坐。皇神等前爾白久。高市、葛木、十市、志貴、山辺、曽布登。御名者而氏。此御県爾生出。甘菜辛菜乎持参来氏。皇御孫命能長御膳能遠御膳登聞食故。皇御孫命能宇豆乃幣帛乎。称辞竟奉久登宣。

とあり、六月次及び十二月次の祝詞にも同様の文言があり、広瀬大忌祭、竜田風神祭の祝詞にも倭六御県の記載がある。これら祝詞の成立の時期は、不明である。広瀬の神は「大和国広瀬郡」にあって、祭神は穀物を掌る神であって、若宇賀売命といわれ、かの地母神に還元され、竜田の神は、すでに述べられたように風神であって、地母神の対偶神である。

広瀬大忌祝詞中に

倭国能六御県乃。山口爾坐皇神等

とあるが、この山口坐神々は、四時祭式の大忌祭の条に、「是日以㆓御県六坐山口十四坐㆒合祭」とあり、山口は四時祭式には、飛鳥、石木、忍坂、長谷、畝火、耳梨、夜支布添上郡、伊古麻平群郡、巨勢葛上郡、鴨葛上郡、当麻葛下郡、大坂同郡、吉野吉野郡、都祁山辺郡十四座也とあるにより知られる。そして大忌祭祝詞中に更に

王等臣等百官人等。倭国乃六御県能刀禰。男女爾至万氏。今年某月某日。諸参出来氏

とあり。更に竜田風神祭の祝詞中にも

王郷等。百官能人等。倭国六県能刀禰。男女爾至万氏爾。今年四月諸参集氏

とあり、これらの意義は、これをいかに解すべきであろうか。[12] 四つの祝詞には「六御県」とあり右にには単に「六県」となされている。竜田の祝詞の単なる六県が、「御」を脱したものならば、なんらの問題はおこらない。もしも竜田の方が広田より先に祭られたとするならば、この時代には未だ御六県の表現が成立するに至らなかったとも解され得るかもしれない。

いずれにしてもこれら祝詞の成立の時期においては、天皇はこれら六県に対して直接支配を樹立していたと解さなければならない。六県の人々は、異族である天皇が祭祀する神の祭には参加することができず、「臣下」として、天皇が行う祭祀を助けたことになる。だがこれら神々はもともと地母神とその対偶神（風神）の祭祀に還元することができ、六県の人々にとっては、それほど異質な神々でなかったことも念頭に置かれなければならない。

この時期において、ヤマトが「国家」として成立したと解すべきではなかろうか。天皇と原住共同体の成員の直接関係が生じたと解され得るからである。厳格にいうと、「ヤマト」国家は第一次的に磯城において成立したものと解すべきではなかろうか。すなわち従来磯城氏の下で祀られていた、天照大神を倭笠縫邑に遷し、崇神天皇は自ら風神を祀っている。ここに天皇の祀る神の変更は、この天皇が少くとも父権制の下にあったことにもとづくものと解される。真の父権制となるがためには、まだいくつかの世代の経過[13]を待たなければならなかった。何故に天照大神が伊勢に祀られるに至ったかに関しては、後に譲ることとし、全く逆説的には見えるが、天照大神が天皇およびその代理者でなけれ

ば祀られ得ないことになったことを予めかかげておく。

ここで倭六県において祭祀されていた神々に立ち戻らなければならない。

（一）添御県坐神社　大和国添下郡鳥見荘三碓村（シモンモンジョ）（生駒郡富雄村大字三碓）祭神、速須佐之男命、延喜祝詞式により豊宇気毘売命となすものがある。なお一説には武甕槌命（姓氏録により添県主の祖先）が祀られているとなすものもあり、この神は相殿に祀られている。もともとの神はスサノオの命であったであろう(14)。

この神社は祈年祭六県神の一である延喜式聖武天皇天平二年、神戸租一百七十二束をもって祭祀雑料に充て東大寺正倉院文書、平城天皇大同元年神封二戸が封ぜられ新嘗格勅符、清和天皇貞観元年正月甲申、従五位下より従五位上に叙せらる三代実録、醍醐天皇延喜の制大社に列せられ、祈年祭、月次、新嘗の案上の幣帛に預る延喜式。凡その祭日は二月八日の午日に用いられ奈良県神社取調書ている(15)。

（二）葛木御県神社　葛下郡桑海村（北葛城郡新庄村大字葛木）祭神・天津日高日子番能邇々芸命、一説には豊宇気毘売神、平城天皇大同元年備前地を神封に充て新格勅符清和天皇貞観元年正月甲申従五位下より従五位上が授けられ三代実録、醍醐天皇延喜の制大社に列せられ、祈年、月次、新嘗の案上官幣に預る。すなわち祈年祭六県の神社の一である。延喜式凡そ二月四月十一月酉日祭を行う(16)奈良県神社取調書。

（三）志貴県坐神社　城上郡金屋村（磯城郡三輪村大字金屋）祭神は不明（神道大辞典には、天津饒速日命）志貴宮といわれている。聖武天皇天平二年神戸租稲一千三百五十余束をもって、神祭料とし東大寺正倉院文書平城天皇大同元年神封十二戸充て新抄格勅符清和天皇貞観元年正月甲申従五位下より従五位上に叙せられ三代実録、醍醐天皇延喜の制大社に列なり、祈年、月次、新嘗の案上幣帛に預る。祈年祭六県神の一である延喜式。十月二十六日祭りを行う(17)奈良県神社取調書。

御県神社中最も重要な本社について、祭神が不明であるのは、かってギリシヤまたはローマであったように、全く無名の神(18)が祭られていたのか、または祭られていた神の名が全く忘れられたのかが判明しない。この神社には理論的には「キ」（高木）神が祭られていたのではなかろうか。すなわち天照大神——伊勢皇大神宮の隆盛に伴なってかくなったのであろう。

（四）高市御県神社　高市郡四条村、祭神は不明、高県宮という大和志名所図会。社伝に祭神高御産日尊。また天津日子根命というは、姓氏録に、高市連額田郡の開祖天津彦根命三世孫彦伊賀目津神命である。また高市県主彦根命十四世孫建許呂命之後也とあるから、この県の神をその県主が掌ったので、その祖神をも、相殿に祭ったが、遂に主神となったともなされている。平城天皇は大同元年神封二戸を充て新抄格勅符、清和天皇貞観元年正月甲申従五位下から従五位上を授け三代実録醍醐天皇延喜の制、名神大社に列なり、祈年、月次、新嘗の案上官幣預り、即祈年祭六御県神の一也延喜式。凡十月二日祭りを行う(19)奈良県神社取締書。

（五）十市御県坐神社　十市郡十市村東に在る大和志。祭神不明（特選神名牒によると豊宇気毘売命、社伝に祭神大日命というが、古書にこの神名見当らず、尾張国山田郡佐渡羽茂村に大日神社あるも、別神である。なお御県主の祖は豊宇気毘売神であるべく思われるから、社伝には従わない）。

聖武天皇天平二年神戸祖稲一千七十二束をもって、祭神料に充て東大寺正倉院文書、平城天皇大同元年神封十二戸を寄し新抄格、勅符清和天皇貞観六年甲申、従五位下より従五位上を授け三代、実録醍醐天皇の制大社に列なり、祈年、月次、新嘗の案上幣帛に預る。即祈年祭六御県神の一である延喜。式凡十月十六日祭りを行う[20]奈良県神。社取締書

（六）　山辺御県坐神社山辺郡西井戸堂村大和志名、所図会　祭神不明、聖武天皇天平二年、神戸租稲二百七十二束を祭神料に充て東大寺正、倉院文書平城天皇大同元年神封二戸を寄し新抄格、勅符清和天皇貞観元年正月甲申従五位下より従五位上に叙され三代、実録醍醐天皇延喜の制大社に列なり、祈年、月次、新嘗の案上官幣に預る。即祈年祭御県之神六坐の一也延喜。式凡毎年九月十五日祭を行う[21]奈良県神。社取調書

六県坐神社中祭神が不明なものもあり、(一)などは原住の出雲族に関係があるように見える。中でも志貴県坐神社が最も重要視されており、これに十市御県坐神社が次いでいる。これは第二代綏靖天皇から九代開化天皇に至る天皇の皇后の生家[22]と非常に関係があるように思われる。古事記では師木が三回、十市が一回、書紀本文では尾張連二回（キ部族の一であろう）、磯城一回、一書では磯城五回、春日一回（これも「キ」（木）の礼拝者であろう）、他の一書では十市が二回、磯城が一回、春日が一回となっている。

すでに述べられたように、当時天皇は母系的に継承されており、母の生家の祭神が重要視されたのは、まことに当然である。当時天皇はこれらの神々の権威に基づいて、その支配を正当化していたとなすべきであろう。

なお倭六県の神社の外に、県神社が尾張一、美濃一、丹波一、出雲二及び阿波一あり、合計六神社、

県主神社が伊勢一、河内二、美濃一、但馬一あって、合計五神社がある。[23]なお上田正昭の研究[24]によると、その結果によって知られる県数と県神社又は県主神社の数が一致しない。恐らく後者に属すべき神社が「埋没」(oblivion)してしまったのではなかろうか。なお「安芸」、「紀伊」に県がないのは、これら地方の全域が「キ」族によって占拠されていたのによるのかもしれない。また讃岐と壱岐もキ族に関係があるようだが、一県ずつあるのは、これら地方を占拠する氏族の中に異族があったのかもしれない。

県神社と県主神社の差別はなにを意味するであろうか。わたくしは県神社はもともとの共同体によって礼拝される神を祀り、県主神社はこれら県を征服した県主が礼拝する神が祀られ、現実においては、もともとの県神社を地主神として、恐らく同一の場所に県主神が上位において、「重層又は重畳(stratification)的」に祀られていたのかもしれない。

天皇はその直轄領となった「御県」を除き、「県」及びその他の「大地」に対して、どんな地位を有していたであろうか。それを知るべくStaatenstaatに関して述べられなければならない。

Staatenstaat[25]とは、国家複合の、一つの国法的形態である。一つの主権国家がいくたの服属国家に対して、支配権を行使し、これら服属国家が、上級国家から引かれている、限界内において、自由に組織され、その内部に向っては、広汎な独立を有し、だが外部に向っては、それら従属によって大きな制限を受け、上級国家に対して「軍事扈従」(Heeresfolge)又は経済的給付——「貢納」(Tribut)をなす義務づけを有している。このような類型は、非常に古くから存在しており、既に古代東洋において見出されている。このような形態は、大国家の成立に供せられている。
この種の国家の複合又は結合の特徴には、上級及び下級の国家の間における、政治的生活の必然的な関係が存在しないで、通例そのような連帯を表現させるような制度が、存在しておらない。
それ故 Staatenstaat は、全然又は優勢的に、組織されてはいない結合に属する。下級国家の領土及び属員の、上級支配国家の権力の下への従属は、通例間接的であって、下級国家の媒介によって、その領土又は属員が、上級国家に服従する。
Staatenstaat の組織は、多様な歴史的原因から生ぜしめられている。一国の崩壊に導かれるような、内部的脆弱、上級国家による下級国家が征服された後、戦争遂行に役立つので、下級国家への攻撃に対する防衛、継続的な強制同盟の形態における、下級国家の軍事力の使用、経済的搾取の目的のための、これまで独立していた国家の屈服、支配及び服従国家の完全な連合を妨げる、両種国家の人民の間の広汎な宗教的、国民的及び文化的の差異が、この種の国家結合を生ぜしめる。
Staatenstaat は、その政治的方面からすると、現代国家の見解に関する見地からは、全く異常なものであり、なんらの共通の生活の利害関係が、両種の国家を内部的統一にまで、結合しない。従ってこの種の国家結合は、過去のものとなすことができる。
このような Staatenstaat を日本の実際に適用する場合においては、仲々複雑な心遣いを要する。耶馬台国と魏、倭五王と南朝劉宋の諸王の関係（宋書倭国伝）、倭と韓半島の諸国等の関係については、疑問の余地はすくない。だがわが古代歴史家によく唱えられる、「大和連合政権」に関しては、その意義が必ずしも明確にはなし難いものがあり、その連合への契機をどこに求めるかに関して問題がある。そしてこの場合にあって、ある場合には、Staatを「クニ」に読み替えなければならない場合も生ずるであろう。

大化改新又はその以後における日本国の成立を理解するがためには、まず第一に、臣連伴造国造の私民である「部曲」、皇族の私民である「子代」、「名代」[26]に関し、また豪族領である「田荘」、皇族領である「屯家」[27]に関して述べられなければならない。そしてまた国造制の成立に及ばなければならない。だがこれらはすべて後に譲ることとする。

（1）Jules Harmand, Domination et Colonisation Paris 1919 p. 158.
（2）上田正昭「日本古代国家成立史の研究」五九頁
（3）上田前出一八一頁
（4）Ulrich von Lübtow, Blüte und Verfall der römischen Freiheit Berlin 1953 S. 14.
（5）上田前出一二四頁
（6）上田前出一三一頁
（7）上田前出一六三頁
（8）上田前出一六四頁
（9）上田前出一四〇頁
（10）末永雅雄「大和の古墳墓」（昭和一六・大阪）一七頁
（11）上田前出一六七頁
（12）上田前出一六八頁
（13）洞富雄「日本母権制社会の成立」一三〇頁

(14) 内務省編「特選神名帳」、鈴鹿連胤「神社覈録」による。以下同じ
(15) 栗田寛「神祇志料」上三八三頁
(16) 栗田前出上四〇一頁
(17) 栗田前出上四一九頁
(18) Rose, Primitive Culture in Italy p. 49.
(19) 栗田前出上四三一頁、なお高市には、高市御県坐鴨事代主神社、雲梯村（栗田上四二七頁）がある
(20) 栗田前出上四三八頁
(21) 栗田前出上四四八頁
(22) 井上光貞「国造制の成立」（史学雑誌第六〇編第一一号―〔昭和二六〕一九頁）
(23) 上田前出一七四頁、なお神宮司庁「神宮大綱」（明治四五）、一八〇頁に外宮の末社として県神社がある
(24) 上田前出一六九頁―第一五表
(25) Georg Jellinek, Die Allgemeine Staatslehre 3. Aufl. S. 748.
(26) 井上光貞「大化改新」（昭和二九）一四頁
(27) 井上前出四六頁

は　天皇支配の正当化の方式

すでに述べられたように、政治的なものの概念において、とくに国家権力は、常に二つの構成分――「権威」と「強制」を包含している。そして支配は「同意され」、そして「同意されている」ことである。

古代人はこのような「同意」を、いかになし、支配を正当化し得たであろうか。すでに述べられた

ように、かれらは神々とともに生活し、神々との間に権利義務さえも有することができた。従ってかれらは神々とともに支配を正当化することができたとなされなければならない。

景行天皇紀十二年秋の条に、女酋神夏磯媛…「一国の魁帥なり。天皇の使者至ると聴きて、則ち磯津山の賢木を抜りて、上枝には八握剣を挂け、中枝には八咫鏡を挂け、下枝には八尺瓊を挂け、亦素幡を船舳に樹て、参向きて啓して曰く、願はくは兵を下しそ、我の属類必ず違きまつることあらじ、今将に帰徳ひさむ」の記事がある。また仲哀天皇紀八年春正月の条に崗県主の祖熊鰐に関し、伊覩県主の祖五十迹手に関しても、右と同様の記事が存している。これらは、いずれも始源的な支配権を有する、首長たちが、天皇の権力に対して帰順の意を表わすべく、それぞれが礼拝する神の象徴とともに、その支配に同意したものと解すべきであろう。このような方式による帰順は、すでにしばしば行われていたと解さなければならない。

天皇はその支配を安定させかつ持続させるために、しばしば神々を祭っている。だが異族意識の制約によって、自らの神でなければ、祭祀をなすことができず[1]、それをいかに理解すべきであろうか。これは神々が天皇の支配に同意したことに対する、「反対給付」(Gegenleistung)としてなされたものであり、これが後の「奉幣」であり、「宮祭」[2]の起源をなし、また明治憲法の下での、神社行政の淵源をなすものである。

現に古代中国において[3]、殷の各王の中で、最も武威を輝かした武帝は、「四方を征服してその勢力範囲」を強力に拡大したが、四方の神、風の神などが祈年や雨請い対象となった。そして「氏族が殷に服従すると、その神も、殷の神に服従した」ようであり、「殷の力が衰えるとこの四方の神も甲骨文から姿を消」したといわれている。これは殷にとって本来異教的な神々が「官祭」されたと解すべきであろう。また後に述べられる、ローマのPantheonなども、同種の意図に出た祭祀と解すべきであろう。

まず第一に、天皇、皇后、皇太子または宮中において「祭祀」された神々について述べられなければならない。直木孝次郎[4]の研究によると、天神地祇（神武前紀）、諸神（神武前紀）、高皇産霊尊（神武前紀）、諸神（神武前紀）、皇祖天神（神武四年）、天照大神、倭大国魂神（崇神六年）、大物主神（崇神七年）、八十万群神（崇神七年）、墨坂神、大坂神（崇神九年）、神名不詳（垂仁三四年）、群神祇（景行三年）、志我神、直入物部神、直入中臣神（景行一二年）、天神地祇（景行一八年）、五十鈴宮に居る撞賢木厳之御魂天疎向津媛命、尾田吾田節の淡郡に居る神、於天事代、於虚事代、玉籤入彦厳之事代主神、表筒男、中筒男、底筒男の神（仲哀八年神功前紀）、尽《ことごと》くの神祇（仲哀八年）、神祇（神功前紀）、大三輪社（神功前紀）、天神（神功四七年）、神祇（応神九年）、筑紫に居る三神（履仲五年）、淡路の嶋の神（允恭一四年）、天神社稷の百八十神（欽明一三年）、神名不詳（用明二年）、神祇（推古一五年）、四方を拝し天を仰ぐ（皇極元年）――以上第一類

右の外天皇が人を派遣して祀らした神々としては、伊勢神宮の外、笥飯の大神（神功一三年）、胸方神（雄略七年）、出雲大神（古事記垂仁条）があり、また四方に令して地震の神を祭らしめた（推古八年）こともある。以上第二類

以上によると、天神、諸神群神、神祇、天神地祇とし、神々の名称が分明しないのが、最も多く、

第一類の神々の記事中二六の中一八を占めている。天照大神、皇祖天神は各一回しかなく、他は倭大国魂神、大物主神、大三輪神などの原住氏族によって祀られた神々（八）と五十鈴宮に居る向津媛命、高皇産霊尊がある。このように天皇はその支配の正当化を強化し、維持すべく神々を「祭」った。

Pantheon は、もともと「自然発生的」に成立し、その起源を地母神に求めることができる。[5] また Pantheon は「作為的」[6] に祭られた。人々が固有の Pantheon の中に見知らぬ神々をとり入れ、それによって、この Pantheon に見知らぬ神威（die numiosen Kräfte）を導いてき、国民的と宗教的な存在を、いよいよますます確実となさんとした。それは、たとえば広汎にローマ帝国（Imperium）でひきおこされた。その侵略は異邦の神々の導き入れによって確保された。それはもちろん、もともとの寛容からでたものではなく、純粋に功利的な処置であり、それは国民的宗教の見解の下において全く可能であり、理解し得るものであった。なお Pantheon は「自然発生的」および「作為的」に形成されることもある。

わが国においては、たとえば自然発生的に Pantheon において祭られている神々は、後に述べられる伊勢大神宮、大和の賀茂神社等において見出されている。後者に関しては、すでに一九一九年に内藤虎次郎[7] によって、この神社の性格が Pahtheon 的であることが、明らかになされている。もともと賀茂はその地名が示すように（賀茂）甘茂氏によって占拠されていたであろう。かの山城国風土記の逸文の「賀茂の社」の記事には、地母神の礼拝が語られてはいない。賀茂の社は右の地主神の上に、次々にこの地に来た支配者の神々が祀られ、遂に賀茂神社が一つの Pantheon となっている。わが国における神社に祀られる神々の存在様式が重畳的な場合には、その多くがこのような支配者の交替によって、自然発生的に、Pantheon が形成されたとなしても大過がないであろう。だが例外的には作為的になされたものも含まれているであろう。

作為的に祀られた、代表的な Pantheon として「総社[8]」をあげることができる。総社とは、社格の尊卑を問わないで、国司の庁所在の、国府に近い神社を選ぶか、または別に一社を建てて、その管内の神々を勧請併祀したものである。平安朝時代の制度であって、国司がその任地に赴いたときには、「国司神拝」といって、国帳にかかげられている諸神社に巡詣しなければならない儀式があった。また月朔毎に、幣帛を班《わか》って礼を行う朝幣の儀がある。これらの「奉幣の儀」に際して、国司がその巡拝の繁労を省かんがために、便宜上、国司の庁所在地の附近に総社を設け奉祀した。総社[9]は一国に一社が存在するばかりか、たとえば山城国には五社、摂津国には二社あり、原則として単に「総社」と呼ばれていた。

明治憲法の下における靖国神社[10]も、一つの Pantheon ということができるであろう。明治維新後設立を見た招魂社に始まり、明治一二年六月に至り、明治八年に東京に祀られた招魂社が「靖国神社」と改称され、別格官幣社に列せられ、「国事に斃れたる者の英霊」が祀られ、その祭神数は数百万柱に上っている。

Pantheon の祭祀という、機能的な契機によって、国民はその統合をなし続け、天皇の支配を強化し、正当化しつつ、明治憲法の崩壊にいたった。

なお天皇の支配が強化すればするほど、その支配の正当化が必要となり、神々の官祭的な祭祀が強化されたことを忘れてはならない。さきに述べられたように、神武、崇神、景行の三天皇および神功皇后による祭祀ならびに天武天皇による祭祀によっても、右は容易に実証され得るであろう。

（1）柳田国男「日本の祭」（創元文庫）（昭和二八）一八三頁
（2）柳田前出一八七頁
（3）貝塚茂樹編「古代殷帝国」（昭和三二）一二七頁
（4）直木孝次郎「天照大神と伊勢神宮の起源」（藤直幹編「古代社会と宗教」大阪〔昭和二六〕一一二頁）
（5）James, The Cult of the Mother-Goddess, p. 229, 234.
（6）Mensching, Soziologie der Religion S. 266.
（7）内藤虎次郎「近畿地方における神社」（日本文化史研究〔昭和九年〕三版三五頁）
（8）吉井良晃「神社制度史の研究」（昭和一〇）一四九頁
（9）吉井前出一五〇頁
（10）吉井前出一六一頁

日神の礼拝と天照大神の成立

一　日神の礼拝

い　日本への伝播

天照大神は、日神と大霙貴が統合されて形成されている神である。日神の礼拝が、わが固有の祭儀であったか、なかったかが、まず第一に、検討されなければならない。

太陽は世界中ほとんど到るところで礼拝されていた。ここにそれを実証すべくJ. G. Frazer 等[1]を引用するまでもないであろう。太陽の礼拝は結局地母神の礼拝に還元され、わたくしは、わが国における太陽礼拝が、近東とくに、古代エジプトにおける、それになんらかの関係があるように思われるから、ここでは、そこでの礼拝を必要な限度において述べることとする。

エジプトでは、地母神よりも、Pharaoh（古代エジプト王の称号）の方が、優勢であった。それはかれが日神の化身および Osiris[2] の生きた子であったことによっている。これは紀元前二五八〇年、かの第五王朝からであり、当時「太陽神学」（the solar theology）が Heliopolis の神官たちによって打ち立てられた。国王はかれの神聖な素性と職務によって、かれ自身の権利で、生命付与的な機能を行使した大昔から伝えられてきた、すべての、集中された伝統と説話において、国王の神格は、ナイル河流域において、すべて神聖であるものの、要略であったほど、確実に設定されるにいたった。[3]

エジプト等における、太陽神の礼拝が、いかに行われたか等に関しては、これを他に譲ることとし、わが国における日神礼拝《（ママ）》とつながりともなるであろう、国王の「象徴」について述べられるであろう。

偉大な母（Magna Mater）[4]は、女形であって、一羽の兀鷹の頭飾り、Hathor の角、その名（すなわち王座または王位）の象形文字（hieroglyph）で囲まれた、二つの翼をもってする「太陽平円盤」（soloar disk）（これがわが太陽礼拝とのつながりのきめ手ともなるのかもしれない）をもってし[5]、ある場合には、上下エジプトの二重の王冠をつけており、それは「真実」（maat）の羽でかざられ、両手に一つの papyrus の笏と生命のしるし（crux ansath）をもち、その神聖な起源を示すべく、その額に蛇の象徴（uraeus）をつけている。かの女は問題なく、エジプトにおける最大であり、最も慈悲的な女神であり、母的原則、その属性、機能および義務において最も肝要であるものを人格化している。しばしばかの女は、その膝の上にその息子 Horus をもって代表されている（わが神功皇后と応神天皇等の関係を想起させるものがある）。

翼を有する太陽円盤（the winged disk）は、エジプトからアッシリア、カッパアドキアおよびペルシアに流布した。この流布が行われた国々においては、そのもとも〔と〕の意義が必ずしも理解されず、種々の異った形で再生された。[6]

太陽礼拝は近東から東へ、古代中国へも伝播したであろう。古代中国において、風神が祀られ、そして太陽神話も存在していたという。[7]だが漸次天子が命を、天に受けて主権者となるという、「革命」思想の形成を見るにいたった。[8]漸次暴力革命が是認され、孟子にいう「放伐」から「禅譲」の思想への推移が見られるにいたった。[9]

中国の歴史で「革命」という概念が、始めて問題としてとり上げられるにいたったのは周が殷を滅したとき、すなわち「殷周革命」のときである。

主権者の理想は書経泰誓篇中「天降下民、作之君作之師、惟曰共助上帝、寵之四方」とあるのに求められている。その意味は天が人間を作り、それら人間のために統治者たりかつ指導者たるものを、広く民の中から選び出して、天に代わって政治を行わしめるのであって、これが天子――君主の起源であるとする。[10]ここでは君主の支配の正当性が「天」に求められている。もしも君主が人民の生命財産を脅かすような場合には、天は新規な君主を選定し、これに天下を託することを意味する。

君主自らが暴虐を行うか、奢侈に流れて人民を苦しめるばかりでなく、天変地異に関しても、その責任が問われる。君主は予め天変地異を除去するだけの力を有しなければならぬとするものであって、君主の魔術（Magie）またはカリスマ性が、ここに要求されている。

天子が天の附託に背いて、政治を行った場合において、天の意思はいかにして、これを知ることができるであろうか。

天の意思は人民の意思世論によって知られるとなす。書経の泰誓篇に「天視自我民視、天聴自我民聴」とあるによっても知られ、[11]近代の西欧の民主思想とも相通ずるものがあり、ここにすでに革命理論が展開せしめられている。

「天」という観念は、いかに形成されるにいたったであろうか。中国ではもともと、天は「帝」から展開されたものであり、「帝」とは原始社会の氏族の祖先神をさすものであり、魔術をなす力を有する者となされていた。天子が、一度このような力を失うと、部族一致の下に、族長を追放し、時としてはこれを殺した。これがかつて諸国において行われた一種の「君主殺」(regicide)[12]であって、イギリスにおいてさえも行われていた。わが国における、このような事態があったかなかったかは、記紀からは検索し得ないようである。原始社会から未だ完全に脱却していなかった周初では、かの革命思想が、右のような社会環境から生ぜしめられたとなすことができ、[13]当時における「天」という概念も、必ずしも形而上学的には形成されてはいなかったとなすことができるであろう。

周初の頃になると、「帝」が部族の単なる祖神という意味から、人間の祖先のそれへと変じてきた。やがて世界人類の祖である「天」の命によって、前期の主権に交代して、新規な天子が生ずるとの観念を生ぜしめ、ここにかの「革命」理論が、形成を見るにいたったとなすことができる。[14]

ここで孟子の有名な革命思想を述べなければならないが、これを他に譲り、天皇支配の下では、このような思想が、極力排斥されたことは、誠に当然であった。

ここで中国における「祭天の礼[15]」に関して一言されなければならない。祭天の礼は、周礼、礼記等にさかのぼって知ることができる。右に関して注をなした、鄭玄と王粛の見解の相違が、この礼の本質を二説となすにいたった。鄭玄にしたがうと、冬至に祭るのが昊天上帝であって、祭るべき場所は、「圜丘」である。夏正建寅の月に祭るのが上帝―五帝であって（感生帝が含まれる）、その場所が「郊」とする。なお圜丘は自然の丘陵から択ばれ、郊は地面を平にし、その内に壇を設けた。なお周が木徳をもって、天下に王であったとするのは、かの木の礼拝につながるのではなかろうか。

王粛の説によると、鄭玄の説に反対し、礼記に見えた、禘は宗廟の祀であって祭天の礼ではない。郊は冬至天を祭る礼であって、その礼が行われる場所は、圜丘ともいい、また郊ともいわれる。上帝は天中の星にすぎずとし、天というのは、上帝であるとする。

唐では、これら両説が折中して行われ、鄭説にしたがい、冬至に祀る天神を昊天上帝とし、王説にしたがって圜丘と郊を区別しなかった。鄭説によると、昊天上帝も、上帝―五帝も星であって、星の礼拝に帰著した。だが唐制では昊天上帝は、要するに天であって、星とはなさない。また建寅の月に、別に上帝―五帝を祭ることをなさなかった。これは王説によったものである。

ここに一々論証はなさないが、これらの祭儀は地母神の礼拝に還元され、かの豊饒の祈願に通ずるものがあるようである。

わが国において、大化改新以後唐制を受容するにあたって、右両説の折中の影響を受けている。[16] わが国においても、延暦四年および六年の冬至に祭天の儀が行われている（続日本紀、文徳実録）。「祀天神於交野柏原」または「祀天神於交野」とあり、天神を「アマツカミ」と読ませている。だがこの「天神」は唐六典礼部祠部郎中に、「凡祭祀之名有四。一曰祀天神、二曰祭地祇、三曰享人鬼、四曰釈奠于先聖先師」から直接にとられたもの[17]である。そしてわが祭文もここに一いち引用しないが、唐制の影響をうけている。

わが国では、三回しか祭天の礼が行われなかったようである。桓武天皇の延暦四年一一月と同六年一一月と文徳天皇の斉衡三年の記事[18]が残存せしめられている。

中国は革命の国であって、「天」と「宗廟」は別物である。天子が祭天をなすときには、その始めて天命を受けた祖先をもってこれに配した。なお中国では祭天と宗廟の祭も均しく大祀となしていた。だが中国の文化が、わが国に輸入されるにいたってから、天子の理想――天子が上天の命を受け、宇内に君臨し、万民を撫育するという思想さえも行われるにいたった。天皇の礼拝する天照大神の祭儀とは、その本質を全く異にするものではあるが、当時反対をなすものはなかったといわれている。[19]

このようなわが国と中国の祭祀の相違は、文化発展段階から見て、前者の方が後進的であったことを、意味するのではなかろうか。

日の礼拝は満蒙等の地方[20]においても見られた。現に北史巻九九列伝第八七突厥によると、突厥王の即位の礼に際し、日の礼拝が現出せしめられている。その儀式は、可汗が日と交通し、再生の儀礼を通じて、新しく日の御子として再生することを示すものと解されている。

遼[21]においても、皇帝の即位式の儀式として、遼史志第一八に

遼天子の紫冊儀――皇帝入再生室、行再生儀畢、八部三叟前導後扈、左右扶翼皇帝、冊殿之東北隅拝日、畢乗馬、選外戚之老者御、皇帝疾馳倒御者、従者以氈覆之、皇帝詣高阜地、大臣諸帥列

儀仗、遙望以拝、皇帝遣使勅曰、先帝升遐云々
遼皇帝の拝日儀――皇帝升露臺、設褥向日再拝

とあり、「日の礼拝」、「再生」等が、現出せしめられている。

蒙古においても、日の礼拝（成吉思汗実録巻二）が見られ、また匈奴（史記匈奴列伝第五〇）においても

単干朝出営、拝日之始生、夕拝日

等の記載が存している。なお日の御子の出生を語る神話の型式[22]には、インドネシア型があるが、エジプト―トルコ、蒙古等の関係よりも、エジプト文化の伝播を主張するに、その近似が微弱であるといわれている。

韓半島における新羅始祖赫居世王および金氏始祖金閼智に関する神話[23]は、いわゆる「降下卵生型」であって、南方系の型式を純粋に保持し続けている。耽羅の始祖神話は箱舟漂流型、加羅首露王の神話は、降下卵生型、王妃のそれは漂流型、新羅の昔氏の始祖脱解王の神話は卵生型と箱舟漂流型の結合であり、高句麗の朱蒙神話は、卵生型を含んでいる。[24]

朝鮮の上古の伝説によると、その国の始祖を「沸流」（フル）とする系統と、「東明」とする系統がある。[25]現存の朝鮮史によると、温祚の兄に沸流主があった。この兄の血統が絶え、弟の方が繁栄したといわれている。百済の国にも、そういうことがあり、高句麗では東明王から出てきており、東明の名は通例種々あって、鄒牟または朱蒙といわれ、百済では都慕となっている。いずれも同様である。

日本でいう大山祇神の祇（スミ）、海童の童（ツミ）も、同音同義である。すなわち海神族系であろう。大山祇を大山咋（クイ）ともいい、日本語の隅が朝鮮語の「クビ」であるから、同義と思われる。

朝鮮の古史に扶余国に解夫婁（フル）という王があり、その子が得た女子から高勾麗の東明王がでてくる。また新羅国の始祖赫居世も「フル」という語を頭にもっている。

日本での天照天神は大日孁貴であり、その「ヒル」が、「フル」に当たり、光輝くの意味を有する。なお朝鮮語では日は「フル」といい、光ることを意味する。なお後にも述べられるであろう。

ここで大和国「山辺郡布留村」にある石上神宮[26]について一言しなければならない。この大神は布留山に鎮座している。この石上大神は、物部氏の氏神であった。この神は「神剣」によって象徴され、紀には「師霊」、記には「布都御魂」とあって、いずれも「フツノミタマ」と訓されている。この「フツ」はあるいは「フル」[27]から生じたのではなかろうかと思われる。

物部氏の外[28]にこの神の奉仕者としても、姓氏録に、「布留宿禰」とあるのが注目され、また垂仁天皇紀の一書に、是神乞之言、春日臣族名市河令治、因以命市河令治、是今物部首之始祖也とあり、いずれにしても、孝昭天皇の後裔春日臣の系統に属する市河が最初の神主ということになる。あるいは物部氏に先きだって、社務に関与した家柄であったかもしれない。なお春日族はすでに述べられたように「キ」族であり、また天皇の血統ではない「臣」（オニ）であったかもしれない。

なお中国において、受命の帝王が行った、「封禅」[29]があったが、本稿においては、これを省略することとする。

（1）James, The Cult of the Mother-Goddess p. 52.

（2）エジプトでの地母神およびその対偶神は、Isis-Orisis. Asat-Asar であり、もともとのエジプト Pantheon の獣神たちに対しては、全く外国的なものであった。それらはエジプトよりも高度の文化を有する、アジア文化の、ある地域からの侵入者である。Orisis Asar の名称さえも、Jammus のもともとの形態である、スメリアの、同神 Izir または Isir の名称に似ている（Christopher Dawson, The Age of the Gods London 1928 p. 97.）

（3）James 前出五四頁

（4）James 前出六二頁

（5）Günther Roeder, Volksglaube im Pharaonenreich Stuttgart 1952 S. 76.

（6）Myth, Ritual and Kingship. edited by S. H. Hooke, p. 269.

（7）貝塚茂樹編「古代殷帝国」三二一頁

（8）小島祐馬「中国の革命思想」（昭和二五）二三頁

（9）小島前出二四頁

（10）小島前出二九頁

（11）小島前出三一頁

（12）Margaret Alice Murray, The Divine King in England London 1954. 川添登「民と神の住まい」一一四頁

（13）小島前出三二頁

（14）小島前出三三頁

（15）狩野直喜「我朝に於ける唐制の模倣と祭天の礼」（読書纂録）（昭和二二京都一八六頁）

（16）狩野前出一八八頁

（17）狩野前出一八九頁

（18）狩野前出一八六頁

（19）狩野前出一九三頁

（20）三品彰英「神話と文化境域」（昭和二三）二四八頁

(21) 三品前出二五〇頁
(22) 三品前出二六〇頁
(23) 三品前出二六三頁
(24) 三品前出二六五頁
(25) 内藤虎次郎「日本文化史研究」五一頁
(26) 宮地直一「上代史上に於ける石上神宮」(神道論攷第一)(昭和一七)一頁
(27) 宮地前出三六頁
(28) 宮地前出一五頁
(29) 栗原朋信「始皇帝の泰山封禅と秦の郊祀」(「中国古代の社会と文化」—中国古代史研究会編〔一九五七〕)

ろ　日本における日神の礼拝

日本における日神の礼拝は、その固有なものではなく、遠く近東方面から、南方ではなく、北方を経て、中国または韓半島から伝播して来たことが、すでに述べられたところからも、それを知ることができるであろう。それらよりも、更に一層確実にエジプト神学の影響が北九州地方における古墳からの、「翼を有する太陽円盤」(winged sun dial) の発見によって立証されることができる。それが原田大六[1]の詳細な報告におけるいわゆる「巴形銅器」である。

巴形銅器が古代日本で始めて姿を見せているのは、北九州のカメ棺[2]においてである。その後の古墳時代へ継承され、漸次脚の数を減じ、四脚で止まり、巴紋が卍のようになってしまっている。この卍

（マンジ形）は、太陽の象徴であったことを忘れてはならない。なおカメ棺副葬点には漢式鏡、青銅乃至鉄製の武器類、首飾および壁などが含まれていた。(3)従って問題は巴形銅器が漢時代かまたはそれ以前に伝来したかの解明にかかっている。

前漢時代のカメ棺の副葬鏡があり、(4)その背面紋様に巴形銅器に似た図紋がある。これは恐らく巴形銅器から発展し、鏡の背面に附せられるようになり、少くともわが国においては、やがて日像鏡が礼拝されるに至ったであろう。

なお皇后が正装（十二単衣）の着用に際し、金属製の唐制によるとなされている、「釵子」（サイシ）という、太陽を形どった頭飾を用いている。これもあるいはかの翼を有する。太陽円盤に、その淵源が求められ得るのかし《ママ》れない。ここに疑問を提出しておく。

天照大神は伊勢に坐し、天皇の所在地であるヤマト等においては祀られなかった。だが日神がいずれの地においてか、祀られていたことがあったであろうか。この問題もすでに内藤虎次郎(5)によって、一九一九年に提起されている。

延喜式では、単に「伊勢国度会郡」のところに、単に「大神宮」として、「天照」が附せられてはいない。まず第一に山城の国からいうと、木島坐天照御魂神社木島明神がある。この神はその表現が示すようにキのシマの神であり、日が祀ってあったのではなかろうか。次に大和国城上郡に他田坐天照御魂神社がある。そして城下郡に鏡作坐天照御魂神社がある。河内国の高安郡に天照大神高坐神社があり、摂津国島下郡に新屋坐天照御魂神社がある。そして丹波国天田郡に天照玉命神社もある。播磨国揖保郡に揖保坐天照神社がある。だがなおこれ等に類似する神社もあるといわれている[6]。

これら神社の祭神はいずれも不明である。天照大神と関係があるか、ないかが全く不明である。かって栗田寛が神祇志で、河内国高安郡の天照大神高坐神社では、天照大神高御産巣日命が祭られ、その他の神社では天火明命が祀られているとなした。これは旧事本紀で、火明命が天照国照天火明命とあることによっている。尾張国には天照御魂神社はないが、真墨田神社があり、尾張氏によって天火明命が祀られていた。近畿地方の、これら神社は尾張氏またはこれと同じ系統の氏族が祀ったとなしている。

木島明神[7]は従来高皇産霊の子唯天日神命であるとされ、栗田寛は天火明命とした。土地の伝説では天照大神が祀られているとしている。他田坐天照御魂神は、伴信友によると、志貴連の祖神天照饒速日命であるとしている。鏡作坐天照御魂神社は、伝説では天火明命である。新屋坐天照御魂神社は栗田寛によると、天火明命であるとなすか、土地の伝説では三座の中一座が天照大神であるとしている。結局は不明ということになる。丹波の天照玉命神社はやはり栗田寛によって、天火明命となされている。揖保坐天照御魂神社は、土地では伊勢の宮といわれている。また三代実録から、この地に伊福部――五百木部が住んでいたから、火明命を祀ったといわれる。

従って「天照」を冠した神社が、伊勢の皇大神宮と関係があるか、ないか、または天火明命を祀ったか、あるいは日神を祀ったかは、これを断定することが許されない。いずれにしても「木」、「火」または「日」に関係がないともいい難いであろう。

古事記には、「天照大御神高御産巣日神の命を以ちて」、「高御産巣日神天照大御神の命を以ちて」、「天照大御神高木神の命を以ちて」[8] とあって、これら三神に関して述べられなければならない。

まず第一に高木神は木の礼拝から形成された神であり、大分にシャマン的[9]である。この神は「高御産巣日神の別名なり」[10] となされている。記紀においては、高天原には天照大神の外に、高皇産霊尊が殆んど同等の勢力で、天上を支配しているように見える。[11] 白鳥庫吉の研究[12]によると、この神は漢土から渡った神となされている。

書紀神武天皇の条に、高皇産霊尊が祭られたとあり、また「神名帳に神祇官に坐す御巫の祭る神八座並大月次新嘗の首に神産巣日神高御産巣日神とあり、此の八座の神等を祭り給ふことは神倭伊波礼毘古天皇の御世より始まりつる事古語拾遺に見ゆ此の余にも此の神を祭れる社は神名帳」にのせてあると、古事記伝は述べている。[13]

神名帳にのせてある神々は、次の如きものである。

羽束師坐高御産日神社　京都府乙訓郡羽束師村志水　祭神高御産日神神御産日神　雄略天皇一二年の創建と伝えられる。社格大社（延喜制）、郷社（明治一〇年一〇月制定）

高御魂神社長崎県下県郡豆酘村字東神田　顕宗天皇の朝創建大社、村社

この神に関しては顕宗天皇紀に、次の記事が存している。

三年春二月丁巳朔、阿閉臣事代、命を銜けて、出でて任那に使す。是に月神人に著りて謂りて曰く、我が祖高皇産霊天地を鎔造せるに預りたまふ功有り、宜しく民地を以て奉れ。我は月神なり、

若し請に依に献《たてまつ》らば、我れ当に福慶あらむ。事代是に由りて京に還りて具に奏す。奉るに歌荒樔田を以てす（歌荒樔田は山背国葛野郡に在り）壱岐県主の先祖押見宿禰祠に侍る。夏四月丙辰朔庚申、日神人に著りて、阿臣閇事代に謂りて曰く、磐余の田を以て我が祖高皇産霊に献れ。

事代便ち奏す。神の乞の依に田十四町を献る。対馬の下県直祠に侍る。

宇奈多里坐高御魂神社奈良市法華寺村厚桜梅谷　高御産霊尊、太玉命、思兼命　持統天皇六年　大社、村社

持統天皇紀六年一二月辛甲申の条に、「大夫等を遣して、新羅の調を五の社、伊勢、住吉、紀伊、大倭、菟名足に奉る」とあり。この神社が伊勢神宮と同格に取り扱われている。なお住吉神社は神功皇后の創建にかかる神社であり、紀伊とは紀伊国日前神社ではなかろうか。

高天彦神社　奈良県南葛城郡葛城村大字北窪　高御産霊神、市杵島姫命、菅原道真、宝亀一〇年、大社—村社

これらの神社は延喜式においては、重要視されていたが、明治の神社行政の下では必ずしも重要視されていない。

「天照」を冠した神社並びに高皇産霊を祀った神社に関する理解をもって、天照大神の成立に関して次に述べられるであろう。

(1) 原田大六「日本古墳文化――倭国王の環境」（一九五四）六九頁
(2) 原田前出七一頁
(3) 原田前出七二頁
(4) 原田前出七六頁
(5) 内藤虎次郎「近畿地方に於ける神社」（前出六〇頁）
(6) 内藤前出六一頁
(7) 内藤前出六三頁
(8) 田口卯吉「古代の研究」（明治三五）一三六頁
(9) Hans Findeisen, Schamanentum Stuttgart 1957.
(10) 白鳥庫吉「神代史の新研究」三一二頁
(11) 白鳥前出三二三頁
(12) 白鳥前出三二四頁
(13) 田口前出一四〇頁によると、右は「却ってタカミムスビの神をして尊からしむるものにあらずして却て卑からしむるものなり抑も神名帳に宮中の神三六座あり。」中略「事代主命神御食津神と並べらるるを見れば皇室に功勲ありし臣下の神霊を祭り給へる事なり。皇祖の神霊は一つも此の中に居まさざるなり。故に宣長の例証は却てタカミムスビの尊をして卑からしむるものにあらずや。」

二　天照大神の成立

い　伊勢神宮の起源と祭神

「天照大神と伊勢神宮の成立」に関しては、すでに直木孝次郎(1)によって、劃期的な研究がなされており、殆んどそれに附加することを要しないであろう。(2) わたくしは、右に関して二、三の見解を述べんとするものである。

広義の皇大神宮は、皇大神宮と豊受大神宮並びにそれぞれいくたの別宮、摂社、末社、所管社とともに成立している。なお「伊勢内外宮両神御一体の旧信仰」(3)といわれている。

伊勢神宮は、その祭神から見て、一種のPantheonであり、もともとは、それにはいくたの祭祀共同体が存在していたであろう。延喜式には、「およそ王臣以下、たやすく大神宮に幣帛を供するを得ず」と定められ、このPantheon的な性格が、ここに否定されるに至った。だがもともとの祭祀共同体の構成員たちの崇敬までも否定し得ず、伊勢神宮に対する、親近感までも失わしめることができず、後の全国民による伊勢神宮に対する崇敬の、初発的な淵源がここに内在していたと解すべきではなかろうか。

崇神垂仁天皇の、伊勢神宮に関する紀の記載に関して、最初に疑問を提起した者は、津田左右吉(4)といわれている。その説によると、伊勢神宮の最初の祭神が、天照大神ではないことになる。(5)

伊勢神宮には、いくたの「地方神」(6)――地主神が祭られている。最初に祀られた神は、豊受大神宮別宮土宮――「大土乃御祖神」(豊受大神宮域内)となすべきであろう。この神はかの地母神と思われ、この地方における原住民によって礼拝されていたであろう。なおこの土宮には、「御子社――国津御祖神社」が同域内にあることを注目しなければならない。

次いで祀られるに至った神が、「風神」であり、たの《ママ》神は、外宮においては、「風宮」(外宮の域内)

であり、内宮には、摂社大土御祖神社がある。「風日祈宮」が内宮の域に接近し、御裳濯川の橋を渡った所に祀られている。また内宮別宮として、伊佐奈岐宮伊弉諾尊月読宮域内、伊佐奈弥宮伊弉冉尊同があり、これらの神々は、いずれも風神である。

外宮の風宮には、級長津彦命、級長戸辺命、内宮の風日祈宮には、右の二神が祀られている。後の宮が前の宮と祭神を同じうするにも拘わらず、「風日祈」宮となしているのは、日祈内人の存在が忘れられたのによる。

儀式帳には、七月例、以㆓朔日㆒。受㆓司幣帛㆒祈㆑日行事、右禰宜率㆓日祈内人㆒、月一日　起尽㆓卅日㆒、朝夕風雨旱災為㆓停㆒祈申とあり、「大神宮式、紀毎年七月日祈内人　為㆑祈㆓平風雨㆒」とあり、更に荒木田弘孚の「皇大神宮年中行事当時勤行次第私註」中にも、「此宮ハ元風ノ神社ナリ、正広六年（1292-3）宮号宣下同年永仁元年[7]アリテ別宮トナシ」たといわれている。従って、「風の日祈宮」であって、「暴風を鎮めるための宮」と解すべきであろう。

従って伊勢神宮の成立は、発生史的に見て、「内宮」と「外宮」が、いずれがさきになされていたかは知ることができない。これは「地母神」「風神」の礼拝を基礎とすることによるものである。

伊勢神宮において、「日神」が地母神・子神・風神に遅れて祀られるに至ったと解すべきであるが、その時期は、これを知ることができないようである。内宮別宮中月読宮、月読荒御魂宮、伊佐奈岐宮、伊佐奈彌宮、滝原宮皇大神御魂、滝原並宮同、伊雑宮皇大神御魂相殿神玉柱屋姫命、風日祈宮、倭姫宮、外宮別宮多賀宮豊受大神荒御魂、土宮、月夜見宮があり、風宮にはもともと「日神」が、祀られていたのではあるまい。

内宮別宮荒祭宮は、内宮の奥方に位置し、天照大神荒御魂――撞賢木厳之御魂が祀られている。内宮正殿の床下、正中に「心御柱」――「忌柱」が建てられている。これらの礼拝は、「木」または「柱」につながっている。未だ日神の礼拝には及んでいない。

日神の礼拝が、北九州において行われていたらしいことに関してはすでに述べられた。そして「天照」を冠する神社または日神を祀ったとする神社(8)が多数に存在している。

伊勢神宮には「火」を祀った宮は存していないようである。「忌火屋殿」が存している。儀式帳の大神の御形を新宮に遷す儀式の中に、「正殿戸囲奉天正殿内四角燈油燃天(10)」とあり、いずれも「永久火」につながるものと解すべきではなかろうか。儀式帳の日祈内人または禰宜は、いずれも日を祈らず、風雨を祈ったとするときは、日の礼拝は、もともとから伊勢神宮において行われていたであろうか。疑問なきを得ない。

内宮は垂仁二五年、外宮は雄略二二年に鎮座があったと伝えられている。外宮の祭神は豊受大御神であり、別宮多賀宮の祭神は豊受大神荒御魂である。この別宮は豊受大神宮城内にあって、本宮の奥、土宮および風宮の間を通って、更にその奥の方に鎮座している。もともとは本宮と別宮が併立していた。

豊宇気毘売神――登由宇気神は祝詞大殿祭中、豊宇気姫命登（是稲霊也。俗謂宇賀能美多麻。今世産屋。以辟木。束稲。置於戸辺乃以来米。散屋中之類也。）

と註せられており、このような解釈は、倭姫命世紀豊受皇大神にも見えている。稲の霊がやがて人格神化されている。この神は地母神およびその子（女）神と穀母が対をなすものであり、従ってこの礼拝は地母神のそれに還元される。その発生史的には、地母神（土宮）、風宮（風神）、多賀宮、本宮の順序に礼拝されるに至ったものであろう。従って天照大神との関係は、この神の形成以後に生じたものと解すべきであろう。

「天照大神の聞し食す斉庭の穂は、天皇の聞し食す大嘗の穂」[11]ということになり、天皇と御饌津神という関係になる。

豊受大神が丹波から伊勢へ遷座があったという伝説は、比較的後世の所産となされている。[12]なお伊勢国の「総社」は、伊勢国鈴鹿郡国府村にある、「三宅神社」であり、伊勢国の「一宮」[13]は、「都波岐神社」であって、猿田彦神が祀られ、河曲郡（三重県河芸郡一宮村中戸）にある。そして真墨田神社（大己貴命大日本一宮記に見える――火明神）は尾張国の「一宮」であって、尾張国中島郡（愛知県一宮市大字一宮）にある。

（1） 直木孝次郎「古代社会と宗教」一頁、同「ヤマトタケル伝説と伊勢神宮」（読史会創立五十年記念「国史論集」）
（2） 上田「日本古代国家成立史の研究」二一〇頁（註四二）二三九頁（註一四、一五）、上田正昭「神話の世界」（一九五六）一六八頁
（3） 志田延義「神歌の研究」（古代詩歌に於ける神の概念）三〇三頁
（4） 直木前出（前段のもの）二一頁
（5） 直木前出二四頁

（6）直木前出二九頁、「神宮大綱」八〇頁、一五九頁
（7）直木前出三七頁、「神宮大綱」九四頁
（8）直木前出三三頁
（9）直木前出三七頁註一四には、「日」と関係を有する神社があげてある。中には「火」の神もあるようである。
（10）直木前出二四頁
（11）志田前出三〇二頁
（12）志田前出三〇三頁
（13）吉井良晃「神社制度史の研究」一三八頁

ろ　天照大神の成立

天照大神は、天皇の祖先神であるとなされていた。[1] 天皇が敗戦によって、ポツダム宣言を無条件に受諾され、その結果人間でもあり、神でもあった天皇が、単なる人間となり、昭和二一年一月一日の詔書によって、その神格喪失が確認されている。従ってここに神人の関係が断絶するに至った。

「祖先礼拝」（Ahnenkultus）[2] は、もともと貴族宗教の一要素であり、すなわち下級の人びとは祖先を有しない。これは古代ギリシアの実際において実証されている。これは正しくわが国にも妥当する。すでにしばしば述べられているように、原始氏族は神とともに生活し、その礼拝という機能的契機によって「統合」しつづけていった。わが原始的共同体から漸次展開しつつ、その礼拝していた神々が、いつ頃から祖先神として礼拝され、氏神となったであろうか。この問題の解明は必ずしも容易で

はない。

この問題の解明には、宗教の起源にまで溯ることが必要である。だがここではそれを他に譲ること[3]とする。自然礼拝が祖先礼拝に先行するかまたはその逆かの問題が存している。すくなくともわが国の実際には、前説が妥当するものと考えられる。

後説は近代または現代までも存在していた南洋またはアフリカ等の未開民族において実証されている。その詳細は、Cunow の Ursprung der Religion 等において見ることができるから、ここでは省略するであろう。

まず第一に自然礼拝（Naturkult）[4]について述べられるであろう。自然の超人的かつ一般的な崇拝は存在しない。それはむしろ人間が最も影響力があり、そして最も忘れてはならないとする、個々の現象または力に関している。自然礼拝においては、もちろん特別な地位が最大の経済的意味を有する、現象または力においてとられている。まず第一に「土地」、「太陽」、「水」、「火」、「木」の礼拝、個々の動物をもっての礼拝が非常に発展し、広く流布している。それから狩猟、土地の耕作および牧畜につながる、特別な礼拝が生ずる。人びとが大きな「石」になんらかの自然力が化体していると信ずる、一種の礼拝が、かなり流布している。この関連において、大きな石塊および石板から作られた礼拝場が見出される。これは後期新石器時代および青銅器時代に溯って見出される。

自然礼拝の形態における太古史（Urgeschichte）時代の宗教は、その後発展を「アニミズム」（Animismus）の基礎の上に実現する。その後魔術、トーテムおよび自然礼拝が、相互にくみ合わせられ、発展したアニミズム的宗教が、すべての元素（Elemente）、自然の力および現象（物的および無体的なものを問わず）に対して、一つの「魂」（Seele）を帰する。それで同時に、これら力および現象の独立的な魄の表象が発展する。これら魄は無体的な「精」または「霊」（Geister）に変ずる。人びとは自然を化体した、数多くの、かかる霊を考える。たとえば土地、森、水、山、家屋等の霊が、それらに属する。空想はそれらに対して人間のような、また類人猿的な、空想的な外見を付与する。これらの魂に接近しようとする努力で、人間は、それらのために、物質的な形態、滞在場所を作り、そこにこれらの魄がその住所を有すると信ずる。これと同様に、「偶像」または「物神」（Fetische）が生ずる。その場合において、個々の場所も、礼拝の対象となる。すなわち一定の魂のすきな滞在場所――たとえば神聖な森、野原、山等が右に該当する。わが国でいえば三輪山等が、最もよく右に該当する。

アニミズム的な表象の発展は、人間の意識における死と死人に対する関係をも変化させる。もと死は、永久の眠りと考えられた。死は同胞――眠ってしまった者のために生存者の配慮を呼びさます。（生命、霊魂を含むものとしての）「死体」（Leichnam）の管理は、しかし原始時代の人間に対して、次の問題を生ぜしめた。すなわちその処理をなすことができなかった、死人への関係の、最古の形態は、眠っている者が解体するという事実の前に、人間のある種のとり乱れを表明させた。それからまた初期および後期において行われた、死人に対する態度の多様性が生じた。霊の表象の発生とともに、死んだ者に対する態度がいよいよ複雑となる。肉体が解体され消え失せたときに、人びとは霊がなお不滅と思った。すなわち魂は生存し、それに相応する世話を要求する。死後における霊魂不滅の思想が成立する。このような生命は、物質的にも、また精神的にも、事実上存在する現実として現われるものとして、人びとはこのような生命をもともと思い浮べる。これから、「葬式」の一連が生ずる。

その後人びとは死が肉体的な存在を結局終らせるということを認めるようになる。だが魂はなおも存在する。このような見解は、一連の、他の見解、儀式および慣習を生ぜしめる。かくして「祖先礼拝」(Ahnenkult) が生ずる。このような礼拝は、種々の形態を有し、トーテミズムおよび自然礼拝と結合する。当該礼拝の対象物として「偶像」が利用される。祖先は、まず第一に、その生きている近親の保護者および維持者である。

発展した母権制の下で、自然礼拝の枠の中での宗教が、展開する。そこでは個々の自然の力および原素は、「女形」をもって化体され、それに対応する霊は女の称呼をとる。農業の発展段階において、とくに「地母神」の礼拝が取り出される。「月」の礼拝も、礼拝において指導的な役割を演ずる。母権制から父権制への移行とともに、宗教における「女」的原則が「男」的原則によって押しのけられる。女的な霊魂が男的なものに変ずる。夫のファミリーに移った、女は、まず第一にかれらの固有の礼拝、固有の祭儀を保有し、後にかれらの夫の礼拝および宗教に対して配列される。父権制とともに自然礼拝の側に祖先礼拝が発展し、家族共同体の発展と結合し、宗教的群の礼拝が発展する。[5]

天皇の祖神の形成過程を述べるにさき立ち、まず第一に、古代エジプト国王の祖神[6]に関して一言しなければならない。彼我になんらかの関連があったかなかったに関しては、ここに暫く措き、少くともその近似性は否定することができない。そして現代に至るまで天皇の神性およびその祖先神の礼拝が存在していたことは極めて重要な現象であって、わが文化の特異性がここに如実に現出せしめられている。

エジプトの、最も早期な歴史時代(7)から、その観念における、優勢的な要素は、国王が一つの神であったことであり、それが単に神のような存在であったばかりか、神そのものであった。かの Re の礼拝の発展とともに、その子と思われるようになった。Orisis 礼拝が歓心を得るようになったときに、殆んど免かれ難く、他の観念が発展した。Horus はその子であり、仇を討つ者であり、Orisis の相続人であり、そしてそこで各々生きている王は Horus であり、各《おのおの》死んだ王は Orisis であった。なぜならば、Orisis はその悪い兄弟 Seth によって殺害された、良い王であった。その王位は神々自身たちの前における訴訟の結果、結局その子 Horus に与えられた。王たることの基礎は、単に王が神聖であり、大地を創造した神々からの後裔であるばかりでなく、国王が Orisis の正統の継承者 Horus であり、その父の王位に対する請求権が、神聖な裁判所で主張されたという法的事実に基いていた。王は人民から非常に遠く離れた、卓越せる存在であった。ここにエジプトなりの「万世一系」の原則が見られる。

エジプト王によって行われた儀式を要約すると(8)、王を作ることは、神によるすべての選出の第一のものであったようだ。それ故儀式は新しい王を清めることを企図し、王において上下二つのエジプトを編合し、王に対し神聖な名誉、神聖な性質さえを移すために、清浄化並びに王冠および宝器(regalia)をもって、かつその授与によってなされる。そして神の直接の命令によって、これを強調し、

Enneadによる承認がなされ、終に神の直接の祝福によって神聖化される。これらの手続の、どの段階において、王が神となるかは記されていない。恐らく神化の特定の瞬間または祭式はなかった。その効果は累進的であった。もしも人びとが特定の点を選ぶならば、すべての儀式の中で王冠およびuraei（蛇形の冠）を現実につけるのが、直に決定的であった。これに引き続く儀式は、恐らく確認的および保護的であり、今後新規に戴冠した王は、その出身がなにであっても、正統な王であるばかりでなく、直接にすべての王の祖先——最初の王に至る、不断にのびている祖先の仲間に対して、直接に結びつけられている神である。そして国王の地位および権威は、攻撃され得なかった。

天皇の祖神天照大神が、ヤマトではなく、何故に「イセ」において祀られるにいたったのであろうか。豊受宮は「地母神」を地主神として、農業神的に、太神宮は、恐らくその地主神を「地母神」または「風神」とし、（この風神が豊受宮にも）祀られ、太神宮には「木」、「火」および「日」が祀られ、大日孁貴と日神が統合され、天照大神となるに至ったと思われる。そして風神は崇神天皇を含んだ海神族によって礼拝されていたであろう。

紀によると、崇神天皇の六年に、「故《か》れ天照大神を以ては、豊鍬入姫命を託けて、倭笠縫邑に祭りたまふ。仍り〔て〕磯城神籬を立つ。」とあり、ここに「神籬」(9)とは、「ヒモロギ」であり、「ヒ」は敬称的接頭語、または「火」であろう。そして「モロ」は「ムロ」であり、「室」を意味し、「キ」は樹木であり、「霊がある室木」または火への可動力を有する木を意味するであろう。

更に垂仁天皇紀二五年三月丁亥朔丙申の条に天照大神に関する詳細な記載がある。「天照大神を豊耜入姫命に離ちまつりて、倭姫命に託けたまふ」ことになった。これはそもそもなにを意味するであろうか。さきの神籬によっても分明するように、この場合において、天照大神は「木」の神と理解されなければならない。それ故崇神天皇が「入彦」であったと同様にこの「入姫」は、この神を祀るべく欠格者であったと解されなければならない。それ故倭姫命に託けられることになったであろう。更に当時においては、未だ「倭姫」は存在し得なかったであろう。崇神天皇の皇后は御間城姫となされている。だがこの姫は「御真木女」と解すべきであって、未だ「ヒメ」が生ずべきではなかった。従って崇神天皇はミマキイリキコであらねばならなかった。そしてその都は磯城であり、「シキ」とは「シ」(後——hinter)「キ」(木)となるべきであろう。なおこれは「キサキ」[10]という表現が残存していることからも、それが立証され得るであろう。キサキは「キ」に奉仕した皇后を意味したであろう。天皇は族外婚のために母系的に継承され、少くとも崇神天皇または垂仁天皇の場合は「入彦」であった。ここに天皇の二元性が明確に現出せしめられており、権力者と権威者が区別されて存在している。

更に垂仁紀によると、倭姫命は所々を廻って伊勢国に到り、天照大神の誨により、神風の伊勢国の五十鈴の川上に祀られ、「磯宮」といわれた。「誨」とはいわゆる「神聖な言葉[11]」(das heilige Wort)であって、この種の言葉の機能の一である、「指導」(Unterweisung)を意味するものであろう。磯宮はなにを意味するであろうか。ここにはもともと、ここで海神族によって祀られていた「風神」が、この磯宮の地主神と解しても、あながち過[ち]ではないであろう。崇神天皇もこの神の礼拝者であったであろう。

更に紀の一書によると、「一に云ふ。天皇倭姫命を以て御杖として天照大神に貢奉りたまふ。是を以て倭姫命天照大神を以て磯城の厳橿の本に鎮め坐せて祠ひまつりたまふ」とあり、皇大神宮別宮の天照坐皇大御神荒御魂撞賢木厳之御魂は、ここにその起源が求められるのではなかろうか。それ故太神宮においては、もともとは木の神が祀られたことになる。またこの神は神功皇后紀によると、「是に天照大神誨へまつりて曰く、わが荒魂をば皇居に近づくべからず、当に御心広田国に居らしむべし。即ち山背根子の女葉山媛を以て祭はしむ。」とあり、なお同紀には、仲哀天皇に神託があった神の一として、「神風の伊勢国の百伝ふ度逢県の、拆鈴の五十鈴宮に居る神、名は撞賢木厳之御魂天疎向津媛命」があげられている。この神は広田神社（西宮市広田）に祀られ、神功皇后摂政元年に創建されたと伝えられている。

天照大神（荒魂）は、何故に皇居においては祀ることができなかったであろうか。このことは崇神天皇および神功皇后の両条において明確に記載されておりながら、その理由に関しては、なんら述べられていない。

天照大神が、皇居以外の地に、天皇の祖神として祀られるに至った理由として、消極的および積極的な見解があげられ得るのではなかろうか。当時交通不便であったヤマトからイセにおいて、この神が祀られるに至ったのは、その地が崇神天皇の故地であったことに基くのではなかろうか。この地はもともと、古代の弥生式における、日本の文化圏の境界(12)に位置しており、しかもかの海神族が定住していたであろう。すなわち近畿を中心とする銅鐸の分布区域を基本とする一地域と、その東西に拡がる銅鐸をもっていない二の地域があげられる。西の第一の地域は先進文化圏と思われ、第二の中心圏と第三の東の文化圏の境界がおよそ伊勢と尾張の線であろう。この境界線が、ヤマトと後の「東国」のそれに該当する。そしてヤマトタケルの東征説話において、「伊勢神宮の神威を語る部分が、大きな比重を占めている[13]」ことも、決して忘れてはならない。

このような境界線上に、天照大神が祀られたのは、天皇支配を東国に対して、積極的に表示せんとするにあったであろう。そして消極的には、魏志倭人伝の「倭国乱」の平定後、崇神天皇は、皇后から見て、「イ」(冠頭語)「セ」(夫)の地(神風のイセとは風神につながるであろう)に皇后の祭神を祀り、もともとの支配者による、支配の同意があったことを証し、自己の支配の正当性を、もともとの支配民に対して示したばかりか、その他の地方にも表示したであろう。なお西国に関しては、魏志倭人伝によっても、知られるように、天皇支配がもともとから強固に樹立[14]されていたことも、決して忘れてはならない。

伊勢神宮の構造は、特異な存在である。その構造が穀倉の発展したもの[15]であるといわれている。まず第一に地母神が穀倉の内に祀られるに至ったのではなかろうか。伊勢神宮において、内外両宮の正殿の正中に、「御床に達しない短い御柱が建てられ、その柱根の周囲を榊を以て囲んで居る。此の御柱は古来一に心御柱又は忌柱と称して最も神聖視され、万一異状のあった場合には上奏の後之を修理し、又はそれが為に仮殿遷宮の行われたこともある[16]」。

この心御柱のための「木本祭[17]」がある。「この心御柱御料木は御杣山の移動に関係なく常に宮域内から選伐せられ、祭儀もその木本に於いて行はれる先例である」。「山口祭の当夜、宮域内の林中に於いて木本に坐す神を祝祭し、童男童女が忌斧を執って心御柱木を伐採する式を行ひ、伐採の後、直に皇大神宮の御料木は御稲御倉に、豊受大神宮の御料木は外幣殿に納め奉った」。「洗清が済むと[18]、其の翌日には心御柱奉建の祭儀が執行はれる。之は古く心御柱祭と称して神宮に於いては極めて重大な而かも厳秘な神事に属し、随って古より夜中に行はれて来たのである。」「心御柱を正殿の御床下の真中に建て奉り御柱根を固め御榊を以てその周囲を囲るまつる。」

なお「御船代祭」[19]がある。「この祭は大御神の御体を奉安する最貴最重の御船代に関する祭儀である。」「当日先づ宮域内の宮の祭場において杣木本に坐す神を祀りたる後、祭主以下参進して、新宮の東宝殿内に於いて御船代奉納の式を行ひ、畢つて之を新宮の正殿に奉納するのである」。

林野全考の研究[20]によると、「心の御柱とは、神宮正殿の高床の下、ちょうど神体の鏡がまつられてある其下の地にうずめられた、径約三十センチ、長さ約一・八メートルの檜の棒である。その上に、切妻の屋根の小屋があり、そこに榊と土器とがまつってある。外宮の場合は、内宮とはほとんど同じだが、内宮が、礎に板を用いているのに対して、石が使われている。この石は、遷宮の時にもかえられない。内宮の場合は、木であるから、遷宮のさいには、とりかえられる。そこでやはり他の柱根まで、とりかえがきくように、板が用いられているのであろう。外宮の「心の御柱は、半分以上地上に突き出している、と言う。」「内、外宮とも心の御柱の高さは、約一・五メートルで、半分ぐらいが地上にあった。それが、比較的最近になって、内宮の方の『心の御柱』だけが、全部を、地中にうずめられたのであろう、としている。」なおこの御柱は「創立以来、正中になかった」といわれている。

わたくしは以上の記載から、一には外宮の御柱の方がより古い起源のものと考えたい。すなわち神性を有する石に関連を有するからである。二にはこの御柱のもともとの位置から、この御柱が棟持柱の退化したもの[21]ではなく、他にその起源が求めらる《ママ》べきものとしたい。

心の御柱の起源は、「柱の礼拝[22]」の影響によるものと解すべきではなかろうか。この礼拝は地母神のそれに還元される。近東方面において発見された遺跡や遺物の中から、柱の礼拝を知ることができる。たとえばクレート島の多くの建築物（palaces and villa）の遺跡の中に、これらの周囲の中に埋もれた穴を有する、実際的な価値を有しない一本石の柱（複数）の基礎（複数）が見出されている。一九〇三年にEvansによって発掘された国王の別荘に「二重斧」（複数）の上に切りこまれており、細長い蛇を両側に有する東西へのみぞがある。また、Dr. Hogarthは、その附近で、gypsumの舗装用のブロックから直立する中央柱を有する、立派な部屋を発見した。この柱は構造のどんな用途を有していないよう《ママ》に見えた。このような柱と「心の御心柱」は、恐らく同一の起源を有するものであり、外宮のものの方がより古い起源のものと断じて大過ないであろう。そしてこのような柱から展開されたエジプトのObeliskに及ばなければならない。人格神化された太陽神Reが、原初の「砂丘」の頂上に不死鳥の形で現われ、その上に、Obeliskの宮殿が立てられ、「太陽寺院」となされた[23]。それ故わが国の「心の御柱」も太陽神の礼拝に関連があり、古くから外宮又は内宮において、日神が礼拝されていたのかもしれない。

「天照大神はまず（大化以前）日の神として信仰され、その後に（大化以後）皇祖神として信仰されるようになった[24]［二］と思われる。だがわたくしは、「日」の神の前に、すでに「火」の神が祭られていたと解したい。これは神々の発生の説話から見て、木の神から火の神へと展開して行ったであろう。すなわち高木神（天照大神）の後で、「火明神」が生じているからである。この神は日の神の礼拝の受容以後においては、後者の神の背後に隠れ、「ヒコ」、「ヒメ」（火）として残り、永久火として存続し、今日に至るまで皇大神宮及び宮中において、「永久火」として存続せしめられている。女性が、僧侶又は寺院の、だれでもよい参拝者によって、代表された神との結合によって、その神のmanaのわけ前にあずかり、最高の犠牲として、神にその処女性を奉納するために身をささげた。またこれに反してローマのVesta少女のように、長期に渉って処女性を保有し、犠牲が性交を拒絶しつつ、神に捧げられることもあった[25]。

ここで日神に仕えたと思われる「ヒルメ」に関して述べられなければならない。「ヒルメ歌」というものが存在しており、「神遊び」の対象である神格が「ヒルメ」である[26]。まずヒルメは日神に奉仕し、未だ「大」ヒルメではない。ヒルメは日神の礼拝が行われたところには、どこでも存在し得たであろう。「君」（キミ）が「大君」となったが如く、「ヒルメ」も「大ヒルメ」となったのは、天皇の権力が広範囲に及ぶのに応じて形成されたであろう。なお「ヒルメ」歌においては、未だ皇祖神の神格を表示する辞が附せられてはいない。

「神遊び」が「なに」であるかを明らかにすることは、極めて困難である。かの地母神の礼拝にまで還元することができる、年々の豊饒を祈願する、いわゆる「礼拝ドラマ」(the cult-drama) の一こまにおいて演ぜられる祭儀と解すべきであろう。この種のドラマは、すでにスサノオの命の暴行によって、古代人の記憶に長く残った天石屋戸の祭において演ぜられていた。すなわち通例わが国では神楽の起源がここに求められ、わが古代の祭式の典型が示され、神楽の姿がある意味で説明されている。[27] 前にも述べられたように、記においては「天宇受売者為楽、亦八百万神諸咲」とあり、また紀には天鈿女命――「巧に俳優す」、「云何ぞ天鈿女命かく嘑楽するや」等の記載が存している。この「為楽」の解明が問題となる。

為レ楽とは記にあるように「歓喜為楽」であった。ここに「歓喜」とは ecstasy であり、「為楽」とはそれを生じしめることであろう。天鈿女命は、このような職能を有する女性であったかもしれない。なお神遊と神楽の関係[28]については、ここに省略する。

「ヒルメ」たちの職能は、神遊びの対象となることであり、天鈿女命のそれと大差がなかったであろう。万葉集巻二日並皇子尊殯之時柿本人麿作歌の、「天照　日女之命」に「一云指上日女之命」とあるのは、すでに「大日孁」が日神と統合し、一神となったことを意味するであろう。

大化以前において、天皇と伊勢神宮の関係は、その創立説話を除いて、記紀には、次のような記述があるばかりである。[27] 日本武尊が東征に際しての参拝(景行紀四〇年)、景行天皇が東国巡幸の帰途伊勢に帰着した事実(景行紀五三年八月、一二月の条)の外は、采女のこと(雄略一二年四月)、伊勢衣縫のこと(雄略一四年三月)、盗賊朝日郎のこと(雄略一八年八月)、秦大津父が商をして伊勢に赴いたこと（欽明前紀）、贄土師部のこと（雄略紀一七年三月の条、安閑紀元年閏一二月の条）、屯倉のこと（宣化紀元年五月の条）（この項は必ずしも明確には知らない）、などである。皇室領は贄土部二村と新家屯倉の三箇所しか記紀にはないとされている。

天武天皇に至るまで、天皇自身が伊勢神宮に参詣[30]したか、又は幣帛を奉らしめたかの記事が、記紀には一箇所もない。また推古天皇の治世まで仕えたという酢香手姫から、天武天皇の大来皇女に至る間、七代五〇年間、伊勢神宮に関する記事もない。

更に持統紀六年五月の条に、「遣二使者一、奉二幣于伊勢大倭住吉紀伊大神一」とあり、同年一二月の条に、「奉二新羅調於五社伊勢住吉紀伊大倭菟名足一」とあって、伊勢神宮が必ずしも他の神社に対し、優越せしめられてはいない。これは伊勢神宮が天皇支配を正当化すべく、唯一の存在ではなかったことを意味するものであろう。

天皇支配の強化につれて、天皇が現神化されるに至ったとともに、天皇が礼拝する自然神から、祖先神が形成され、天皇は神であり、神の子となるに至った。このような段階において、天照大神が成立するに至ったとなされなければならない。天皇の神格化と祖先神の成立の過程において、いずれが先行したかを、今日においては全く知ることができない。恐らく殆んど同一時期にひき起されたのではなかろうか。

天皇はいうまでもなくもともと人間であり神聖ではなく、「聖別」[31]（Weihe）によって始めて神性を獲得するに至ったとなされなければならない。どんな聖別によったかに関しては、後に譲ることとする。

天皇の神性は、すでになされた「カミ」の言語理論的な解明によっても分明するが如く、その「超越性」（Transzendenz）は決して絶対的なものではなく、「現身にましますす天皇は、思想上の概念を現した神とは、根底に於いて相違がある。故に神の語を使用するに当って、これは現つという限定の冠詞を附するのである」[32]によっても、右の如く理解されなければならない。天皇はいわゆる「神人」（Gott-mensch）[33]として、生ける神ではなかった。古代ギリシアにおいては、ポリスの建設者が、その建設の功績によって、すでに生存中礼拝の対象となり、神又は神の如く尊敬される者として、礼拝所、祭壇、犠牲（イケニエ）を獲得し、規則正しく、大抵一年中礼拝を受けていた。このような現象は、天皇については見られなかった。

天皇はいつ頃から「現つ神」となったであろうか。それもまた正確には知ることができない。漸次確実に現つ神となったであろう。それを知るべく、万葉集によるのも一手段であろう。久松潜一[34]は、「万葉集に於ける神の思想」は、「国家的祖先神が中心としてうたわれて居る」とし、万葉時代約百三〇年間を次の如く四期に分けている。

第一期　舒明天皇―天武天皇（一二八九―一三三六年）

第二期　持統天皇―文武天皇（一三三七―一三五七年）

第三期　元明天皇元正天皇―聖武天皇の前期（一三五八―一三八三年）

第四期　聖武天皇の後期―孝謙天皇淳仁天皇（一三八四―一四〇九年）

第一期において、未だ専門的歌人が現われず、民謡が主とされており、第二期は藤原期で柿本人麿によって代表されており、第三期は奈良時代で、山上憶良、大伴旅人、山辺赤人、高橋蟲麻呂等によって代表されており、第四期は万葉集としての衰退期であり、大伴家持によって代表されている。従ってこれらの代表的歌人たちがよんだ歌から、天皇の神性の成立時期を知ることができるであろう。だがここでは、それらの歌は、一々引用されないであろう。

万葉集の第一期の歌には、自然礼拝に関係を有するものが多く存在している。(35) 第二期においては、神の思想(36)が歌においても取り扱われるようになり、人麿の歌における神の思想は、最も顕著となっている。人麿によって

わが大王神ながら神さびせずと　日の皇子神ながら神さびせずと

が、慣用語となされるに至っている。そして人麿は神をむしろ「神話的叙述」のまま表現している。またかれは祝詞の表現に類似するものを用い、しばしば記紀、祝詞の影響の下にあるといわれている。(37) だが当時においては記紀、祝詞が成立しておらず、これらの内容をなす「伝誦」が存在していたのであろう。(38)

万葉集の第四期において、神の思想をうたった歌が多く存在(39)している。たとえば

高御座　天の日嗣と　天の下知らしめしける　天皇の　神の命の　畏くも　始めたまひて（巻一八）

の如きは、天皇はすでに神の子であることが明らかに知られる。

家持は天皇に対して

かけまくもあやにかしこしわが大王皇子の命

又は

天皇の神の命

として、人麿のように、わが大王を「神ながら神さびせず」という表現を極めて稀れにしか用いていない。しかし僅かではあるが

やすみしし吾が天皇の神ながら思ほしめして

あやにかしこし神ながらわが大王の

というい方もしている。「あやにかしこし」と天皇が絶対視され、「天皇の神の命」をもって天皇すなわち神の命であるとしている。ここに天皇は現つ神となっている。[40]

孝徳天皇紀大化元年七月の条に、「明神御宇日本天皇の詔旨」、大化二年二月の詔に、「明神御宇日本根子天皇」、同三月の詔に、「現為明神御八島国天皇」とあり、また天武天皇の詔勅、文武天皇即位宣命（元年八月一七日――現御神止大八島国所知倭根子天皇命等）にも、右と同様な記載があり、その後の宣命にひきつがれている。[41]

支配者の側からいえば、その権威の神化が必要であり、これを持続せしむべく、皇祖神の礼拝へとその展開が必要視されるに至ったであろう。

このような事態は、大化前後に生じ来たったようであり、とくに壬申の乱において、天武天皇によって、その「クーデター」を正当化するために皇祖神の礼拝が強調されるに至った。天武天皇後紀三

年の条に、「冬十月丁丑朔乙酉、大来皇女、泊瀬の斎宮より伊勢神宮に向でたまふ」の記事がある。更に同天皇前紀元年三月の条中に、「丙戌、旦に朝明郡の迹太川辺に於て、天照大神を望拝みたまふ。」の記事があり、重要視されなければならない。天武天皇の妃であり、後の持統天皇は、伊勢神宮との間に密接な関係を有している。「元年一一月丁酉朔壬子、伊勢の神祠に奉まつる皇女大来還りて京師に至る」とあり、六年二月の条によるに、「諸官に詔して曰く、当に三月三日を以て伊勢に幸せむとす」とあり、三輪高市麿の直諌があったが容れられず、伊勢への行幸があった。五月には幣が伊勢等の大神に奉られた。次いで伊勢大神天皇に曰く、伊勢国の今年の調役を免したまえ等の神勅があった。天皇と伊勢神宮の関係が密接となっても、なお広瀬の大忌神と竜田の風神が重要視されている。

やがて皇大神宮はもともと一種のPantheonであったことが忘れられ、天皇およびその代理者でなければ祭祀することができなくなり、国家における最高の神となるにいたった。

天皇は天照大神をもって、その祖神となすにいたったが、この神は「女性」であるとされている。もともと「神の子」(son-Sohn)は、原則として「神の父」[42]を礼拝するのであって、例外的に「母である祖先」[43](Unser weiblichen Urahn)を祀らないこともない。このような原住民たちは、「母系相続」であり、子供に父のトーテム名をとらず、母のそれをとっていた。

天照大神が女神として礼拝されているが、理論的には「男神」であらねばならぬ[44]となされている。白鳥庫吉は天照大神が女神たるべき証拠をいくつかを《ママ》あげている。人間のもともとの固有の信仰からいうと、最初の神は地母神であり、その対偶神は暴風であり、男である。したがって天は父であって男となり、地は母であって女であることになる。わが国においても天照大神とスサノオの命が右の関係に該当するものである。それにもかかわらず、天の神が女神となされている。これは一に天皇ファミリーにおいて母系制が強力に作用していたのによるものではなかろうか。

天照大神が皇室の祖先神となったのは、早くとも六世紀または七世紀であり、このような信仰をよびおこすようになった、最大の契機は、壬申の乱の後における、天武朝における現つ神観念の昂揚と飛鳥から白鳳へかけての皇室の飛躍的発展[45]によるものとなされている。皇祖神が形成されたとともに、諸氏族の系譜の中心点としても、その体系化の核心をなすにいたり、後には国民の統合に関して重大な役割をなすにいたった。

かくして神と支配者の間の、対極的な緊張を止揚することなく、天皇と臣民の間の大きな間隔を作るようになった、風習が形成されるにいたり、この風習はわがデスポット制の象徴であったばかりか、天皇を神の領域へ向上する休徴でもあった。右は大化改新による私地私民の止揚並びに天皇の現つ神および皇祖神の形成によって実証され、明治憲法の崩壊にいたるまで、千数百年間天皇制の核心として存続せしめられた。

(1) 直木前出三頁
(2) Mensching, Soziologie der Religion S. 247.
(3) Karl Kerényi, Umgang mit Göttlichen Göttingen 1955 ; Heinrich Cunow. Ursprung der Religion und des Gottesglaubens Berlin 1924.

(4) Koswen, Abriss der Geschichte und Kultur der Urgesellschaft S. 157.
(5) Koswen. 前出一六〇頁
(6) H. W. Fairman, The Kingship Rituals of Egypt in : Myth, Ritual and Kingship. edited by S. H. Hooke p. 70.
(7) Fairman 前出七五頁
(8) Fairman 前出八一頁
(9) 白鳥「神代史の新研究」六二頁
(10) 洞「日本母権制社会の成立」一三八頁
(11) Mensching, Vergleichende Religionswissenschaft S. 119.
(21) 読売新聞社「日本の歴史(1)日本のはじまり」一一七頁、大野晋「日本語の起源」(昭和三二)七五頁
(13) 直木孝次郎「ヤマトタケル伝説と伊勢神宮」(前出)五六頁
(14) 上田「日本古代国家成立史の研究」五九頁
(15) 川添登「民と神の住まい」二二〇頁
(16) 宮地直一、阪本広太郎共著「神宮と式年遷宮」(昭和四年)一三頁
(17) 宮地、阪本前出七四頁
(18) 宮地、阪本前出八五頁
(19) 宮地、阪本前出八四頁
(20) 川添前出四六頁
(21) 川添前出四三頁
(22) James, Myth and Ritual in the Ancient Near East p. 136.
(23) James, The Cult of The Mother Goddess p. 56.
(24) 直木「天照大神と伊勢神宮の起源」(前出)一七頁
(25) Bertholet, Grundformen S. 53.
(26) 志田「神歌の研究」前出二九四頁
(27) 志田前出三一七頁

(28) 志田前出三三七頁
(29) 直木前出二五頁
(30) 直木前出二六頁、ここに「参詣」とあるが、柳田国男「日本の祭」七七頁によると「参詣」はもともとの祭祀者ではないものがなすので、天皇は「マツル」べきである。
(31) Mensching, Vergleichende Religioswissenschaft S. 112.
(32) 武田祐吉「神と神を祭る者との文学」(改訂版昭和一八)一八三頁
(33) Taeger, Charisma S. 259 ; Christian Habicht, Gottmensch und Griechische Städte München 1956 S. 129.
(34) 久松潜一「万葉集に於ける神の概念」(前出)二一頁
(35) 久松前出二七頁
(36) 久松前出三二頁
(37) 久松前出三三頁
(38) 久松前出三四頁
(39) 久松前出四七頁
(40) 久松前出五一頁
(41) 直木前出一八頁
(42) Cunow 前出五九頁
(43) Cunow 前出六四頁
(44) 白鳥「神代史の新研究」二四八頁
(45) 上田正昭「神話の世界」(一九五六)一六八頁
(補註) 神宮大綱三一一頁によると、御形祭——「正殿東西ノ妻ノ短柱ニ、御形ヲ穿チ奉ル式」であり、この「御形」の「なに」かが明らかにされなければならない。なお三一六頁によると、「杵築」は、御柱根を固めることであり、本書三二頁の記載は訂正されなければならない。

日本国家の成立

一　デスポット制の樹立の前提

い　領地領民の拡大の方式

国家は人間的な社会生活の、一つの最高形態であり、一定の地域の人間が公共の福祉の実現のために、一つの最高権力と権威に服従することによって、結合するものと解すべきであろう。[1]

わが国土において、「ヤマト」国家が、まず第一に、「国家」として成立したというものの、未だデスポット制を樹立するには至らなかった。すなわち天皇は未だ人間として存在し、人間でもあり、神でもあるには至らず、ヤマトにおける一定の狭小な地域（大地）において未だ、天皇と臣民の間に大きな間隔を作り得なかった。

たとえば雄略天皇は、宋書倭国伝における倭王「武」とされ、「自昔祖禰、躬擐甲冑、跋渉山川、不遑寧処、東征毛人、五十五国、西服衆夷、六十六国、渡平海北、九十五国」とあるが如き、勇猛な征服者であったが、記では、ある時天皇が遊行されたときに、美和河の河辺で一童女が衣を洗っているのを見「其容姿甚麗」であったために、その童女に対して、「汝不㆓稼夫㆒。今将㆑喚而、還㆓坐於㆒㆑宮。——御㆓待天皇之命㆒。既経㆓八十歳㆒」という枝話が存している。これによると未だ君臣の間に、犯しがたい間隔が存していなかったようである。

天皇支配の樹立に当たっては、原則として「征服」によってなされ、首長たちのおおくが殺されている。このような殺傷は皇親の間においてもしばしば行なわれ、ここに一々記紀を引用するまでもないであろう。壬申の乱は天皇とその甥の間に戦われ、後者は遂に殺され、紀によると、「因て大友皇子の頭を捧げて営前に献《たてまつ》る」とあって、肉親の首実検さえも行なわれ、現代人から見て、理解することができない、その「残酷さ」が露呈させられている。

またかの、いわゆる豪族のヘゲモニーの争奪に際しても、崇峻天皇紀によると、物部守屋大連は、蘇我馬子の指導の下に、聖徳太子を加えての軍と戦い、守屋は遂に殺され、蘇我氏の滅亡に際しても紀によると首長たちが殺されている。

風土記によると、いわゆる「占国」[2]が存している。これはかの大地の占拠に該当する。そして「神または天皇・皇后・皇子のごとき尊貴なる者が巡幸来臨して、その土地について述べた言葉またはそこで為した行為によって名づけた地名」[3]が多い。神々又は天皇は、好んで山・丘に巡行し「国見」をしている。この国見に際して神々と天皇は混同してはならないとし[4]、たとえ天皇に関して「国見」という表現が用いられていないとしても、国見の行為の実質においては、神々と天皇の間には差違がない[5]。これはしばしば述べられているように、古代においては、人間は神々とともに生活していたためであろう。風土記においては、神々と「祭儀における巫女との神婚と御子の『みあれ』の神秘な密儀の行なわれた光景[6]」が描き出されている。

播磨風土記では「神と神とが国を争う、国を占める事を争うという[7]」記載が見出されている。これはいうまでもなく、神々とともにあった人間共同体が神々によって代表されていることを意味し、神々と人間の距離が極めて密接しており、神々の超越性が現出していない。他の風土記とくに常陸、肥前、豊後のそれらでは、天皇・皇后・皇子・国造等と土蜘蛛、国栖（巣）荒賊、山賊（猾）佐伯等の争闘が語られ、前者による征服が述べられている。

播磨風土記賀毛郡起勢里臭江と黒川の地名伝説において、

品太の天皇の世に、播磨の国の田の村君、百八十の村君ありき。村ごとに相闘ひし時に、天皇勅してこの村に追い聚め、悉皆に斬り死しき。

という記事があり、「誇張的かつ粗雑な伝説[8]」となされているが、天皇支配の樹立過程における、他の事例と比較し、その残酷さが必ずしも否定され得ないであろう。

天皇支配の樹立過程において、まず「恐怖」をもって人民に接触したようである。そして恐怖は、「畏敬」（awe）でもなかったようである。だがその支配を正当化し、持続せしめるためには、被征服者の「同意」を獲得しなければならなかった。

（1） Jakob Barion, Recht, Staat und Gesellschaft Krefeld 1959 S. 63.

（2） 横田健一「風土記に於ける占国の観念」（藤直幹編古代社会と宗教所収）

(3) 横田前出一〇三頁
(4) 横田前出一〇三頁
(5) 横田前出一〇六頁
(6) 横田前出一一四頁
(7) 横田前出一一六頁
(8) 横田前出一一九頁

ろ　天皇の神格化

「木」、「火」、「日」を礼拝していた天皇は、もともと神ではあり得なかったであろう。自然礼拝から直に、人間神は形成され得ないとなされなければならない。天皇は支配権の樹立に伴い、「お上み」(die Obrigkeit) とはなり得たであろう。やがて「お上み」は、「可未・可見・可美・可尾・可味・加美・賀美・神・神祇」と万葉集で現わされ、日本書紀では、「神聖・神・神人・人」(1)〔と〕なされている。

「神化」(Vergottung)(2) は、至るところで、まず礼拝が、新規な神としての、その名によって特徴づけられた人間に対して妥当するとき、人間が古い神の地上における出現としていい現わされるとき又は、かつてアレキサンダー大王のように、尊敬された者が単純に神と名づけられるときにおいて、保証されている。

天皇の神格化が右の三つの場合のいずれに該当するであろうかの検討は、決して、容易には行なわれ得ないであろう。それらよりも、更に一層正確な、天皇の神格化の契機が、他に求められることができる。すなわち新嘗祭（大嘗祭も包含される）の祭儀または即位式の儀式における一定の行事において、それが求められることができる。しかし天皇の神格化に関して、必ずしも二重の契機を必要とするものではない。これら祭儀と儀式は、いずれもわが国において、固有に形成されたものではなく、その発生史的には新嘗祭が即位式に先行するものであろうが、即位式を唐からの受容以後においては、その順序が転倒せしめられており、実に奇異の感を呈さしめている。このような事態は、わが国の、外国法の継受又は受容に際しての、外国法制の研究が不十分であったことからしばしばひき起さしめられている。その顕著な一例としては、明治憲法第八条、第一四条、第七〇条と第一三条又は第三二条中の陸海軍の法令と紀律の如きは、いずれも「重複規定」（Tautologie）をなしている。

即位式及び新嘗祭に関しては、それを後に譲ることとし、ここではそれらの中において、天皇の神格化に直接関係ある部分に関して指摘しておく。「天皇崩スルトキハ皇嗣即チ践祚シ祖宗ノ神器ヲ承ク」（旧皇室典範第一〇条）は、祖先神の成立以前においては、意味をなさない。従って天皇はこの規定からは、祖先神の成立した後において、始めて自己の神格化に関する、つながりを求め得たであろう。

即位式の核心をなすものは、天皇が「高御座」につくことであり、もともとは「壇」であった。ここに「壇」とは、たとえば雄略天皇紀（安康三年）「十一月壬子朔甲子、天皇有司に命せて、壇を泊瀬の朝倉に設け即天皇位」の如く、「壇」がもともとは「高御座」であり、その原形は恐らく石製であったであろう。

「これら（ローマ）の国王兼神官は宗教的儀式によつて即位した。即位せんとする王はカピトオール山の頂上に登り、南面して石の椅子に坐つた。（中略）この王が神意にかなふことを明らかな兆によつて示すやうに神々に乞ふ。そして、稲妻が閃くか鳥が飛ぶかして神の同意が啓示されると、新しい王は初めてその務につくのであつた。」との記事[3]にも通ずるものがある。このような「石」[4]は「山」とともに神性を有するものとなされており、天皇が聖石に坐すことによって一身が清められることにある。このような仕方は、そもそも未開民族において、行なわれた一種の魔術であり、もともとは「摩擦」[5]で罪、病気、一般に好ましくないものから免かれると信ぜられていた。「穴」、とくに魔術的に強力ななにか――木や又は神聖な石の穴をよろよろ匍いぬけることが、最も有効な摩擦となされていた。それ故石の坐につくこともこの一つの転化とみなすべきであろう。

世俗的な生活圏から物や人間が分離され及び取り出される礼拝行為[6]の消極的行為として、「清め」があり、積極的な行為として「聖別」（Weihe）があり、天皇が石に坐するのは正しく「清め」（Reinigung）に該当する。

新嘗祭（大嘗祭を含む）に関しては、後に述べられるであろう。この祭儀は、一つの農耕儀礼であって、いわゆる「季節的な祭礼ドラマ」である。この祭儀は多くの構成要素を有するが、その中重要視しなければならないものの中に、「新嘗祭神膳[7]」がある。

神膳とは「神」と天皇の新穀の供饌を意味する。この祭儀は一つの「秘儀」（Mysterienfeir[8]）であって、外部よりこれを知ることができない。この祭儀においては、かの祭儀ドラマが、そこに描かれた、神聖な過去が現実に再現されるような意味で現出せしめられる。そして「聖餐」が行なわれる。聖別されたものとの、感性的な接触によって、この「秘蹟」（Sakrament）において、どうにかして現在する神性との、内部的な「本質結合」が求められる。天皇は聖餐によって、神性と接触して、神性を獲得するに至る。

かくして即位式及び新嘗祭（即位式でもある）によって、前後二回神性を獲得する機会があった。そして後に述べられるように、大嘗祭においては、臣下の「拍手」、即位式においては始めは「拍手」、後には「万歳」が発声され、これら祭式又は儀式において acclamation が表示されている。これはもともと即位が人民の選出[9]によったことの痕跡ともいうことができるであろう。

（1）　久松潜一「万葉集に於ける神の概念」（前出）一八頁

（2）　Taeger, Charisma S. 258.

（3）　「古代都市」上 Fustel de Coulanges 著田辺貞之助訳（昭和一九）三二三頁

（4）　Mensching, Vergleichende Religiouswissenschaft S. 88.; Heinrich Mitteis, Die Krise des deutschen Königswahlrechts München 1950 S. 68 Ann. 3. によると、イギリス国王の戴冠式椅子にはスコットランド戴冠石（Scone Stone）がとりつけられている。

（5）　Rose, Primitive Culture in Italy p. 97. 古代ローマにおける凱旋門は、その一例である。神社の鳥居は白鳥庫吉（「神代史の新研究」八六頁）によると、木の礼拝（天の御柱）から出たものであろうとなされているが、あるいは鳥居の通過に際しての「清め」があったのかもしれない。また奈良の大仏殿の柱の下の「くぐり穴」も清めに関係があるのかもしれない。

（6）　Mensching, Vergleichende Religionswissenschaft S. 112.

（7）　川出清彦「新嘗祭神膳について」（にひなめ）研究会編「新嘗の研究第一輯」（昭和二八）

（8） Menschinf 前出一一五頁
（9） Fritz Kern, Gottesgnadentum und Widerstandsrecht Münster 1954 S. 16.

は　天皇の二元性

支配における、「権威」及び「権力」の対立の「対極性」（Polarität）が、同一の人間において、持続的に存在し得るかの問題がある。すでにしばしば述べられたように、神武天皇以後の天皇は、権力者であったが、権威者は外婚的に生ぜしめられた妃またはその他の女人であった。

魏志倭人伝中において、卑弥呼は、王であり、「無夫壻、有男弟、佐治国、自為王以来、少有見者、以婢千人自侍、唯有男子一人、給飲食」とあって、卑弥呼が権威者、男弟が政治の担当者――権力者であることが述べられている。[1]

このような二元制は、古代日本において、所々に存在していたようであり、[2]天皇ファミリーにおいて、必ずしも特有な存在ではなかったであろう。

下って隋書倭国伝中に

倭王以天為兄、以日為弟、天未明時、出聴政跏趺坐、日出便停理務、云委我弟、高祖曰、此大無義理、於是訓令改之。の記載があり、天皇の二元性が、ここに明らかに述べられている。この天皇が推古天皇であり、聖徳太子が「我弟」に該当するものであろう。権力と権威を一身に集中保持している高祖から見て、このような制度は「無義理」、すなわち合理性を欠くものとされたのであろう。「跏趺坐」とは、恐らく「趺坐[3]」であったであろうとするならば、「アグラカキ」であろう。ここに「政」とあるのは、「マツリ」であって、政治とは解すべきではなかろう。もしもこの「政」が祭儀であるならば、天皇は日出前にいかなる神々を祭ったのであろうか。

　この祭儀を理解するがためには、まず第一に古代エジプトの国王 Pharaoh が、神聖な資格において、収穫祭に参加すると同様に、太陽が地平線から上昇することを確保するために、毎朝行う「身仕度礼拝式」（toilet ceremonies）において、戴冠式を繰り返す、日々の責任をもって課せられていたことにまで[4]、溯らなければならないであろう。

　国王は即位の時に厳粛にその神聖な職責及び地位に据え置かれ、国王がかれと太陽神を結合するために、「天空に存在する生命の水」をもって、清められた後、神の子として神によって公然承認されたばかりでなく、これらの祭儀は、その要素において、毎朝、日々の王者の更新祭儀においてなされなければならなかった。国王の推定相続人は、幼時 Atum と Thoth または Re-Harakthe の扮装をした神官たちによって、水が注がれた。そこでかれは神による公式な子たる承認を得た者としてみなされた。国王が即位した後、戴冠清めが幼時になされた清めの更新であったが如く、戴冠祭儀の更新として、朝の家で毎朝「身仕度礼拝式」で繰り返された。国王が戴冠式で、水をもって清められたように日々の身仕度祭儀において、絶えず活力付与が繰り返された。水が注がれた後、かれを Horus と結合させるために、香で燻じ、かれの再生を完成するために、天然の重炭酸ソーダ（natron）の球をかむべく与えられる。終りに父なる太陽を祝うために、大きな窓を有する階段に登り、与えられた、そして戴冠されない以前の水からの朝の太陽の如く、太陽の上昇を象徴化する。太陽（日神）が清められ、水平線の下の朝の家で、毎朝再生するので、その地上の化身（国王）が、生命の王者及び付与者と、自身を一体とすべく「朝の家」で、同じく日々の祭儀をなさなければならなかった。[5]

なおこれらの祭儀は、寺院礼拝式において、その対の礼拝式を有していた。毎朝ヘリオポリスの日神寺院において、「夜明け」に礼拝像が聖水を注がれ、香をたかれ、油を注がれ、着衣され、上下エジプトの王冠をもって被せられ、（麦打ちのための）連枷（からさお）、（牧羊者たちが用いる）柄の曲った杖と笏を捧げられる。日神及び王座における、その化身に対して行なわれたことが、かれらの目に見える地方的な偶像に対してなされなければならなかった。

満蒙の王者においてもかつて太陽礼拝が行なわれた。[6] 北史巻九六、列伝第八七突厥には、突厥王の即位式が記載されており、「其主初立…随レ日転九回」とあり、また「蓋敬日之所出也」ともあり、その中に王の再生さえも報ぜられている。また遼史志第一八には、遼天子の紫冊儀が記されており、「皇帝入再生室、行再生儀畢…皇帝、冊殿東北之隅拝日、…皇帝遣使勅曰、先帝升遐」等とあり、皇帝の再生、拝日が存しており、更に「皇帝升露台、設褥向日再拝」等の記事が存している。これらも、かのエジプトの祭儀の影響の下にあるのではなかろうか。そしてわが国への拝日儀礼の伝播の一径路を示すものであるかもしれない。

右のようなエジプトの祭儀は、或は隋書倭国伝における、記事の解明に役立つのかもしれない。倭王は天又は日に関係を有し「天未明時」に、「出聴政」とあり、この「政」は次項において述べられるように、「政治」の「政」ではなく「祭」と解さなかったために、「聴政」となしたのかもしれない。

天皇は当時どんな神々を礼拝したであろうか。さきに述べられたように未だ祖先神としての日神が形成されておらず、天皇が「オホヒルメ」的な地位において、「日神」を礼拝していたのかもしれない。その礼拝が未明時に始まり、「日出便停理務」とあるから、日神の礼拝と解しても、大過ないであろう。この礼拝に関して、たとえエジプトの祭儀の影響があったとして、原義及び原型そのままには、受容され得なかったであろう。

ここで昭和三四年（一九五九）四月二一日発行の週刊朝日の記事を参照しなければならない。

東の空がほのぼのと明ける午前六時、宮中三殿（賢所、皇霊殿、神殿）では内掌典が掃除をはじめる。それが終ると、当直の掌典が日供（ヒク）（毎日の御供え物）として、野菜や鮮魚などを神前に供える。

午前八時半、お文庫から当直の侍従が浄衣という白装束をまとい、二頭立の馬車に乗り、吹上御苑の木立をめぐって、やってくる。ご代拝である。毎月一日は天皇ご身のご親拝であるが、ほかの日は侍従が代って行うもので、この行事は毎日必ず行なわれる。

主なお祭りは、一月一日の四方拝、歳旦祭、一月三日元始祭、二月十七日祈年祭、三月二十一日春季皇霊祭、四月三日神武天皇祭、五月十七日貞明皇后祭、七月三十日明治天皇祭、九月二十三日秋季皇霊祭、十月十七日神嘗祭、十一月二十三日新嘗祭、十二月中旬賢所御神楽の儀、十二

月二十五日大正天皇祭、十二月三十一日大祓の儀がある。

一番大切なお祭りの一つは、新嘗祭だが、午後六時からの夕の儀、午後十一時から夜半にかかる暁の儀があり、固くて冷たい板の間に二時間正座する苦行だ。

右にかかげられた祭儀の多くが農耕儀礼に還元されることができ、中でも「毎朝礼拝」が、ここでは最も重要視されなければならない。隋書倭国伝に伝えられている、ような祭儀が、その内容において、変化があるとしても、天皇自らがその神性を否定している、今日まで継続せしめられていることは誠に驚異に値するものがある。

天皇の二元性は、天皇ファミリーが、父権制の下に置かれ、天皇が人間でもあり、神でもあり、権力者となるに至って、一応止揚されたであろう。ここに「天皇―祭司者」という形態が生まれるに至ったであろう。だが天皇にもともとから存在していた二元性は、決して全く止揚されるに至らなかった。天皇はその長い歴史の中において、権威者たる地位を失うことはなかったが、その権力者たる地位は、絶えず他の現実の権力者によって執られた。律令制の下での摂関政治、院政および幕府政治がそれらであり、また明治憲法の下でも藩閥、元老、政党、軍部という現実な権力者が存在した。だが常に天皇の権威の下に、これら現実の権力者は、正当化されていた。

権威と権力の対極的な緊張は、現代においても見られ、君主の中立化および非政治化によって現出せしめられている。すなわち「国家の元首」と「政府の首長」への分化(8)がそれである。

（1）洞富雄「日本母権制社会の成立」一二九頁
（2）洞前出一三一頁
（3）原田淑人「日本に於ける倚坐の習俗」（日本民族学会編日本民族―昭和二七）
（4）E. O. James, Myth and Ritual in the Ancient Near East London 1958 p. 54.
（5）James 前出八八頁
（6）三品彰英「神話と文化境域」二四八頁
（7）洞前一三七頁
（8）Carl Schmitt, Positionen und Begriffe Hamburg 1940 S. 274.

に　祭政一致

君主が権威者（神であり、祭祀者であるとき）および権力者たることが、一身に化体しているときにおいて、「祭政一致」が実現される。外国の表現をもってするときは、King-Priest である。祭政一致は、決してわが国特有のものではない。君主が神であり、僧侶であったことに関しては、暫く措くも、通例の君主が僧侶的な機能を行使したことは、至るところで見られた。[1]

祭政一致に関しては、津田左右吉の、詳細を極めた研究[2]が存しており、その要点を紹介するときは、次の如くなる。

「マツル」[3]とは、地位の低い者が、その高い者、権威のない者が、それを有する者に対する表現であって、「マツル」の本源であるとされ、すでに述べられた、ラテン語の numen に類似する表現となることができるのではなかろうか。古事記などでは、多くの場合に、マツルが「奉」をもって表現されている。やがて「マツラフ」ともなり、「御側に居る」[4]である。これは「神々の様子をうかがい、なんでも仰せごとがあれば、皆承り、思召のままに勤仕しようとする態度に他ならない」となされている。それ故「マツル」または「マツラフ」には、なんら権力の行使が、包含されず、「政」をもってそれを表現することは、適当ではない。

人びとの間に権力関係が生ずるに至って、支配者に対して被支配者が仕えることを表現すべく、その権力行使を「マツリゴト」「政事」というに至ったと解されている。[5]

「政」の字を「マツリゴト」と訓むのと、「政」という字に拘わらず、政治を「マツリゴト」というに至ったのは、いずれが先行したかは、明らかではないとなされている。神亀元年二月の宣命に、「食国天下之政」という表現とともに、「食国天下之業」といわれており、また「天日嗣高御座之業、食国天下之政」と連記されている。天平元年八月の宣命には、「天下乃政」と「天下乃事」が併存しており、これらの場合に「政」をもって、いかなる語にあてたかは、暫く措き、天皇の支配が「コト」（事）または「ワザ」（業）でいい現わされているようである。ここにいう「政」は「マツリゴト」ではなかったかもしれない。ホノニニギの命が天から降られるときに、大神の語として、「思金神者取持前事為政」があり、その意義に関して、種々の解釈[6]が存している。もしも「前事」が神鏡に関連すると解することができるならば、「為政」が政治ではなく「マツル」ことになる。

神を祭祀することが、単に「マツル」とのみいわれ、その名詞として「マツリ」というのも、右の

「マツル」から転化したものとなされている。[7]もともと「マツル」には、宗教的祭祀の意義がなく、「マツル」が神に奉献することを表示したこともある。

このように「マツリ」を考察するときは通例「祭政一訓」または同訓といわれているのは、「マツル」という語が、転化した[8]意義においてのことであることが分かる。

やがて天下の業が「政」となり、「食国天下之政[9]」が祭となるに至り、かの祭政一致が生ずるに至ったであろう。天皇は歴史の変化によって、常に祭祀者ではあったが、権力者ではなく、「天皇の不親政[9]」が、あたかも原則となるに至った。

（1）Rose, Primitive Culture in Italy p. 127.
（2）津田左右吉「マツリといふ語と祭政の文字」（「歴史の矛盾性」昭和一二）
（3）津田前出八一頁
（4）柳田国男「日本の祭」四二頁
（5）津田前出八二頁
（6）津田前出八三頁、和辻哲郎「日本倫理思想史上」（昭和二七）六七頁
（7）津田前出八四頁
（8）津田前出八六頁
（9）石井良助「天皇」（昭和二五）序文三頁

二　天皇の支配の仕方

い　概　説

天皇が支配を樹立するにあたって、とった「仕方」(Arten) は、決して一様でもなく、また独自のものでもなかった。これはやがて天皇支配が一挙に成立したのではなく、また天皇以外の支配者が併存していたことを意味する。

天皇支配の仕方に関して、戦後井上光貞による「国造制の成立」という業績[1]が発表され、「他の追随を容易に許さぬものがあった」。だがこの研究に対して、なんらかの再検討が必要となって来たとされ、上田正昭の、これまたすぐれた研究[2]が、発表されている。

わたくしは、まず第一に、ヤマトの一地方において、天皇の間接支配的な「アガタ」が、成立せしめられ、やがてその「アガタ」から直接支配的な「ミアガタ」ができ、比較的小地域ではあったが、ヤマト国家が初発的に成立したと解したい。そして天皇はその他の地域において、ヤマト国家をもって上級国家とする、Staatenstaat が、多分に Staaten を「クニ」と読み替えて、成立するに至ったであろう。このような Staatenstaat は、中国をもって上級国家として、ヤマト国家との間にも成立し、また韓半島にあった諸国の間にも形成されたのではなかろうか。

県は天皇の権力の増大に従い、その数を漸次増加していった。[3] 県の分布[4]は、その東限は、尾張美濃から北陸道の三国までとし、西日本において濃厚に見られている。これは天皇またはその祖先が、歴史以前から、これら西日本においてすでに支配権を樹立していたとともにその後の「征討」の結果によるものであろう。畿内の県主と辺境の県主が、天皇に対する関係は、前者が早くから直接支配的、後者が間接的支配的であったかもしれない。[5]

天皇と婚姻関係を持続していた、ヤマトの県主ファミリーは、母権の制の下にあったようであり、「畿内の県主はいずれも伝承上『父権』を中心とするものであり[6]」とあるが、これをいかに解すべきであろうか。

母権制から父権制への移行[7]は、生産力の増大に帰せられている。生産力の発展、とくに農耕および牧畜の発展、しかし交換の発展さえもが、「家内経済」(Hauswirtschaft)を、特別の生産部門として分かれ、そしておもに婦人の労働領域になったように導いた。そこでまたファミリーの経済においても、本質的な変化が完成し、両姓《（ママ）》間における分業がやりとげられた。

社会的生産およびファミリーの経済における、男と女の地位の変化――「鍬での耕作」(Hackbau)であった限り、土地耕作において、主要な役割を占めていた女が、今やおもに家内経済に従事し、また従前狩猟に赴いていた男子が耕作および牧畜に従事するような事情が母権制から父権制への移行の最も重要な契機である。鋤耕作および牧畜への、このような移行が一般に、母権制から父権制への、移行の最も重要な理由としてみなされている。だがこの移行がこの基礎においてのみ行われたとしてはならない。それには右二つの生産部門とは独立して、一般に生産力の発展が存している。この移行が耕作または牧畜を知らなかった社会において行われたばかりか、漁撈が指導的な生産部門にまで発展したところにおいても、そうであった。また一定の事情の下に、狩猟が一層強力に発展したところでも、男子が主要の生産者となり、狩猟部族の発展が、また同様に父権制に導かれた。母権制から父権制への移行が、牧畜とのみ結合して行われるものでもない。母権制と父権制は、原始社会の歴史における、二つの一般的、歴史的段階である。一つの段階から、他の段階への移行は、技術と経済の発展に基き、生産における両性の関係が変化し、男がそこで優勢な意味を獲得するときにおいて実現する。

母権制から父権制への移行が、人間社会において、必ずしも一様には行われず、それぞれの特殊性が認められている。原初社会の歴史において、外部からの影響が、大きな役割を演じている。すなわち発展した社会から、余り発展していない社会へ及ぼす影響の如きものである。発展の不均斉によって制約された影響が、母権制から父権制への移行を相関運動的にはやめた。

母権制から父権制への移行は、婚姻とファミリーの、新規な形態によって伴なわれる。母権制にとって典型的な母処的な定住は、今や男がとり始めた経済的と社会的な地位に対して、甚だしい矛盾を呈するに至った。ファミリーと氏族的経済に密接に結合する夫は、その妻を、その新しい社会的な意味に適応させるように、夫のファミリーにとり入れるので、母権的な結婚秩序を突破する。そこで「父処的」(patrilokal)な定住が成立する。同時に婚姻自身も、新しい、より高度の形態に移行する。解消されなくはなく、また持続的でもない、「対偶婚姻」(Paarungsehe)が父権制の経済的構造に対して、直接に矛盾する。かくして「単婚制」(Monogamie) が形成される。だが母系的氏族と、それに結合する女系的な親族秩序が、なお当分持続する。

天皇ファミリーにおける、母系制は、主としてその支配の正当化の方策として形成され、自然発生的ではなかった。天皇ファミリーは、自らは「生産」せず、被征服者の蓄積に依存していたから、右に述べられた母権制から父権制への移行の契機が存在せず、他の影響の下に、漸次父権制へと移行するに至ったと解すべきではなかろうか。

魏志倭人伝における三世紀中葉の段階から(8)、天皇は県を拠点として、西日本のクニグニをより強力に「支配」していったであろう。この支配の形態は、必ずしも正確には知ることができない。倭人伝によるとクニグニには一定の官僚制が存在しており、その一部については、皆女王国に統属するとなし、更に、「自女王国以北、特置一大率、検察諸国、諸国畏憚之」の記事さえも存している。五世紀以前の天皇支配の機構として、県が主要な地位を占めていたようであり、後々までも、ある程度強大な力をもっていた吉備または筑紫において見られる県は、かの間接支配的のものであったであろう。

県制はかく三世紀後半から五世紀にかけて展開したが、この時期において、日本において県の中に包含されなかった地域と天皇の関係は、どんなものであったであろうか。これら地域は天皇とは全く関係がなかったところを除き、県制を「全然もたなかった地域(9)」ということになる。天皇(ヤマト国王)とこれらのクニグニの首長の間の関係は、かのヤマト国家を上級国家とする、Staaten を大分に「クニ」と読み替えての staatenstaatlich な関係であったものもあったであろう。

県として、かの国県制に包摂されたものを除き、その他の地域が国県制の下に置かれるようになるためには、いくたの年月を要したであろう。また出雲や東国のように国県制のたしかの証拠が存在しないところもあった。(10)

(1) 上田正昭「日本古代国家成立史の研究」一二三頁、井上光貞「日本国家の起源」(一九六〇年)は時間的に参照し得なかった。
(2) 上田前出一二四頁
(3) 上田前出一三三頁
(4) 上田前出一三六頁、石井良助「大化改新と鎌倉幕府の成立」(昭和三三)六六頁
(5) 上田前出一四〇頁
(6) 上田前出一四一頁
(7) Koswen, Abriss der Geschichte und Kultur der Urgesellschaft S. 123.
(8) 上田前出一四三頁
(9) 上田前出一四九頁
(10) 上田前出一二六頁

ろ　外国との Staatenstaat 的な関係

まず第一に、中国との関係が述べられなければならない。魏志倭人伝中において、倭女王卑弥呼が魏王から、「是汝之忠孝、我甚哀汝、今以汝為親魏倭王、仮金印紫綬、装封付帯方太守仮授」とあり、中国がヤマトに対して上級国家であり、かの外交的正当性がここに付与されている。更に卑弥呼が狗

奴国の男王卑弥弓呼と不和であり、相攻撃する状を説いた。魏王からはげまされている。

　更にかの倭五王の時代において、右関係が一層明確に現出せしめられている。宋書倭国伝によるに、「倭国は高麗の東南大海の中にあって、世々貢職を修む」とあって、中国に対して「貢納」をなしていた。倭讃[1]（三説があり、履中、仁徳または応神の三天皇のいずれかとする）が、貢献をし、除授されている。讃の死後弟珍（反正、仁徳のいずれかとする）も貢献し、自ら「使持節都督倭、百済、新羅、任那、秦韓、慕韓六国諸軍事、安東大将軍、倭国王」と称し、表を上って除正されることを求めた。そこで詔があり、「安東将軍、倭国王」に除し、倭国王の希望が全部については認められなかった。

　倭国王済（允恭）は、使を遣わして貢献し、また「安東将軍、倭国王」となされた。次いで「使持節都督倭、新羅、任那、加羅、秦韓、慕韓六国諸軍事」が加えられ、「安東将軍」は故の如くなされている。

　済の死後、世子興（安康）が、またまた貢献している。爵号が授けられ、「安東将軍、倭国王」となされている。興の死後弟武（雄略）が自ら「使持節都督倭、百済、新羅、任那、加羅、秦韓、慕韓七国諸軍事、安東大将軍、倭国王」と称した。次いで武がかの有名な、長文の上表をしている。その結果詔があり、武が「使持節都督倭、新羅、任那、加羅、秦韓、慕韓六国諸軍事、安東大将軍、倭王」に除せられている。[2]そしてその後の関係は不明[3]となっている。

　ヤマトと中国の、Staatenstaat 的な関係の存在に関して、かっての保守的な学者からは、種々の角度から否定[4]されていた。しかし五世紀の間、ヤマト国と中国の江南諸朝の間に、「政治的色彩の頗る濃厚なる交渉のしばしば行われたことは、支那側の史籍の記載に照らして隠れもない事実である」[5]となすべきであろう。

ヤマトと韓半島諸国の関係は、複雑であり、かつ長期に渉っており、本書の企図からは省略さるべきであり、他の研究[6]に譲られなければならない。ヤマトと韓半島の諸島の間に、かのStaatenstaat的な関係が存在していたことは否定され得ないであろう。だがその発生史的に見て上級国家がヤマトからか、韓半島の諸国によって作られたかが問題となる。韓半島諸国とヤマトのヘゲモニー獲得への、抗争は、長い年月の経過の後日本国の敗退に帰し、Staatenstaatの関係も失われるに至った。

大化前代の外征軍隊がいかに編成されたかの問題[7]がある。岸俊男の研究として、これら軍隊は筑紫を中心とする国造によって編成され、斉明、天智両朝の百済救援軍は西南とりわけ北九州地方の軍士が徴集され、そこに国造軍の遺制が存していたこと等が明らかになされている。

（1）和田清、石原道博編訳「魏志倭人伝」（等）（岩波文庫）六一頁
（2）池内宏「日本上代史の一研究——日韓交渉と日本書紀」（昭和二二）一五八頁
（3）池内前出一六七頁
（4）池内前出一七六頁
（5）池内前出一八五頁
（6）池内前出、中田薫「古代日韓交渉史断片考」（昭和三一）
（7）上田前出二〇五頁

は　部民制の編制

大化以前の社会の基礎をなす階級として、部民が存している。その性格または形態に関して論争があり、今日においても、未だ解決には至ってはおらない[1]。部民の階級的構造に関して、これを農奴または農奴的なものとみなす者（滝川政次郎、津田左右吉）、奴隷とみなす者（羽仁五郎、渡部義通）、部民をいくつかの類型に分類して、その中のあるものを農奴的、あるものを奴隷的となす者（井上光貞）等が存しており、そのつくるところを知らない。また部民の発展の方向についても、田部屯倉に関して、渡部義通は徭役制から労働奴隷制へ推移したといい、井上光貞は右とは反対の見解に立っている。

わが原始的な共同体は、農耕、狩猟、漁撈をもって、その主たる生産方式となしていた。その後の発展によって、このような社会においても、かの生産方式の分化が、行われるようになり、支配者たちも、被支配者の生産方式によって制約を受けるようになった。従って部民制の研究に際しても、まず第一に、「子代、名代、部曲」から始められなければならない。

大化二年正月の詔にも、皇室、皇族の私民である「子代」、「名代」と、臣、連、伴造、国造、村首の「部曲」があげられている[2]。これらの解明に関しても、種々の見解が存しているが、その一々に関しては、他の研究に譲らるべきであろう。

子代、名代、部曲の法的性格が同質であったとなすべきであり、これは天皇支配はもともと全土には及ばず、いくたの始源的支配者が天皇と併存していたことに基くものであろう。

井上光貞の研究[3]によると、「子代」、「名代」とは、大化の諸法令に、「在昔天皇置」（大化二年三月紀）、「皇子等私有」（同）とあるによって、これら両者の性格が知られる。記紀の編者たちは[4]、「名代」は、皇族の名を、将来に残すために、おかれた部であり、「子代」は子のためにおかれた部であるとしている。そしてこれらの名代、子代が、「一般に諸国の国造の民を割取って設けられたらしい[5]」とされている。この取得の法的意義がいかなるものであろうか。藤原部は、「科諸国造…定藤原部」（允恭二年三月紀）、また蝮部は、姓氏録に、「於諸国為皇子湯沐邑」（河内丹比宿弥条）とある。この実例から見て、名代、子代は戸単位に設定されず、村またはそれ以上の地域に渉る団体をもって単位として設定されたと解されている[6]。従ってその設定はもともとの共同体から切り取られるものであって、単な《ママ》所有権の客体となしたのではなく、多分に公権的（領土権的）なものであり、支配権の奪取と解すべきではなかろうか。それぞれの集団には各管掌者が置かれ、しかも各集団の統率者が中央にあった。名代、子代はその設定により、その管轄が地方の下級伴造から中央の上級の伴造に帰した。これらの所属者は農耕に従事し、その生産物は「貢納」として徴収されたであろう。

次に「部曲」について述べられなければならない。大化二年春正月の詔のその一中に、「別に臣連、伴造、国造、村首の有《も》てる部曲の民」とあることに注目しなければならない。「部曲」とは、「カキベ」、「カキ」、「カキノタミ」、「ガキノクマ」、「ウジヤッコ」等とよまれ[7]、「カキノタミ」が古訓らしいとされている（津田左右吉日本上代史の研究）。「カキ」とは区劃を意味し、わたくしの立場からはカキに内包されている人びとが、始源的な共同体の構成員である限り、「カキノクマ」（わたくしの「クミ」）であろう。

日本書紀では、「民」を「カキ」と訓んでいる。大化元年一一月の詔に

古より以降、天皇の時毎に、代の民を置標して、名を後世に垂る。其れ臣連等、伴造、国造、各己が民を置きて、情の恣に駈使ふ。又国県の山海、林野、池田を割りて、以て己が財と為て、争ひ戦ふこと已まず、或は数万頃田を兼ね併せ、或は全く容針少地も無し、調賦を進る時に及びては、其の臣連、伴造等先づ自ら収斂めて、然る後に分ち進め、宮殿を修治め園陵を築き造るに、各己が民を率ゐて、事に随ひて作る。

とあり、この「己が民」が部曲に該当するであろう。だがこれらの民には天皇から給せられたものもあるであろう。しかし天皇とは関係なく、国造等が、天皇支配権の成立以前から有していた部曲も存在していたのではなかろうか。またこの詔は、かの「公地公民」の見地から書かれているのではなかろうか。

　これら部曲には、大化二年八月の詔の中で

臣連、伴造、国造、其の品部を分ちて彼の名々を別る。復其の品部を以て、交雑りて国県に居らしむ

とあるが如く、部曲には、その領有者の名が附せられていた。これらの人民は領有者のために、「租税

を収め、徭役に従った[8]といわれ、その関係が多分に「公権的」であったように見える。

次に「屯倉」と「田荘」も、井上光貞[9]の研究の成果が紹介されるであろう。概説的には子代、名代および部曲は「土地」(Grund)の所有というよりも、むしろ「大地」(Boden)の(領土権的な)支配権に基いて形成されたであろう。ところがこの「屯倉」と「田荘」は著しく土地所有権的な性格を有しているように思われる。

書紀の編者たちは、屯倉と田荘を区別し、前者は皇室に、後者は豪族に関連を有するものと解していたようである。屯倉には「屯田」と「倉庫」の別があった。

屯田には二種類があり、一には集団移民によって開墾されたものが含まれる。内地人の集団移民、帰化人または外国人俘虜により、あるいは国造が贖罪により作られた屯田がある。これらはいずれも天皇のデスポット制の樹立または強化に寄与するところがあったであろう。

これら集団移民は朝鮮からの移住民(俘虜が包含される)と国造の支配の下にあった共同体からひきさかれた人民が、皇室の直轄地の耕作民に編成された[10]。これら移住民がその意に反して強制的に移住せしめられたならば、労働奴隷ということができたであろう。集団移民が開墾をなした後において、村落を形成し、課税の対象となったとの見解があるが、現代の法概念からは、著しく公私法の混同が見られ、両法の分化が未だ出現してはいないようである。

屯田型の屯倉には徭丁の労役によるものがあり[11]、すでに行政機構的に運営されており、令制の官田に継承されたとされている。

屯田型の屯倉は、「田」が主体であり、屯倉型のそれは、「倉」を主体とする。屯倉と名代子代の差違に関する論争が存しているが、これら両者は「類似の性質構造を持ち、ただその差異は、皇室に対する隷属の度合と思われる。（屯倉の方が隷属性が強いと考えてよかろう）」[12]となされている。

なお「田」「田荘」があり、家父長制的な豪族の土地経営において、その萌芽が見られる。[13]田荘には「タドコロ」、「ナリドコロ」の二種類があり、前者は開墾によって開かれた田、後者は villa またはそれから発展した田となされている。

次に「品部」に関して述べられるであろう。井上光貞は品部を、㈠貢納型㈡番上型㈢服属型[14]があるとしている。皇室直属の部民の中で、特種の職業をもって仕える部民――職業部民と賦役貢納をもって仕える農業部民が存した。[15]当時の社会の主たる構成要素が、農民であったから、後者がその主要な部分をなしたであろう。そして職業部民も、その大部分が農耕によって生計をたてていたのだから、純粋な農業部民に対して、その数はあまり多くはなかったであろう。また中には直接の首長である伴造への隷属の度合が、農業部民よりも強く、伴造の私民のような関係にあるものが多かったと思われている。また職業部民においても、伴造の私民的性質を帯びるものが多かったという。

このような品部の成立は、原初的な共同体における生産方式の分化と天皇支配の強大化に伴なって生ぜしめられたであろう。そもそも農耕と畜産の発展と分離は、経済の歴史に関するばかりではなく、社会の歴史に関しても広汎な結果を有した。ここに最初の大きな分業が行われた。この分業が、農耕と畜産（日本では漁撈が重要視される）をなす部族の間の交換の発展に対して、強力な衝撃を与えた。

この時から、規則正しい交換関係が生じた[16]。

生産力の飛躍、主要生産部門および交換の発展が、種々の形態における手工業の発展に、決定的な影響を与えた。共同体の中で、一定の生産部門において、個々の人がいよいよ益々専門家として現われた。このような専門家たちが、その生産物を、他の、かれらによって必要となされた物と交換することによって、かれらは、当該社会の他の構成員を助ける。そこで共同体内の交換が発展する。なんらかの生産部門における知識と経験が、全ファミリーの資産となり、それが遺産となり、継承され、そこでこれら手工業的な活動が、世襲的なファミリーの職業となる。

天皇または豪族の、このような社会に対する支配が、遂にかの品部を生ぜしめるに至ったであろう。記紀古語拾遺等には、職業の名称を有する部があげられている。その中には、兵器の製作に従事する部、祭祀を管掌する部等が含まれている。

貢納型の部には、狩猟、漁撈、土器および兵器の製造、祭祀（山部、海部、鵜飼部、土師部、弓削部、忌部など）が存していた[17]。

貢納型の部民は、もともとの共同体の構成員として、農民か漁民であった。かれらはそれぞれの共同体の首長の下にあり、首長たちはこのような時期において、天皇ではない、中央の豪族に属し、更にこれら豪族は伴造として、朝廷の行事を分掌し、その分掌する職能に応じ、特種な生産物を貢納せしめられたのが品部となされた。品部は伴造の氏の、一般の隷属民とは区別しがたいものとされている[18]。

次に番上型の品部には、馬飼部、才伎部、鍛冶部、泥部、塗部等が包含された。馬飼部は各地の馬飼造に隷属したが、これを統轄する上級の首長が見当らない。[19] しかも令制以前に、すでに「馬司」ともいうべき一つの官司があったらしい。上番した馬飼部は馬の飼養、調教および従駕に任じ、穀草などを献ぜらしめられた。上番者は入墨され、宮廷では奴隷視されたという。鍛冶部に関しては、とくに述ぶべきものはない。

番上型に属する者の社会構造は、貢納型のそれとは、大差がなく、しかも一定の上級伴造が存在しなかった。すなわちそれぞれの伴造に従って中央の宮司に番上した。なおこの種の部には、帰化人が多かったといわれている。

更に服属型なるものが存在していた。その中には、舎人部、靭負部、佐伯部、膳部、隼人、来目部、国欅部等が含まれ、その純粋形態[20]であるとされている。舎人部は続紀、万葉集等によると、その分布が東国において顕著に現われている。その身分が高く、大部分のものが、国造族に属した。上番した舎人たちは近習、宮門の警護などであった。

「舎人部」は令の兵衛府に移行し、「靭負部」は衛門府に移行した。「膳部」は読んで字の如く、料理人であった。「隼人」は九州の国人で、被征服者であり、その首長から貢上せしめられた。「佐伯部」は蝦夷人からなっていた。

服属型は、もともと天皇の支配の下になかった、始源的な支配権を有する団体を征服して生ぜしめられたものであろう。これら団体の構成員の種族とヤマト朝廷のそれの差異の厚薄から、待遇が相違せしめられている。この種の品部は、物ではなく、人を貢納せしめられており、かの貢納型よりも、著しく前段階的である。そしてこれはやがて天皇の支配権が及ばなかったクニグニにつながっている。(21)

品部が令制の官司制が形成されるにあたって、重大な寄与をなしているが、わたしの立場からは、余りに詳密となるので、ここには省略することとする。

(1) 直木孝次郎「日本古代国家の構造」七頁
(2) 井上光貞「大化改新」(昭和二九)三三頁
(3) 井上前出三四頁
(4) 井上前出三八頁
(5) 井上前出三六頁
(6) 井上前出三七頁
(7) 井上前出四〇頁
(8) 井上前出四一頁
(9) 井上前出四六頁
(10) 井上前出四九頁
(11) 井上前出四九頁
(12) 直木「日本古代国家の構造」一二頁
(13) 井上前出五五頁
(14) 井上前出一五頁、一九頁、二三頁
(15) 直木前出一〇頁
(16) Koswen, Abriss der Geschichte und Kultur der Urgesellschaft S. 189.

(17) 井上前出一五頁
(18) 井上前出一九頁
(19) 井上前出二〇頁
(20) 井上前出二四頁
(21) 井上前出二八頁

に　国造制の成立

井上光貞によって昭和二六年一一月史学雑誌第六〇編第一一号に発表された、「国造制の成立」という論文は、日本古代史における「劃期的」な業績であって、「他の追随を容易に許さぬ」(1)ものとされている。

この研究は上田正昭(2)によって、次のごとく要約されている。

(1) 遅くとも七世紀初頭(聖徳太子摂政のころ)、国、県ないし国、県、邑の区分をもつ地方行政組織が成立しており、このような組織は、行政目的のもとに、権力的に作りあげられた政治的制度であること

(イ) 朝廷統一以前のクニは、部族的なかつ祭祀的な地方団体であり、県として国県制に包摂されたものが多いこと

(ロ) 国県制の国は、国家統一の中心である朝廷が、その周辺たる畿内支配のために生み出したものであり、これを全国に普延せんとしたものであること

（２）国県制の内容には、地域的に発展差があり、国家権力、部族体制の強弱によって異なったものがあること

（イ）大和、北九州などの先進地帯では、国造と県主との間に同族的系譜意識が存在せず、整備した制度としてあること

（ロ）吉備や美濃では多分に部族的体制が強固に存続しており、県主と国造の間に同族的系譜関係が見出されること

（ハ）東国や出雲では、国県制の確たる徴証がなく、クニそのものが国となり、東国では伴造制と分ち難い関係にあること

このような観点と結論によって、国県制の形成過程が、明確に把握されているようである。だがわたくしの立場（法学的な）からは、必ずしも正確ではないようである。すなわち氏族または部族的共同体における、始源的支配の形成、天皇による、これら始源的支配の止揚、「クニ」または「国」が必らざし《（ママ）》も「国家」（Staat）ではないこと（あるいは天皇のヤマト国家に対比さるべき国家が成立していたかもしれない）等々が、明瞭とはなっていないようである。

上田正昭の研究[3]によると、「少なくとも七世紀初頭に、国、県、邑という上下の行政制度を認めることは、史料的に不可能である」とされている。七世紀初頭から七世紀後半の持統期にいたる関係記事において、なんら国の下級組織としての県や、国造の下級官としての県主のことが見出され得ないとされている。この論証にたいして、二、三の例外的な記事[4]も存しているようである。

「御県」および「県」に関しては、すでに述べられている。六、七世紀のころには、「御県」はそのまま存続し、県にあっては、そのもともとの始源的支配権が全部に渉って、天皇によって止揚され、この時期において県は国造制へ発展解消したのではなかろうか。県主がこの時期に姓化したのであろう[5]。したがって国造の問題は、御県および県以外の地域における始源的な支配権（天皇の支配とは、もともとは併行していた）の止揚の解明におかれなければならない。しかしこの解明[6]こそが、さきに引用された井上光貞の研究要約（2）の（イ）（ロ）（ハ）に関連を有するものとなる。

上田正昭の研究によると、国造を「姓」によって分類し、いくたのグループとなしている。すなわち（一）直姓グループが二分され、（イ）県制が存したところ、（ロ）関東南半部を中心とし、国造が天皇または皇族の私有民の伴造でもある、「伴造国造層」をもって占められているところとする。次に「キミ」、「オミ」グループがある。この中で上野はかなり後までも独立的な性格を有《も》っていたといわれ、その他はなんらかの意味で県制につながりを有した地域の国造である。その「君」（公）と臣が、さきに述べられたように、「キミ」（木身）、「オミ」（Fremde）であり、「支配者」または「臣下」をささなかったことも断言し難いであろう。これらの隷属度から見ると直姓の（イ）は県制が発展した地域であり、天皇への隷属度は君、臣グループよりも強かったといわれ、したがって後者の方が独自的な立場をある程度保持していた。この君臣グループは、天皇の間接支配的な県につながるものもあり、始源的な支配権を有するクニとともに、国造制に編入されたところであろう。

吉備国造、筑紫国造、美濃国造、出雲国造のことに関しては、余りに詳細に渉る、おそれがあるから、他のいくたの研究に託することとする。

畿内の県主の中で、いわゆる中央官司制の中に編入されたものと、長く御県として存続したものがあった。これは県主制から国造制への展開過程において、いかに理解さるべきか(7)が問題となる。これら両者が対立関係をなすものではなく、同質的な存在であり、前者の支配が機構的であり、後者のそれが伝統的であって、その差別の止揚が大化改新によってなされたものと、わたくしは解したい。

(1) 上田「日本古代国家成立史の研究」一二四頁
(2) 上田前出一二六頁
(3) 上田前出一二七頁
(4) 上田前出一二九頁
(5) 上田前出一三二頁
(6) 上田前出一四九頁
(7) 上田前出一五七頁

三　大化改新

い　デスポット制の規範化

A　規範と現実の対極性

未開社会において、法がいかにして形成されるにいたったかの検討のごときは、ここではそれにおよぶことができない。今はただ天皇支配が形成され、維持されるために、必要となされた法が、いかに形成されたかに限定して述べられるであろう。

古い文献において、「罪」に関して述べられているものの中で、古事記仲哀天皇の条がまずかかげられなければならない。

更取国之大奴佐而、種種求、生剥、逆剥、阿離、溝埋、屎戸、上通下通婚、馬婚、牛婚、鶏婚、犬婚之罪類、為国之大祓而

とあり、これを原型として分化したものが、六月晦大祓にある、「天津罪」と「国津罪」であると思われる。それによると、

天津罪とは、畔放、溝埋、樋放、頻蒔、串刺、逆剥、屎戸の七つの罪である。これらの罪は天岩戸につながって、須佐之男命によって犯された罪に該当し、後にはクニ人によって犯されたのも、天つ罪といわれたという[1]。

この天津罪に該当する行為は、農耕の妨害にかかるものである。Ehrlich[2]が述べているように、土地の所有が固定し始めると、そのために法が生ずる。しかし未だ一般的な法則ではない。各々の個々の移住が自身でその土地法を作る。したがって右の天津罪は、正しくこの土地法に該当するであろう。

このような秩序は、各共同体によって、他の共同体において存在する秩序に拘束されることなく作られる。一民族における同種の共同体における秩序が、通例少ししか異っていないときには、それは生活条件の同一性またはしばしば借りものにつながっているが、かれらにたいして外部から同一の秩

序を指図されたのではない。

これら天津罪は天岩戸の変において、須佐之男命によって犯されたものに該当している。先住の土地所有者であったと思われる同命が、後住の土地所有者となった、隣接の「キ」氏族に属する天照大神の耕作を妨害するに出でた行為であると思われる。これら氏族はすでに土地所有権を有し、かの部族経済を営んでいたと解される。

経済[3]は、今日において指導的なものとして妥当し、歴史の初期においても、人々の行動の本来の原則として見られる。最初の法は、ローマの例によると、「人間の法」、「主人（支配者）の法」、「土地の法」であった。これらの法には、人々が、広義の物権法（債権法も含まれる）と名づける、すべての他の法がかかっていた。純粋な物権法は支配者の土地であり、そして、すなわちその全く人的な土地法である、法の基礎の上に始源的につながっている。物権法は「存在学的」（ontologisch）に見て、もともと従属的、派生的、補充的な法であって、「それ自身」のものではなかった。本来すべての法が、従属する、一般の国家的、宗教的な制裁は別として、物権法は公的な人法の結果にすぎない。（それを人々は不明瞭に私法と名づけた）。

さて人々は次のことを熟考しなければならない。一定の権利を有するにいたった、これまで充分に正当な権利を有しない住民たちが、まず第一に土地所有者としての人間たり得ず、たとえ広汎の範囲にてすら、単に収獲物（Fahrhabe）の所有者たり得るときには、土地は最早古い支配人間とこの新しい人間の間において、法的関係の唯一の基礎とはならない。かれらが法的関係に関してなんら基礎を有しなくとも、かれらは今やそれに対して合法的となる。

このような理解をもって、天津罪の理解にあたるべきではなかろうか。

次に「国津罪」とは、生膚断、死膚断、白人、胡久美、己母犯罪、己子犯罪、母与子犯罪、子与母犯罪、畜犯罪、昆虫乃災、高津神乃災、高津鳥乃災、畜仆志、蠱物乃罪等の罪を包含する。「生膚断」、「死膚断」、は人体損傷の罪、「白人」、「胡久美」は白癜贅肉であって皮膚病である。「己母犯罪」、「己子犯罪」は、古事記の上通下通婚に該当する。[4]「母与子犯罪」、「子与母犯罪」は右とは区別されている。そしてここには「阿豆那比の罪」[5]が記されていない。この罪は男色の罪といわれている。

「白人」、「胡久美」を除いては、右の罪はいずれも「風儀」(Sitte)に関する罪であり、すでに人間が一定の文化段階に達していることを意味する。「昆虫の災」は、人畜に害するばかりか、農耕を害する災害である。「高津神の災」は落雷の災であり、「高津鳥の災」は鳥の災であろう。「畜仆志」は飼養物を仆すことであり、「蠱物」とは牛馬をたおす疫神をいうのでもあろう。

これらの罪は農耕に害ある天災を、主とするものであり、かの「魔術」[6]または「驚異」[7]につながり、現代の犯罪とは全く区別さるべき、古代人の思惟による「罪」であったであろう。

ここで天石屋戸における須佐之男命の所罰に関して一言されなければならない。ここに記紀をいちいち引用するまでもないであろう。記によると八百万神の共議の結果、体刑を受け、追放され、他の共同体につき、食物を乞うにいたった。古代社会において、人びとがもともとの共同体から追放されることは、死を意味するほどの所罰を意味した。

天津罪と国津罪は、まだ天皇支配の形成されていなかったときの「罪」に該当し、その形成に関しては、直接の関連があったとはいえない。

ここで魏志倭人伝における、倭国の法状態に関して述べられなければならない。

「其の風俗淫ならず」して、「其の会同、坐起には、父子別無し」。「其の俗、国の大人は皆四、五婦、下戸も或は二、三婦。婦人淫せず、妒忌せず、盗窃せず、諍訟少なし。其の法を犯すや、軽き者は其の妻子を没し、重き者は其の門戸及び宗族を滅ぼす。尊卑各々差序有り、相臣服するに足る。租賦を収む、邸閣有り、国国市有り。有無を交易し、大倭をして之を監せしむ」。すなわち当時すでに一定の法秩序が形成されており、この「大倭」がヤマトとするときには、天皇支配が比較的広範囲に行われていたことになる。

もともと各氏族[8]は、それぞれの秩序の下に生活し、よその人びと（わたくしのいう、もともとの「オニ」）は、この秩序の外にあるものとして見なされた。ここに内部的な法が外部的な法に対立する。ちいさい氏族群においても、家屋、田畑、すべて可視的なものをもってする固有の地域が存在する。この地域の外に、単に知られない、よその、一つの、しかし本質的な形而上の世界が存在する。多くの相互作用に基いて、これら二つの世界の間に、一つの法関係が成立する。可視的な、氏族的なものの外に、氏族は不可視的―形而上的な領域を有する。人びとはここで神がみ、父たち（日本では恐らく母たち[9]であったであろう）の存在を語る。すべてのそこに生きているものは、父たち（または母たち）に属し、その村むらは可視的ではない。当該氏族に属する人びとに対立し、よそ者（オニ）はなんらの権利を有しない。そこで人びとはよそ人のために、新規な法則を作成しなければならない。ここで未開社会における法の成立という、むずかしい問題に立ち帰らなければならない。Possoz にしたがうと、家父は家における唯一の主人であった。かれの意思、人物、生活が原初法として妥当した。そこではすべての生活がかれから生ずる。生活力は神および父の付与として妥当する。生命の鎖は、父たちを通じて生活力によって不死的に存続する。権利を享有し、取得することは父系相続をもってする継承に結合するといわれる。父はその人格の一部をその身内に与え、かれらに生活力と権利を与える。権利は父に一層近づき、より強力に結合されているといわれる（これは父権制の下に妥当する）。

非可視的なものに属する、よそ者のための法は、いかにして作られるであろうか。これは人為的な行為、法手続、形而上学において魔術的行為と名づけられるものによってなされる。人間（Einwesen）は一氏族に、また父の法に、形而上学から法への移行によって加入することができる。この法行為によって、一つの非可視的なものが、氏族領域においし［て］可視的となる。これは一っさいのよそものにおいても妥当する。

天皇支配の成立に関する限りにおいては、征服者たる天皇と被征服者の関係は、やはり形而上学（ママ）な関連においても始められている。すなわち被支配者がその祀る神とともに、天皇支配に同意し、ここに天皇支配が正当化されるにいたった。だがその他において、よそ者「オニ」が、天皇およびその属する共同体構成員の間に、いかにして法関係が生ずるにいたったかに関しては、ここに一々述べられない。

これはさきに引用された魏志倭人伝における法状態の形成がいかになされたかのの《マヽ》解明にもつながっている。

天皇支配の確立および持続を図るために、いかにその規範化がなされたであろうか。この場合において規範は、「自負」(Anmassung)[10] として理解しなければならない。この自負が天皇から生じている。「風習」[11](Sitte) が存在するところでは、それに相応する「規範自負」(Normanmassungen) も存在する。しかし一つの風習の決定性を――体制論理的に――把握するためには、風習が経験的に現存する環境にまで、規範原則の具体化を要する。それによって生活現実への関係が、最高権力者の規範自負として、法律におけると同様である。法と風習の間の限界を設定することが可能であるか、ないかに関して、Emge と Stammler と Radbruch[12] の間に論争があるが、ここには省略する。風習と包括的道徳の差異は、他律的な自負の創造者においてのみ存する。最高の権力者によってその機関が処理せしめられ、それによって法概念が正しく機関の社会学的概念の包含によって、複雑化する。風習と法の発生的な関係が、歴史の経過において、事実的な「アプリオリ」(Apriori) として生ずる。これは社会史の対象であって、経験的にのみ解明される。

どんな規範自負が社会学的な基礎において法律または慣習となり、どんな規範自負が、かの現実に作られまたは偶然現存する規範自負として、社会学的、事実的な適用において、社会学的対象に協力するかが解明されなければならない。[13]

ここで「法」がいかにして形成されるかの問題に立ち帰らなければならない。それにはおよそ三つの過程、[14]「抽象」（Vergeistigung-Abstraktion）、「分化」（Verzweigung）と「選択」（Auslese-Ausmerze-Selektion）を要する。これらの三つの過程については、ここにとくに説明を要しないであろう。

これらの過程は、いわゆる「連続論」（Kontinuitätslehre）の領域に属している。そこでおりおりかれらに対する外国の影響が加速度的に作用することができたり、または新規に達した段階が概念的により鋭く形成されることもあり得る、そこで大抵同時に法技術の洗練、すべての法の国民的基礎からの遠ざかりの危険が生ずる。

かくして形成されるにいたった法が、ヤマト国家から日本国家の成立への段階において、具体化され、天皇のデスポット支配がやがて確立するにいたった。当時の上代日本人たちがデスポット制が「なに」であり、「いか」にして成立せしめられ得るかを理解することができたであろうか。だがかれらは、従前から成立していた天皇支配を意識的に抽象化し、分化しかつ選択しなければならなかった。

推古天皇紀三一年秋七月の条に

唐国に留まれる学者、皆学びて業を成せり、応に喚すべし、且つ其れ大唐国は、法式備り定りて珍しき国なり、常に須らく達ふべし。

とあり、やがて天皇支配は隋唐の法制にしたがって規範化されるにいたった。

しかし当時の中国はデスポット制の下にあったものの、それはすでにいわゆる純粋または理想類型

(Idealtypus)[15] そのものではなかった。

理想類型は、全く科学的な構造であるばかりでなく、歴史的生活自身において、形成的な力、生活理想として見つけ出され得る。

しからばデスポット制の純粋または理想類型は「なに」であろうか。ここで繰り返していうならば、「君主と神の間の対極的な緊張を止揚しないで、君主と臣民の間に、大きい間隔または距離を作る風習」が、アジア的なデスポット制の象徴である。

このような看点から見るときは、中国の当時の統治制度は、デスポット制の構成の要素の一部、すなわち君主は最早「神」とは思惟されていなかったから、その純粋性を有してはいなかったと解されなければならない。君主はすでにかの「革命思想」の制約の下にあったからである。[16]

当時の朝臣たちは、いかなる限度において中国の支配制度を採用したであろうか。ここで外国法制の採用の仕方に関して、まず第一に述べられなければならない。ここで外国法の「受容」(Aufnahme)と「継受」(Rezeption)の識別[17]をなさなければならない。後者は外国法の全面的な採用、前者はその採用が一定の領域に局限されるのを意味する。フランスの法史学者 F. Olivier-Martin は、“Nous avons pris du droit Romain, mais nous l'avons pas reçu” と述べ、「受容」を prendre、「継受」を recevoir に識別している。

古代日本の先覚者たちは、中国の法制を採用するにあたって、「受容」をなし、天皇支配をデスポット制化する目標の達成に資することができた。すなわち日本国において達成せんとする支配体制は中国のそれよりも前段階にあったことが、充分によく認識されていた。この点に関しては、夙に内藤虎次郎[18]によって指摘されている。すなわち「唐の制度を鵜呑にしたものではない」。なお当時の韓半島の諸国の不手際が指摘されている。[19]そして中国の法制には存在しない神祇行政に関する、わが独自の制度が作られたことに関しては、後に述べられるであろう。

下って明治憲法典の起草にあたっては、もともとからの国体（第一条）と欧州の立憲君主制（第四条）の調整[20]をなすことができずに、この憲法典の運命が僅かに二世代であったことも、決して忘れてはならない。さらに日本国憲法の制定にあたっては、アメリカ側およびわが国の法制官僚たちの不手際は、この憲法の制定後僅か十数年にして、すでにこの憲法典を崩壊期に入らしめている。わが上代日本人の英知は、たとえそれがデスポット制の成立に役立ったとしても、われわれ現代日本人たちは、かれらにたいして敬意を表するとともに、深く恥じなければならない。

かくして成立するにいたった、律令制はいくたの消長があったものの、千数百年の生命を有し、たとえそれが形式だけとしても、明治維新にいたること[21]ができた。それらの変遷は、Sollen と Sein、規範と社会学的なものの対極性の展開によって[22]理解さるべきであるが、ここでは、とり上げられない。

（1）白鳥庫吉「神代史の新研究」二七四頁
（2）Ehrlich, Grundlegung der Soziologie des Rechts S. 22.
（3）W. Ehrlich, Einführung in die Staatsphilosophie S. 45.
（4）大久保初雄「祝詞式講義上巻」（明治二七）二〇六頁以下

(5) 白鳥前出二七八頁
(6) Gurvitch, La Vocation actuelle de la Sociologie p. 459.
(7) Mensching, Vergleichende Religionswissenschaft S. 94.
(8) F.Possoz, Die Begründung des Rechtes im Klan. in : Religiöse Bindungen in orientalischen Rechten S. 21.
(9) 洞富雄「日本母権制社会の成立」二七頁、二七一頁
(10) Carl August Emge, Über das Verhältnis von "normativem Rechtsdenken" zur "Lebenswirklichkeit" Wiesbaden 1956 S. 7.
(11) Emge 前出四一頁
(12) Gustav Radbruch, Rechtsphilosophie 4. Aufl. Stuttgart 1950 S. 142.
(13) Emge 前出四三頁
(14) Heinrich Mitteis, Die Rechtsgeschichte und das Problem der historischen Kontinuität Berlin 1948 S. 12.
(15) Karl Engisch, Die Idee der Konkretisierung in Recht und Rechtswissenschaft unserer Zeit Heidelberg 1953 S. 254.
(16) 小島祐馬「中国の革命思想」
(17) Mitteis 前出一二頁
(18) 内藤虎次郎「日本文化史研究」二七二頁
(19) 内藤前出二七九頁
(20) 藤田嗣雄「明治憲法における Sein と Sollen」（上智法学論集第一巻第一号―一九五八）
(21) 石井良助「天皇」（昭和二五）一四一頁
(22) Dietrich Schindler, Verfassungsrecht und soziale Struktur 3. Auflage Zürich 1950.

B　聖徳太子の憲法の意義

日本書紀推古天皇一二年春正月戊戌朔の条において、「憲法十七条」が、聖徳太子によって作られたと記されている。その真偽に関しては、論争[1]が生ぜしめられているが、ここではそれに立ち入らない。

ここに「憲法」とあるも、現代の国家学、国法学または憲法学にいう、いわゆる「憲法」（Constitution-Verfassung）に該当するものではないことは、言をまたない。だが憲法一七条が、もしも現代的な意味における憲法制定権者としてなされた、いわゆる「政治的な決定」（die politische Entscheidung）[2]に該当するものであるならば、その意義は極めて重大である。それは一にこの「憲法」の内容如何によってのみ決定される。すなわち憲法は政治的な存在から生じた、その固有の存在の様式と形態に関する「政治的決定」に存する。

わたくしの立場からは、この憲法が、天皇のデスポット制に関する政治的決定を内容とするか、しないかが重要視されなければならない。

和辻哲郎[3]によると、この憲法は、「治国平天下に関する人の道のみを説いてゐるのである」。そしてこの「憲法は、国家のことに関する限りの人の道を説いたものであ」って、「官吏に対して、官吏としての道徳的な心掛けを説いたものである」。

この憲法においては、天皇が「人間」であると同時に、「神」であることに関しては、なんら言及されていない。これは一には、太子が仏教の信奉者であったとともに、二には、当時の中国の皇帝の天命的な地位の影響によるものではなかろうか。天皇は未だ現御神ではなかった。

第三条以下[4]においては、「君臣関係、臣民関係」についての訓戒が述べられている。これは天皇がデスポットとしての、君臣の関係に関するものである。「君臣上下の秩序は神話に含まれた現神思想によってではなく、天地自然の理によって、また臣と民との関係は、私の支配としてではなく、礼による治民として、把握されたのである」[5]。憲法第十二は次のごとくである。

十二曰、国司国造、勿斂百姓、国非二君、民無両主、率土兆民、以王為主、所任官司、是皆王臣、何敢与公賦斂百姓

この条は大化改新における、私地私民の止揚に関する政治的な決定に外ならない。このような支配は、すでに一部天皇の直接支配の下にあった「御県」において存在していた。

また第五条においては「司法」に関して述べられている。なおその他の条項に関しては、一いちここには述べない。

明治憲法典の発布後、その施行前、明治二三年一〇月三〇日に「教育勅語」が発せられたことと思いあわせて、聖徳太子の憲法の意義を回顧することは、すこぶる興味あることである。なお道徳と法の関係に関しては、ここには省略するであろう。

（1）和辻哲郎「日本倫理思想史上巻」（昭和二七）一三四頁

（2）Carl Schmitt, Verfassungslehre Berlin und Leipzig 1928 S. 44, 76 ; Wilhelm Henke, Die Verfassungsgebende Gewalt des deutschen Volkes Stuttgart 1957 S. 24.

（3）和辻前出一三五頁

（4）和辻前出一三七頁

（5）和辻前出一四〇頁

ろ　大化改新の実際

A　大化改新の前夜

日本国家は、大化改新、確実にはその以後において、天皇デスポット制の下に成立したと解したい。だがその形成過程は、決して安易なものではなかった。

大化改新に関しては、従来いくたの研究が発表されており、その意義に関して、凡そ三つの見解[1]が存している。まず第一に、大化改新をもって、「古くからの伝統的史学の理解による」、「国体回復運動」となすものがあげられる。第二のものは、「日本の律令国家をほぼ中国のそれと同様の性質のものとする法制史的な理解」にかかっている。第三のものは、進歩的な見解であり、「日本の古代国家をいわゆるアジア的土地所有形態を基盤として成長してきたものとし、その場合には権力が最上部に集中するのが普通であるから、古代支配の頂点である律令体制は当然基本的には専制君主制」となすものが存している。そしてこれら三つの見解は、いずれも決定的な支持を得ていないとなされている。

大化改新は日本全土（厳格な意味においてでは、もちろんない）における、天皇の直接支配の樹立を企図するものであって、天皇の恣意的、デスポット支配の建設にかかり、そしてこのような支配体制の規範化（律令制）を企図したものと解すべきではなかろうか。

大化改新はすでに成立していたヤマト国家と日本の他の部分の統合による日本国家の建設を企図したものであろう。

天皇はその側に併存する、いくたの「豪族」を処理しなければならなかった。これには二つの類型があるとされている。すなわち、その一は天皇の従属者（Gefolge）[1ノ2]であったと思われる氏族である。

かの大伴氏、物部氏等が包含され、その従属化が、天皇のヤマト侵攻以前において、いずれかの地においてて、すでに行われていたかもしれない。その二には天皇のヤマト侵攻以前から、すでにヤマトに居住しており、天皇とは独立して始源的な支配権を有していたと思われる氏族がこれに包含されるであろう。その代表的なものは三輪氏、甘茂氏、出雲氏および蘇我氏等であったであろう。そして蘇我氏は、もともと「葛城」氏の後であるといわれている。葛城「臣」であって、かの磯城または志貴に対立する、天皇よりも先任の氏族であって、これら両者はひとしく「キ」であって、木を礼拝する共同体であったであろう。磯城から「ソガ」（ソコであり、イガ、キガ、コガと同様の文字の結合と解される）であったかもしれない。仁徳天皇の皇后は葛城襲産であり、これら両者の皇子が履中天皇である。次の反正天皇は同母弟であり、次の允恭天皇もまた同母弟であり、安康天皇は允恭天皇の第二子または第三子であって、母は稚淳毛二岐皇子の女忍坂中姫命である。雄略天皇は允恭天皇の皇子であって、母は大中姫命である。葛城氏は天皇と対抗するに足る勢力を有していた。従って葛城氏は、かつての志貴氏と同質の氏族であったとも考えられる。ここに藤間生大のヤマト「巨大有力者の氏組織に二つの型が出て来た」が内在しているのではなかろうか。その「一つは『物部式』であって、あくまで徹底的に同族化を従属者に要求し、勢力の拡大——従属者の獲得、田荘の設置、同族者の広汎な分布——巨大な氏の成立」という類型であり、その二は、「蘇我式」であって、「その権力の裏附けは生産が農耕によったために、『物部式』とは、大差なかった」。しかし「名称の上であまり従属者に同族化を強制せず、本家と分家との間を強力な本家の家父長によって統制を強制しなかった」といわれている。これらは恐らく前者の有する権力が第二次的であり、後者の有する権力が始源的であったために生じた現象ではなかろうか。それはあだかも天皇支配の形成と同質をなすものであって、蘇我氏がその末期において、天皇支配と同種の行為をなしたのも、[5]あるいはここから説明されるのかもしれない。

小ファミリーが、大ファミリーの没落の結果であり、顕著に後期の社会的、歴史発な形態を示し、小ファミリーの増加による大ファミリーの形成が、二義的な現象であるかの[6]問題が存している。

雄略期[7]に入ってから、平群臣、大伴連の勢力が伸張し、仁賢期では平群臣の勢力が全盛期にあった。平群臣は武烈期に滅び、継体天皇の樹立とともに、大伴連の勢力が伸び、物部連と蘇我臣が相並んで勢力を獲得するに至った。欽明期に入るや大伴連が任那問題で弾劾されると物部連の全盛期に入った。やがて物部、蘇我の争いが生じ、遂に崇峻期において後者の勝利に帰した。

ここに同族的組織を濃厚に有する氏族である大伴氏が滅び、同族よりも異種の諸豪族を従属させていた蘇我氏の方が栄えて行った。これは前にも述べられたように、その権力がかって始源的であったことに、その根源が求められるのではなかろうか。

ヤマトにおける大族には、その盛衰に関し三段階の過程が見られた。応神、仁徳の両期から武烈期にかけての（五世紀）大族は、「葛城臣」、「平群臣」などであり、六世紀以来は「大伴」、「物部」などの連の勢力が強く、最後の段階において「蘇我」氏が権力をほしいままにした。このことに関しては、すでに一言されたところである。「連」[8]は古い型の伴造の性《ママ》であって、朝政に参画した。これらは天皇に隷属する者であって、軍事を管掌した大伴、物部などがあったことを忘れてはならない。臣は「必ずしも職業とは関係のない貴族層である」と井上光貞が、いわれるのは、わたくしのいう、「オミ」（よそ者――Fremde）に通ずるのかもしれない。従来始源的な支配権を有していたと思われる臣が、連よりも上位にあったであろう。そして後の「朝臣」は、「アソ・オミ」[9]であり、「上位のよそ者」から出たのかもしれない。

従って天皇がヤマト国家から、日本国家を建設するにあたっては、いくたの権力者を打倒しなければならなかった。その事業たるや緩徐[10]にしか行われ得なかった。最後の段階において、国家権力の保持者たる天皇によっての「クーデター」によって「大化改新」がひきおこされるに至った。

豪族の貴族化に伴い、その「官人化」を強化すべく「冠位」が設けられるに至った。これは天皇のデスポット化の一つの実現であって、これによって、君臣の距離化（Distanzierung）が企図された。聖徳太子は紀によると、推古天皇の一二年春正月戊戌朔の条において、「始めて冠位を諸臣に賜ふ。各差有り」とあり、夏四月にはかの憲法十七条が作られた。「ここに、冠位が、血縁的原理や職業の世襲を前提とする氏族制関係を否定し[11]」、もって、かの官僚制[12]を強化せんとしたと解することができる。

ここで天皇の二元的存在に立ち返らなければならない。天皇支配の形成過程において、権威と権力が別個の人格によって保持されていたことに関しては、すでにしばしば述べられたところである。天皇の二元的構造は、天皇にとっては全く宿命的であって、常に天皇に内在しつつ、ある時は現出し、ある時は潜在して、もともとの天皇制の崩壊に至るまで存在せしめられた。天皇デスポット制の確定によって、一応はその二元性が、少くとも外見的には解消されたように見えた。かの推古天皇と聖徳太子の関係は、正しくこの変遷への出発点をなすものと解したい。すでに引用された隋書倭国伝中の倭王の二元的存在は天皇と太子の関係を示すものと解すべきではなかろうか。

だがこの関係は、日本書紀の記載によっては、それを必ずしも知ることができない。推古天皇はもともと蘇我氏によって、その位に即いた。用明天皇の皇子厩戸皇子が皇太子となされた。用明天皇紀によると、

豊御食炊屋姫天皇（推古天皇）の世に、東宮に位居し、万機を総摂て天皇事行たまふ。

とあり、また推古天皇紀元年四月己卯の条に

厩戸豊聰耳皇子を立てて皇太子と為したまふ。仍りて録摂政、万機を以て悉に委ねたまふ。

とあり、推古天皇は国政に関しては、何事をもなし得ないことになった。すなわち聖徳天子は、大臣、大連と同一の任務をとり得ることになったのである。[13] かくては天皇は祭祀にあたるより外に、何事をもなし得なかったであろう。ここにかの隋書倭国伝の記載が現実に立証されていると解しても大過ないであろう。

聖徳天子の死後においては蘇我馬子が単独執政の任にあたった。推古天皇の三四年に、蝦夷が大臣となり、舒明、皇極の両朝における、執政の任にあたった。舒明天皇の死後、その皇后が即位され、皇極天皇が、すなわちそれである。

いわゆる女帝の連続は、推古天皇から始まり、皇極（斉明）、持統、元明、元正の各女帝は、いずれ

も皇后または皇太子妃であった。

舒明天皇の場合にあっては皇后（後の皇極・斉明天皇）は、いわゆる「中皇帝[14]」であった。皇后が「中天皇」、「中皇帝」、「ナカツスメラミコト」とよばれたのは、正しく神と天皇の仲介者[15]たることを示すものと解されなければならない。皇極前紀によると、この天皇は「古の道に順考へて政を為《おさ》めたまふ」とあり、この「政」は前に述べられたように「マツリ」に解すべきではなかろうか。この天皇の朝は蘇我氏の権力の最盛期であって、天皇の権力は、この氏によって掌握されており、この天皇は紀によると、多分に「魔術」（Magie）的存在であった。元年八月甲申朔の条によると、

天皇、南淵の河上に幸して、脆きて四方を拝み、天に仰ぎて祝ひたまふ。即ち雷鳴り、大雨ふる。遂に雨《あめふ》ること五日、天下を溥潤しつ。（或本に云ふ。五日連雨ふり、九穀登り熟らむ――九は五の誤か）。是に於て天下の百姓、倶に称万歳、至徳天皇と曰す。

とあり、ここに天皇はかの「雨司」（rain-maker）[16]的な機能を発揮している。なおこの天皇は、皇太子をおかれなかった。天皇の四年に蘇我氏が滅び、孝徳天皇が即位し、大臣大連の制を廃し、中大兄を皇太子とし左大臣、右大臣、内臣の制が設けられた。

孝徳天皇は紀によると、「仏法を尊み神道を軽りたまふ。（生国魂の社の樹を斮《き》りたまふの類是なり）。人と為り柔仁ましまし、儒を好みたまふ」。とあり、儒仏を尊好し、神祇を軽視され、かのデスポット制の樹立に対して寄与することがすくなかった。それ故朝廷において何人かが神祇に仕えなければならなかったであろうか。その任には恐らく皇祖母――前天皇が当られたであろう。孝徳天皇は

皇太子中大兄をして国政を担当させ、いわゆる「親政」は行われなかったであろう。

孝徳天皇の死後、皇極天皇がその翌年重祚した。これが斉明天皇であって、皇太子は中大兄である。ここにも二元性が現われている。

斉明天皇の死後、皇太子は、紀によると、「皇太子、素服をたてまつりて、称制す。」以後七年正月に至るまで、皇太子として政治を行った。

七年正月皇太子位に即き、これが天智天皇である。天武天皇前紀によると、皇弟大海人皇子が天皇の元年に「東宮」となった。天皇の出征中は京師において、国政は皇太弟によって行われた[17]。十年正月大友皇子が太政大臣に任ぜられ、ここで皇太弟大海人皇子との間に対抗意識が強化され、やがて壬申の乱に発展するに至った。懐風藻大友皇子伝には、「年甫めて弱冠にして、太政大臣を拜し、百揆を総べて、(中略) 始めて万機を親らす[18]」とあり、後の大宝令における太政大臣とは、その性格を異にしている。

天皇の十年十月に、天皇病重く、東宮に対して「後事を以て汝に属し云々」とあったが、辞退し、「請ふ、洪業を挙げて大后に付属けまつり、大友王をして諸の政を宣はしめ奉らむ云々」と述べられた。更に天武天皇前紀によると、「願くは、陛下、天下を挙げて皇后に附けよ。仍りて大友皇子を立てて、宜しく儲君と為たまへ」は、右に照応している。

このように大海人皇子は天智天皇の皇后倭姫命が即位し、大友皇子を皇太子となさんことを提議している。

壬申の乱の後天武天皇が即位し、その死後皇后——天智天皇の第二女が位に即いた。これが持統天皇である。同天皇紀によると、「二年に立ちて皇后と為りたまふ。皇后始めより今に至る迄、天皇を佐けて天下を定めたまふ。毎に侍執たまふ際に、輙《すなは》ち言政事に及びて、毗《たす》け補ふ所多し」とあり、更に朱鳥元年五月天皇不予となり、七月に至り「天下之事は大小を問はず、悉く皇后及び皇太子に啓せ」の勅があり、草壁皇子が二一歳となるや、皇子を皇太子となし、同年二月甲子の条に

　是の日草壁の皇子の尊を立てて、皇太子と為す、因って以て万機を摂せしむ

とあった。その後の一々の経過[19]は、暫く措き、天武天皇の死に伴い、皇后が称制し、四年正月即位す。これが持統天皇であり、七月五日武市皇子が大政大臣に任ぜられている。天皇の一〇年に、武市皇子が死し、翌年軽皇子が皇太子となった。次いで位が皇太子に譲られたが、これが文武天皇であって、年一五であり、皇后も皇太子も存在しなかった。慶雲四年七月一七日の元明天皇の即位の宣命中に

　藤原の宮に御宇しめしし倭根子天皇（持統）、丁酉の八月に、此の食国天下の業を、日並知皇太子の嫡子、今御宇しめしつる天皇（文武）に授け賜ひて、並び坐して、此の天下を治め賜ひ、諧《ととの》へ賜ひき

とあり、ここにも天皇の二元性が現出せしめられている。

　飛鳥期における、天皇の一身におけるデスポット制の形成に至る過渡期において、天皇の二元性が現出せざるを得なかった。従って直に一元的な「中国式皇帝[20]」を継受すべくして、「継受する」ことが

できなかったのは当然である。[21]

現に聖徳太子の憲法中「国に二君非し。民に両主無し、率土の兆民、王を以て主と為す」の如き支配体制は、わが国においては、天皇の現神性および神祇信仰の尊重なくしては行われ得なかった。文化の発展段階から見て、後進的に、中国皇帝制を修正し、天皇デスポット制（神人一体）を形成すべく、いくたの年月の経過を要し、これがために、いわゆる「女帝制」を生ぜしめたのではなかろうか。言葉をかえていうならば、「女帝制」は母権制から父権制、家父長制、または部族支配から国家支配への過程において現出したということができる。

その後に至っても、天皇の二元性は止揚されるには至らなかった。続日本紀養老三年六月丁卯の条に

皇太子（聖武）始めて朝政を聴く

とあり、これはこの年に皇太子が一七歳となったための記載であり、当時元正天皇が皇位にあった。天武天皇の即位の宣命以来「現御神止大八島国所知天皇」となされていたものの、「現神性」と権力が必ずしも、天皇の一身に化体されてはいなかった。

聖武天皇は「勝宝感神聖武皇帝」と謚せられ、次の天皇孝謙天皇も中国流の皇帝たるべき意識を有した。[22] 天平宝字元年一一月壬寅の勅にも

皇帝皇太后は日月の照臨して、並《ならび》に万国を治めたまふが如し、天地の覆載して、長く兆民を育するが如し

とあり、更に元明上皇の遺詔（養老五年一〇月丁亥）の中で、「皇帝万機を摂断せんこと一に平日に同じく」等とあり、奈良朝における天皇のデスポット制が現出せしめられている。更に光仁上皇の死（天応元年一二月丁未）に際しての桓武天皇の詔にも

後の奈保山の朝廷（元正）に准じ、総て万機を断ずること、一平日と同じく云々

とあり、ここに原則として、天皇は現神性と権力を一身に保有し、君臣の別を保持しつつ、デスポット支配を成立させることができた。だが天皇支配の長い歴史の経過において、しばしば天皇の二元性が現出せしめられ、その崩壊に至った。

（1）関晃「大化改新と天皇権力」（歴史学研究二二八号―一九五九、二頁）
（1ノ2）井上光貞「大化改新」一一五頁
（2）井上前出一一八頁
（3）「真説日本歴史」1二五八頁
（4）藤間生大「日本古代国家」（昭和二一）二一〇頁
（5）井上「大化改新」一二〇頁
（6）Koswen, Abriss der Geschichte und Kultur der Urgesellschaft S. 197.
（7）井上前出一一六頁
（8）井上前出一一七頁
（9）「アソ」とは「高いところ」、阿蘇山のアソも同義であろう。「イソ」、「キソ」等と、同一類型の言語であろう。
（10）藤間前出二一九頁
（11）井上前出一二三頁
（12）直木孝次郎「日本古代国家の構造」二七八頁

（13）石井良助「天皇」（昭和二五）五六頁
（14）直木前出二七五頁
（15）洞富雄「日本母権制社会の成立」一三六頁、一三八頁
（16）J.G. Frazer, The Golden Bough - St. Martin's Library I. p. 82.
（17）石井前出六〇頁
（18）石井前出六一頁の引用による
（19）石井前出六四頁、直木孝次郎「持統天皇」（昭和三五）
（20）石井前出六七頁
（21）石井前出七〇頁
（22）石井前出七一頁

B　改新による制度化

大化改新によって、制定されるに至った諸制度に関しては、すでにいくたの研究が存しており、すべてそれらに譲ることとし、ここでは、単にわたくしの立場から必要な限度においのみ、それらに言及することとする。

紀によると、皇極天皇の四年六月庚戌、孝徳天皇「壇に昇りて即祚」。「中大兄を以て皇太子と為たまふ。阿倍内麻呂臣を以て左大臣と為し、蘇我倉山田石川麻呂臣を右大臣と為し、大錦冠を以て中臣鎌子に授けて内臣と為し、封を増すこと若干戸、云々。中臣鎌子…宰臣の勢に拠りて、官司の上に処《お》る。故《か》れ進退廃置、計従ひて事立つ、云々。」とあり、これら人びとの中天皇の外戚阿部内麻呂を除いて、いずれも蘇我打倒のための実行者が含まれている。かくして大化改新のための中央の官僚がここ

に任命を見るに至った。

「乙卯、天皇、皇祖母尊、皇太子、大槻樹の下に群臣を召集めて盟わ(ママ)しめたまふ」。

そして皇極天皇の四年を改めて大化元年とした。

「大槻樹」が神聖の木であることは、いうまでもないところである。明治天皇も明治元年三月一四日公卿諸侯等を率いて、紫宸殿に出御、天神地祇を祭って、五事を誓約され、参列の公卿および諸侯は、参拝の後、奉答書に署名して、その遵奉を誓った。[1]

大化元年七月庚辰「蘇我石川麻呂臣奏して曰く、先づ以て神祇を祭鎮めて、然して後に政事を議る可し」となし、八月丙申朔庚子、「東国等の国司を拝す。」そして国司等は、「天神の奉け寄したまひし随に、方今始めて万国を修めむとす。凡そ国家所有公民、大に小に領れる人衆を、汝等、任に之りて、皆戸籍を作り、及び田畝校《かんが》へよ」等となし、かの「公地公民」の方針が決定された。倭六県に対しては、戸籍を造り、田畝を校することを命じた。鐘匱を朝廷に設けて、訴を受理し、第一次には伴造、尊長、第二次には朝廷において処理することにした。この制度が中国[2]によったとしても、天皇の直接支配への途を開かんとしている。その他良賤男女所生の法等を定め、大化改新の実施のための準備が着々と行われた。

大化改新は大化二年から五年の間[3]に、主として行われたようであり、大化の「改新の詔」が、二年春正月甲子朔に下され、四項目に及んでいる。わたくしの立場からは、その「一」が最も重要視されなければならない。この項は、「私地私民の止揚」であって、公地公民化にかかっているからである。

ここに天皇は日本全土における、始源的支配権を止揚し、人民を直接支配の下に置き、「領土権」を設定するに至った。言葉をかえていうと、ここに「日本国家」が成立したと解さなければならない。

孝徳天皇紀二年正月甲子朔の条における第一の詔は

> 昔在の天皇等の立てたまへる子代（名代が脱漏しているかもしれない）の民、処々の屯倉及び別に臣連、伴造、国造、村首の有《も》てる部曲の民、処々田庄を罷めよ、仍りて食封を大夫以上に賜ふこと各差有り、降りては布帛を以て官人、百姓に賜ふこと差有り。又曰く、大夫は民を治なしむる所なり、能く其の治を尽すときは、則ち民頼る。故《か》れ其の禄を重くすることは、民の為めにする所以なり。

であった。この詔における「収公」の法的意義[4]を現代法学的には知ることができないようである。すなわち当時においては、現代法学におけるような公法、私法という概念も認められてはいなかったからである。

「収公」をもって領土権の設定を解し、土地所有権が国有・公有・私有といった区分に基き「無主ノ不動産ハ国庫ノ所有ニ属ス」（民法第二三九条第二項）の如き見解をとるときは大化改新における「私地の止揚」の意義は、これを全然明らかになすことができない。国有地の貸付または信託に対する地代の徴収は私法的に、私有地からの公納は公法的になされるということが如きことも、全然区別され得なかったであろう。

この「収公」が現代法学的に、「土地収用」による国家の所有権の「設定」にあったのかなかったかを知ることができない。だがこの収公に際して、一種の「補償」がなされている。大夫以上の者には「食封」が賜与され、宮人・百姓には「布用」が賜与されている。

大化二年正月の詔の三には田租、四には調、仕丁釆女、庸が詳細に規定されている。これらの本質を理解するがためには、口分田という難解な問題を解明するの外、国有と天皇の私有等の区別の不存在等もあり、旁《かたがた》これらの公課が純然たる公法的なものか、また私法的のものが包含されているかを、恐らく解明することができないであろう。これを要するに大化改新によって人民に対する天皇の直接支配が樹立され、領土権が設定されるに至ったと解すべきであろう。

孝徳天皇紀二年三月壬午の条によると、皇太子奏請して、次の如く述べている。その中で

> 現為明神御八島国天皇臣に問ひて曰く、其の群の臣連及び伴造、国造を有《も》てる、昔在天皇の日に置きける子代入部、皇子等私に有《も》てる御名入部、皇祖大兄の御名入部（彦人大兄を謂ふ。）及び其の屯倉は、猶古代の如く置かむや不や、臣即恭みて詔る所を承けて奉答へ、曰さく、天に双の日無く、国に二の王無し。是の故に天の下を兼ね併せて、万民を使ひたまふべきは、唯天皇のみ、別に入部及び所封民を以て、仕丁に簡《えら》び充てむこと、前の処分に従はむ。自余以外は、恐らくは私に駈役はむことを。故《か》れ水入部五百二十四口、屯倉一百八十一所を献る。

とあり、これには豪族の私地私民（部曲・田荘）が包含されず、また「自余以外は、恐らくは私の駈役はむこと」を《（ママ）》が記されている。

二年八月の癸酉の詔の中で、品部が廃止[5]さるべく、「今之御寓天皇より始めて、臣連等に及ぶまでに、

所有品部は宣しく悉に罷めて国家の民と為せ。」と述べられている。

なおこの詔の前段において、かの「男女の法⑥」を改めて、母系制から父系制への推移が促進せしめられたことも、決してみのがされてはならない。

更に三年四月壬午の詔において、後に述べられるように、君と民の距離化が強調されている。すなわち神名王名が尊重され、濫用されてはならないとしている。

大化改新によって天皇デスポット制の樹立が決定されたものの、果して天皇の「親政」が行われ得たであろうか。そこで「令」による天皇の意思表示の形式が述べられるであろう。「公式令」により、「詔旨式」と「勅旨式」が定められ、令義解によると、「詔旨」と「勅旨」は綸言であって、臨時の大事は「詔」、尋常の小事は「勅」とされた。

詔書式は外国に対するもの二、内国に対する三であった。

外国に対するもの

Ａ　明神御宇日本天皇詔書 謂以大事宣於蕃国使之辞也 云々咸聞

Ｂ　明神御宇天皇乃詔旨 謂以次事宣於蕃国使之辞也 云々咸聞

内国に対するもの

い　明神御大八洲天皇詔旨 謂用於朝廷之大事之辞即立后皇太子元日受朝賀之類也 云々咸聞

ろ　天皇詔旨 謂用於中事之辞即任左右大臣以上之類也 云々咸聞

は　詔旨 謂用於小事之辞授五位以上之類也 云々咸聞

天皇は

年月日御画日

中務卿宣　中務大輔奉　中務小輔行

とし

太政大臣、左右両大臣、大納言等言

すことになっていた。

詔書如右、請奉詔附外施行謹言

年月日

可、御画

更に天皇は可を書し、「右御画日者、留中務省、為案、別写一通印署送太政宮、大納言覆奏　画可訖、留為案、更置一通誥訖施行」の二段階の行為を要した。

勅旨式　勅旨云々とあり、その施行の方法は詔旨の場合と全く同一である。

このように詔旨および勅旨は全く形式的なものであり、太政官における執務方式と相待って、天皇の支配は全く形式的⑺となり、親政の余地はなかったようである。日本国憲法における天皇の親署認証に類するものがあり、他に権力者の出現を容易ならしめた契機がここに内在していた。

（1）「日本憲政基礎資料」渡辺幾治郎編（昭和一四年）三五頁
（2）井上光貞「大化改新」一三四頁
（3）井上前出一三六頁
（4）石井良助「大化改新と鎌倉幕府の成立」一八頁
（5）井上前出二三五頁
（6）洞富雄「日本母権制社会の成立」二三六頁
（7）猪熊兼繁「法史学」（一九五一京都）九二頁、関晃「大化改新と天皇権力」（歴史学研究二二八号—五頁）

C　日本国家の成立

国家の成立（Entstehung）に関しては、すでにしばしば述べられた。ここでかの Hans Kelsen の純粋法学から国家の成立が解明され得るかに関して、一言することも、あながち徒事ではないであろう。ここでは Peter Badura[1] の解説するところによって述べられるであろう。

Kelsen の学説によると、国家の成立と存続は、規範的な観察にとっては、法秩序の創作と実証性（Positivität）である。それ故国家の成立の解明は、なんらかの存在事実からではなく、更に一つの規範からのみ解答されることができる。その規範とは、国家的法秩序に属することができず、国家、とくに憲法の妥当、実証性を正当化するものである。従って国家の存在基礎は、最高に妥当するものとして前提される規範•「起源仮説」に存する。この仮説からのみ、憲法法律の創作手続が決定される。一つの国家がそれぞれの場合において国家的秩序を国際法において存在する根本規範に還元せしめるときにおいて、国家的秩序が妥当するので、一の国家が存続する。国家成立の問題は、純粋法学にとっては、国際法的な承認手続の問題である。承認は個々の国家の個々の意思表示によらないで、一般の規範によってなされる。その内容としては、「国際社会の意味での一国家は、一定の地域における人間に関する独立の支配権が、成立したときにおいて存在する」ということがあげられる。このような形式的なものから、それで国家の成立が国内的領域におけるように、結合の形成・承認規範の構成要件を有効性、社会学的なものが形成するが如く、一つの法問題となる。「一定の事実的な事情が生じたときに、国家が存続する」という申立ては、「国家が有効であるときに存続する」ということを現実において意味する。有効性の「法原則」が、国家の成立と没落を規律し、そしてそれで事物に従って、Kelsen にとっても、社会学的な国家学における様に、その出発点が同一である。さもなくば形式的な規範ピラミット《(ママ)》に関する構造が、特別な発明的(heuristisch)な進歩を包含することになる。

なお明治憲法の崩壊まで、妥当していた、かの「国体」は、Kelsen の「根本規範」に包含され得たであろう。Kelsen 法学においては、[2] 法妥当の根拠を metajuristisch な原則において求めないで、「根本規範」の法的仮定——事実的、法的な思惟の論理的な分析によって設定される——において求める。この仮定は法を社会的な現象として認識するが、規範的な社会概念の基礎の下においてなされ、すべて法内容において、注がれる因果律的に把握され得る、政治的、歴史的、社会学的な所与、とくにすべての目的論的な考慮をたちきってなされる。従って国体をもって、国法上至上のものとして、なんらの批判をなさず、説明するがためには、この Kelsen 法学は、わが国の当時の要請に対して、最もよく妥当したということができるであろう。

大化改新が「社会革命」[3]であるか、ないかに関して、従来劇しく論争されている。わたくしの立場からは、大化改新は天皇にとってはヤマト国家から日本国家への推移であって、憲法制定権者の変更がなかったから、「革命」とは解さない。

天皇とは関係なく、幷存していた、いくたの始源的な支配権者にとっては、正しく「革命」を値したであろう。

かくして日本人は、天皇から憲法制定権を否定され、そのデスポット化によって、原初時代・黄金の時代において、自由、平等と同胞性で始められた、「自然法」と「人間性」の否定[4]が始められるに至った。その回復のためにわれわれ日本人は、千数百年の年月の経過を待たなければならなかった。

大化改新が、一つの「社会革命」であったか、なかった［か］の検討は、当時の社会構造、生産関係および生産方式等の研究を必要とし、わたくしの任とするところではない。

日本国家における天皇の支配の「内政的正当性」は、ヤマト国家におけると同質であるばかりか、天皇はやがて現神性を確立するに至り、この現神性を有する天皇のみが、国民の同意の下に正当の支配者たることを確認されるに至った。

日本国家のかの「外政的正当性」は、大化元年七月において、高麗、百済、新羅、任那から調が進められ、これらの使臣に対して「明神御宇日本天皇の詔旨」が宣べられている。

四年五月朔には、かっての上級国家であった中国、当時の大唐に「大使」、「副使」等が差遣されている。また他の一組の「大使」、「副使」等が送られている。これらの使節がかの「外交的正当性」の取得に関係があったのかもしれないが、紀からは知ることができない。

旧唐書倭国日本伝によると、(貞観)「至二十二年(大化四年にあたる)又附新羅奉表、以通起居」、とあるが、紀のさきの記載に通ずるのかもしれない。その後しばしば唐に使が遣わされている。その中に「朝貢」等の記載があり、唐国はなお上級国家としての意識を有していたようである。更に「日本国者倭国之別種也。以其国在日辺、故以日本為名、或曰、倭国自悪其名不雑、改為日本。或云、日本旧小国、併倭国之地」との記載も存している。

日本という国号は、唐書倭国日本伝中においても見えている。推古天皇の朝廷が国書を隋に送る際に、「日出処」または「東」を用い、これが国語の「アヅマ」であったであろう。日本という国号の起源に関しては、種々論争されているが、ここに省略する。「日本」が公式の用語[5]となったのは、大化改新以後のことであろう。

(1) Peter Badura, Die Methode der neueren allgemeinen Staatslehre Erlangen 1959. S. 148.
(2) Badura 前出一四〇頁
(3) 上田正昭「日本古代国家成立史の研究」二二四頁
(4) Ernst Troeltsch, Deutscher Geist und Westeuropa Tübingen 1925. S. 8.
(5) 白鳥「神代史の新研究」四一二頁等

は　天皇の神格の形成と保続

Ａ　皇位への選挙、血液権の形成

天皇の地位の継承は、決して単純な法則に従って決定されてはいなかった。旧皇室典範に規定されているような皇位継承が規定されるまでには、いくたの世紀を経過しなければならなかった。現にフランス憲法の下においても、フランス革命の結果制定されるに至った一七九一年憲法において、始めて原則的に「長子相続権」（Primogenitur）が確定された。[1] これと同様にわが国においても、長子相続権は旧皇室典範によって始めて確定[2]されたということができる。

日本書紀によると、かの中州平定の議において、何人をもって「葦原中国の主」となすべきかに関して、高皇産霊尊八十諸神を召し集めて、議せしめ、その「決定」に従って派遣者が決定されている。そこで多くの「神々」が遣われたが原住民と妥協して復命しなかった。終にホノニニギの尊が降臨されるに至った。いくたの「一書」において大同小異の記載が存するも、ここには、その一々に関しては省略する。

すでに述べられたように、原初的な共同体においては、権威および権力は、常に共同体に内在しており、その中から権威者または権力者が選出されていた。このような事態がわが国においても妥当するとなされなければならない。

西欧において、一七世紀における、完全に発展した、「神の恩寵」[3]（Gottesgnadentum）の理論は多くの全く異り、自由に歴史的に合成したものを結合している。(一)君主的統治形態の唯一の資格（君主主義）、(二)唯一の君主の、特別の、人間的な影響から独立し、譲り渡すことができない統治権への信仰、これは（い）（正当または正統主義的な）出生権および（ろ）君主の特別な（神的な聖別）神的性格によって生ずる。(三)無制限性と最もよく類似する結果をもってする。《ママ》支配者の無責任制の主張（絶対制）が包含されている。

このような理論が明治憲法の下での「国体論」の強化に関して、必ずしも影響がなかったとはなし難いであろう。

記紀から一々の引用がなされるまでもなく、皇位継承に関する法則が予め確定されてはいなかった。上代においては、天皇の子孫が国土を分割相続する慣習[4]が存在していた。これに関する事例は記紀から容易に知ることができるから、ここに省略することとする。石井良助[5]によると、「太古における国土（統治権）の分割相続の慣習」が「想定」されるが、「記紀に見える時代では、分割相続はすでに一般的には消滅している。すなわち単独相続に移っている。」「しかし、分割相続の形式だけは残存して、天皇は皇子の中より、二人または三人のひつぎのみこを定めておく慣習であり、天皇崩御後は、その中一人が、単独に相続したのである」。

原初人たちにおける、相続概念[6]のすべての特徴は、群が、各個人の死に際して、かれらの高権を行使することにおいてなりたっている事実から出ている。かってのIrokeseの慣習において[7]、死者の財産は他の氏族員に帰し、その氏族内に止まらなければならなかった。一人のIrokeseが死後に残すことができた、顕著ではない物件は、氏族親近の間において分割して遺産相続された。一人の男子が死ぬと、その肉身の兄弟、姉妹およびその母の兄弟が相続し、一人の女子が死ぬと、その子供たちと肉身の姉妹が相続し、その兄弟には及ばなかった。それ故男子および女子は相互に相続することができず、子供は父親から相続することができなかった。

上代の天皇ファミリーにおいても、このような慣行が存在していたのではなかろうか。すでにしばしば述べられているように、天皇ファミリーは「母権的」(mutterrechtlich)に構成されており、しかも記紀が多分に「父系的」に記述されているために、このような慣習が、あたかも父系的に成立したかの如く理解されるに至ったのではなかろうか。言葉をかえていうと、女子に関する相続に関する記述が存在せず、男子に関するもののみが残存せしめられている。そして天皇の子孫の分割相続は、母権制から父権制の過渡期において残存し、漸次廃絶に帰するに至ったのではなかろうか。

神武天皇から開化天皇に至る、皇位継承はここに暫く措き、崇神天皇および垂仁天皇が「入彦」であったことに注目しなければならない。

仁徳天皇の即位に際し、太子菟道稚郎子と大鷦鷯尊の間に皇位の譲りあいがあり、「皇位空しくて既に三載に経りぬ」と記載されている。太子の自殺によって、大鷦鷯尊の即位があり、これが仁徳天皇である。

履中天皇の即位に際して「異変」があった。仁徳天皇の死後、皇太子(前天皇の太子)が妃となさんとする黒媛が住吉仲皇子によって奸され、仲皇子が太子を殺すべく決意し、太子の宮を焚いた。その後仲皇子は遂に殺され、皇太子が即位した。

反正天皇は履中天皇の同母弟であった。允恭天皇は反正天皇の同母弟である。この天皇の即位に際しては、「群卿の議」が行われている。群臣の推戴を固辞したが、再び天皇の璽符を上られ、即位するに至った。

安康天皇は允恭天皇の第二（または三）子であり、太子暴虐の行あり婦女を淫けた。群臣太子に従わなかった。遂に太子は自殺し、穴穂皇子が位に即き、安康天皇となる。

雄略天皇は允恭天皇の第五子であり、即位に際し、皇族の間に、いくた殺傷が行われている。

清寧天皇は雄略天皇の第三子であり、吉備稚媛その幼子黒川皇子を、「天下之位」に登らせようとしたが、遂にこの皇子は「火を縦《つ》け燔殺」されるに至った。

この天皇の二年二月、「天皇、子無きことを恨みたまひて、乃ち大伴室屋大連を諸国に遣し」た。播磨国で、市辺押磐皇子の子億計、弘計を見出すことができた。

顕宗天皇は履中天皇の孫、市辺押磐皇子の子である。安康天皇の三年市辺押磐皇子が雄略天皇のために殺され、天皇億計王とともに逃げ隠れるに至った。遂に二王が見出され、皇太子億計王、天皇と位を譲りあい、天皇の姉飯豊青皇女「臨朝秉政」す。「元年正月朔大臣大連等奏して」「兄の命を奉けて、大業を承け継が」れた。

武烈天皇は億計天皇の太子である。後者の死後「大臣平群真鳥臣、専ら国政を擅《ほしいまま》にして、日本に王たらむと欲す。太子の為にと陽《いつわ》りて、宮を営《つく》り了りて、即ち自ら居《す》む。触事に驕慢りて、都《すべ》て臣節無し」、そして太子の妃たるべき影媛は真鳥大臣の男鮪に奸された。このような態度は、後の蘇我氏のそれと、全く同一であり、当時勢力を有していた「平群臣」は、かの「臣」であった。従って天皇からは独立していた「よそ者」であって、天皇に対して、独自（始源的）の支配権を主張せんとしたのかもしれない。皇太子大伴金持と謀り、鮪、影媛および真鳥を順次殺した。金持皇太子に対して、「政を太子に反し尊号を上らむ」と請うた。

継体天皇前紀によると、武烈天皇が死し、「元より男女無くて、継嗣絶ゆ可し」とあって、仁徳天皇の血統が、この天皇で絶え、応神天皇の五世の孫と称する男大迹王（継体天皇）が、越前から迎えられ、即位するに至った。

この継体天皇に関しては、津田左右吉、林屋辰三郎、直木孝三郎[8]等の研究が存しており、ここではその成果の一端が紹介されるであろう。

武烈天皇には近親がなかったとして、遠い傍系から、その後継者を迎えなければならないほどであったかが、疑問[9]とされている。

直木孝次郎は、継体天皇の后妃[10]から、この天皇が大和の勢力よりも、地方の勢力との関係が密接であったことを立証している。すなわち近江、尾張、河内の地方との関係があった。そして大和の勢力との密接な関係は、大和以外の勢力との結び付きよりも、後れて成立したものであろうとしている。

これが、いいかえられると、継体天皇が大和に入る前に、すでに近江、尾張の地方の勢力を背景として、大和勢力と対立し、その期間が相当長い間継続し、その後大和に入ることができたのではないかとしている。

この天皇の治世には任那をはじめとする朝鮮問題、屯倉の設置、筑紫国造磐井の叛乱などがあった。そして継体天皇紀二五年の条の註にある、百済本記の「又聞、日本天皇及太子皇子供薨」から、なんらかの事件が生じたであろう。これが林屋辰三郎によると、「辛亥の変」[11]である。

これは継体天皇の大和入りに長年月を要し、后妃関係が複雑であったことから理解されるのではなかろうか。この天皇につながって、いくたの権力抗争があったことが示されているようであり、「皇位継承」に関する法則が確立していなかったことを明らかにしている[12]。

畿外を根拠とする屋張連系の安閑、宣化の二天皇が即位し、次いで仁賢天皇を父とし、春日臣の女が母である手白香姫を母とする欽明天皇が、即位している。すなわち大和勢力を背景とする、この天皇が即位したことによって、継体天皇をめぐる、大きな勢力の抗争があったことが現われている。

継体天皇紀によると武烈天皇の死後、大伴金持大連議って丹波国桑田郡にあった、仲哀天皇五世の孫倭彦王を天皇となさんとしたが、かれはそれを辞退し、いずれかに逃亡して行衛が分からなくなっている。継体天皇の場合にあっても、大臣大連等の推戴の結果即位したものであって、決して皇位継承の法則の予めの決定によったものではない。安閑天皇の死後「嗣無し。群臣剣鏡を武小広間押盾尊に上りて、使即天皇之位焉」。

なお辛亥の変に当って[13]、継体天皇の死に先き立って即位したのは、安閑天皇ではなく、欽明天皇であり、ここに「両朝並立」があったとなされている。これは大伴氏に代わって新興の勢力蘇我氏の推戴によってなされたと解されている。

以上皇位継承に関して、当時長子相続による、継承法が定められていなかったことが分明するであろう。天皇の祖先が原初的な共同体にあったころには、もちろん「選挙」によって支配者の地位についたであろう。その後の経過によって、いわゆる「血液権」（Geblütsrecht- kin-right）が生じ、同一の血統に属するものが、皇位に関して、「同格」（Ebenbürtigkeit）を生ぜしめたであろう。このような同格者の中からの、皇位継承者の決定に関しては、衆議の決定に委せられることになり、すでに述べられたところによって立証されている。なお皇位への選挙の痕跡は後に述べられる即位式または大嘗祭における参列者の「拍手」または「万歳」の発声において求めることができる。そして天皇の神格の取得も、これらの儀式または祭儀によってなされている。

ここでゲルマンの君主たちに関して、一言することも、興味あることであろう。ドイツの中世初期の支配者は、単純な人的相続権によって、「王位」（Thron）にはつかなかった。支配者は通例一定の、生れつきの継承権またはその素性の、優遇された王位継承能力を有していた。しかし人民たちは、支配者を、法的に有効に王位に招いた。すなわち支配能力を有する部族の構成員の中から、最も近い資格者または最も適当な者を選んだ。支配者の昇位への人民またはその代表者の関与は、本来の選挙とすでに指定されていた支配者の単なる承認（受れ入れ）の間を動揺していた。しかし少くとも全体が法形式的に王位につくことに同意し、新しい支配者に対して、支配における、儀式的な導き入れに参加した[14]。

支配者と自由に選ばれた官吏の差異は、王位継承権が、個々の支配者の、それではなく、大体一つの支配血族のそれであった。

この血族の請求権――「血液権」は、個々の支配者に対して、人民投票の側において、独立な、主観的な、Ius ad rem を付与した。この血族――個人のみ――が王位に受け入れられるのではなく、異常の場合には新規な血族からの一人が、支配者となるところでは、それで新規の王血液が存続し始める。新しいファミリーからの王たちは王統建設者として配置される。（すでに述べられたように、ヤマト国家では血液権は母系的に相続され、父（男）系的にはしばしば血液の交替があったようである）。ドイツ語の König という言語は、もともとはゲルマン語の Kunis に還元され、「血統者（Geschlechtsherr）の血筋」を意味し、支配的部族の、すべての構成員が「王的」（königsmässig）[15]である。（わが国では、天皇のもともとの称呼は、すでにしばしば述べられたように「キミ」であり、天皇が母系的に関係があった磯城氏が、いた「シキ」の「キ」またはこの氏族が礼拝していた「木」の「キ」から生じた）。

王位継承権と選挙権の、このような混和の起源は、原初時代の暗黒の中に埋れている。（このような現象は、わが国においても、同様である）。その後の一々の経過に関しては、ここに暫く措くこととし、血液権から王位継承権への変遷並びに即位に際しての協力の排除およびその空虚化に関して[16]述べられるであろう。

（一）　もともとは、支配的なファミリーの、すべての構成員には、同様に王位継承能力があったばかりか、同様に継承の正当性があるとなされていた。これがかの「同格権」である。このようなことは、Merowinger 王家の下では全く時折り、国法的な原則として語られていた。このような継承思想の過剰は、今や存在しなくなった。少くとも国王のすべての直系、男系的な子孫の直接王位継承権が生じ、国家（Reich）を血液遺産の下に私遺産のように分割する。Merowinger 王家の慣行が、この原則を仕上げるようになってきた。フランク王国の政治的な単一性は、分割によって止揚もされなかった。

（二） Karlinger 王家の没落以来個人相続の思想が、一国王のすべての男子の相続について談られていたような、私侯的（privatfürstlich）な傾向に打ち克った。やがて「長子」、「年長」、「長子相続権」（Majorat, Seniorat, Primogenitur）の相続形態が生ずるに至った。

個々の君主の具体的な国家的支配権が、血液権と国民選挙の結合によって生じた。そこでは未だ神政的な義務は語られていない。教会は抽象的、神政的、君主的な原則と個々の支配者の、主観的な支配請求権の結合をつくった。これは教会が一定の個々の支配者の統治権を「聖別」（Weihung）することによってなされた。教会は君主を地上における、現実に神の地位を代表するものとした。[17] ここに西欧の君主の神性と日本の君主のそれの差異が、明確に認識されなければならない。前者は世界宗教的な絶対的な超越性の下における、神性に基礎づけられ、後者は部族または民族宗教的な相対的な超越性しかを有しない、原初的な神性によって、権威づけられていた。

（1） Fritz Kern, Gottesgnadentum und Widerstandsrecht im früheren Mittelalter Münster-Köln 1954. S. 39.

（2） 伊藤博文「帝国憲法皇室典範義解」（国家学会刊行明治二二）一四七頁では、「祖宗以来子孫直系相伝ヘ長幼序ニ従フヲ以テ天位継承ノ正法トス」となされている。

（3）Kern 前出三頁

（4）石井「大化改新と鎌倉幕府の成立」五四頁、上田「日本古代国家成立史の研究」五四頁

（5）石井前出五六頁

（6）Radin, Gott und Menschen der primitiven Welt S. 283.

（7）Friedrich Engels, Die Ursprung der Familie, des Privateigentums und des Staats.（Reclam）S. 105.

（8）林屋辰三郎「律令国家の成立」（古代国家の解体―一九五五）、直木孝次郎「継体期の動乱と神武伝説」（日本古代国家の構造）、藤間生大「いわゆる『継体、欽明期の内乱』の政治的基盤」（歴史学研究第二三九号）

（9）林屋前出一五頁、直木前出二四九頁

（10）直木前出二五三頁

（11）林屋前出一九頁

（12）直木前出二五四頁

（13）林屋前出二三頁

（14）Kern 前出一三頁。なお Kern の本著には、Kingship and Law in the Middle Ages Oxford 1948. の英訳文がある。だが本著では独文のものから常に引用されている。Heinrich Mitteis, Die Krise des deutschen Königswahlrechts München 1950 等がある

（15）Kern 前出一五頁

（16）Kern 前出三三頁

（17）Kern 前出四五頁

B　皇位継承の仕方

天皇支配の初期においては、かの二元性が顕著に現出していたために、それぞれの地位が、いかに

継承されたかに関しては、それを知るに由もない。

天皇の相続に関する法則が、厳格に規定されていなかったために、皇位継承の開始――「践祚」が、いつ行われるかに関しても、必ずしもそれを明確には知ることができなかった。皇位の継承は「天皇の死」、「譲位」と「廃除」によって開始された。

（一）天皇の死　天皇の死に関しては、その自然死に関する限りは、それを問題とするに足らない。天皇の死が「殺害」によって行われたことがしばしばあった。これは後に述べられる「天皇の廃除」に関連するであろう。その中でかの「君主殺」（Regicide）に関し、わが国において行われたか、なかったに関しても、後に譲られるであろう。

（二）譲位　神武天皇から、二五代の間には、「譲位」が行われなかった。安閑天皇前紀二五年二月丁末の条に、継体天皇が大兄を立て、天皇（安閑）としたとある。書紀集解よると、これが「譲位」の始となされている。その後九代を隔て、皇極天皇紀四年六月の条によると天皇が位を軽皇子に譲っている。以後譲位がしばしば行われるようになった。

（三）天皇の廃除　まず第一に、人民の抵抗権に基く君主の廃除に関して述べられなければならない。中国における「天」の観念も、部族の長の雨司的性格の喪失からする、その殺戮が生じたとされている[1]。

三国志魏志一巻三〇東夷伝夫余四部叢刊本によると

旧夫余俗、水旱不調、五穀不熟、輙咎於王（欠字）［輙帰咎於王］、或言当易、或言当殺。

とあり、隣接の、わが国において、このような習俗があったであろうか。わが国においても、このような慣行が、説話の中に語られているとなす者がある。(2)

このような君主殺は、世界の至るところで行われており、かのFrazerのThe Golden Bough等をここに一々引用するまでもないであろう。君主はもともと神性を有するか、または神性を有すべく、本人の内在する素質のために、人民から選ばれた。(3)王位が世襲となっても、選挙、選出は存続していた。神人（王）が強健であり、活気に満ちている限り、魂（the spirit）も強健である。そして同時に崇拝者たちも繁栄する。しかし王が病弱の徴候を示すか、または老衰し始めると、魂も同様に衰弱しないように、衰弱する身体から、とり去るべき方策がとられる。すなわち魂が死ぬと、人民たちを衰滅するであろうと考えられた。このような重大な不幸を防止するために、「神人」が殺された。ここに解放された魂が、新規なかつ強健な身体に移されることになる。神人は人民の面前で、宗教的儀式によって殺され、死体は断裁され、国中に分配され、葬られた。かって魂を有した身体はなおも豊饒を生ぜしめるものと信ぜられた。(4)

宗教は静的なものではない。時の経過とともにこの基本的な信仰が変化せしめられるに至った。耕作の豊凶ばかりでなく、暴風、洪水、旱魃、地震、疫病等に関しても、神人の責任が問われるに至った。(5)更に支配者の不法、その精神的または身体的な無資格の外に、卑怯または政治の拙劣、血液権またはその他の正統性の欠缺、人びとが凶作または戦敗から放たれた神の怒りが、支配者の犠牲を弁護し、または促進するに至った。(6)

やがて国王が殺される年または月までも定められるに至った。しかし賢明な王または勇敢な王の場合には、そのまま施行もできず、「代理者」が選ばれた。そして国王の意思または捏造された廉に基く裁判の宣告によって殺された。(7)

神聖な犠牲者――国王またはその代理者が殺されるのに、四つの手段がとられた。

（一）流血（bloodshed）　この手段は、血液が地上に注がれなければならないためにとられた。これが、最も通例なものであった。

（二）焼殺　死灰が集められ、畑にまかれなければならない。この手段はイギリスでは行われなかったが、スコットランドやフランスでは行われた。

（三）窒息の、なんらかの手段（asphyxiation）　通例絞首の手段がとられた。この手段は国王の代理者に対してのみ行われ、国王に対しては行われなかった。

（四）毒殺　これは稀れにしかとられなかった手段であり、しかしたしかにイギリスでは時々行われた。(8)

わが国(9)において、「君主殺」があった［か］なかったかは、これを直に記紀等からは知ることができない。記紀等に存する「天皇殺」であって、その政治的事由に基くものは、いくた存しているが、あるいはこの中にかの君主殺も包含されているかもしれない。なお天皇の「急死」なども「君主殺」に関して研究さるべきであろう。天皇の地位が二元的であったことも、この問題の解明を著しく困難ならしめている。

（1）小島祐馬「中国の革命思想」三二頁
（2）川添登「民と神のすまい」一一四頁、一二五頁
（3）Margaret Alice Murray, The Divine King in England London 1954 p. 19, 27.
（4）Murray 前出二八頁
（5）Murray 前出三〇頁
（6）Kern, Gottesgnadentum und Widerstandsrecht S. 146.
（7）Murray 前出三一頁
（8）Murray 前出三八頁
（9）Murray 前出七一頁には、天皇に関する、Kaempfer（History of Japan I,（1727）p. 150）の記事があり、かの毎朝行われている、the toilet ceremonies につながっているのかもしれない

C　神格の取得

1　概　説

天皇はもともと人間であり、人間でもあり、神でもあることによって、そのデスポットたる、一要因を具備するに至った。だがその神性の取得が繰り返し行われたことが、とくに注目されなければならない。

君主の神格取得のために、「塗油式」[1]が行われている。この式（annointment-Salbung）は、もともと油の生産が豊富な国々で始められている。イギリスのような寒い国では、動物の油しか用いられず、従って植物性の油は、貴重なものであり、このような現実は、改宗者たちに対して、魔術的な影響力

を有し、その使用は特別な儀式に限定された。

国王の塗油の早期の記録は、オリーブの豊富な産地――パレスタインから求められている。塗油は地中海地方で、非常に古い時代から慣行となっていたようである。

イギリスの、国王の神聖化のもっとも原初的な形態は、非常に単純なものであったようである。国王は「歓呼」(acclamation) によって選挙され、裸にされ、神が内在する「聖石」の上に座する。神がすべての豊饒の絶対的な授与者であり、その力が神の人間的代表者に対して「接触」によって移譲するから、国王の性器等が、聖石に物理的に接触しなければならないことが欠くべからざることであった。このような慣行は、アフリカのある地方では二〇世紀の始めでも、なお残存せしめられていた。なおすでに述べられたように、「聖石」は、一つの王座 (throne) として用いられた。王座の重要性は、インドにおいても重要視され、イギリスでも聖石に関して、多くの奇蹟が語られていた。

異教徒にとっては「王座」につくことであり、キリスト教徒にとっては「塗油」であった。どの場合でも、外面的な、物理的な方法であり、それによって神が人身に入り、この人体が神から生命を与える力を得、このような人間が人間でもあり、神でもあった。[2]

キリスト教が受容されたときから、はるか古い時代に、「神聖な身代わり」(divine scapegoat) の理論が、形成された。それによると、人民のために、死の神聖な人間への信仰であり、この人に対して神が、すべてのものの罪悪を負わせる。それ故選ばれた人が、「位に即せられ」(enthrone) るかまたは「塗油される」かによって、神となさしめられると、この人間は神となるばかりでなく、塗油された儀犠牲者となる。この理由によって、国王は完全な裸体となされ、人民が生存し続けることができるならば、いつでも死ぬとして、神の前に、ただひとりで、人間として立つ。かれは、もともとその身体の顕著な、すべての部分に塗油される。かくしてかれはその身体のあらゆる部分について、神に捧げられ、そして類推によって、心も精神も、神と国民に捧げるとなされた。塗油が終ると、すべての参列者が退き、裸体で、塗油された人間を、ただ一人そこに残しておく。これが儀式の最も重要な瞬間であり、神性なものと、人間的なもの——神と人間の神秘的な結合が行われる。

塗油が終ると、「著衣」、「王座に着席」、「戴冠」が行われる。国王として「笏」(sceptre)をもち、「王冠」をいただき、王座につくと、臣下たちは跪いて、国王に対して忠誠をささげる。だが国王が人間としての栄光の頂点に達すると、かれも知り、人民が知るが如く、神聖な犠牲として死ぬべく塗油された人間として存する。

「笏」は君主の権力の象徴であり、古代の国王によって所持されていた。その起源は一つの棒であったであろう。動物を処理し、僕婢または奴隷を指揮しまたは打ちこらすために用いられた棒または杖であり、これが直に「権力の象徴」となった。

ここで一々文献を引用するまでもなく、古代エジプトでは、非常に早くから、棒が支配者の有形的な象徴であった。すべての男性の神々は、一つの棒を携えているので、現われた。古代国家では、支配者が魔術的、神的な力を有しているとされていたから、そのすべての所持品は、右のような素質を有するものとなされていた。それ故国王の笏は、魔術者の有する棒以上の力があり、丁度それが神に属しているが如く、国王に属しており、単純な人びとが有する棒よりも、遙かに大きな力が与えられていた。ある場合には、国王の笏で、議会で議決された法文に触れ、それで法律の裁可があった。即位式では国王が塗油され、王座についた後――異教的――キリスト教的な祭儀によって、国王が真の国王であり、生命の授与者となった後で、始めて国王は「笏」を受ける。

比較的後の慣行ではあるが、「天蓋」(canopy)によって、国王の神性が強調される手段の一とされた。天蓋は最初塗油式に際してのみ用いられた。後には現実の聖別式(sacring)に際し、国王の上にかかげる特権が、この特権を主張する人びとによって劇しく支持された。神が宿るものを蔽うために、天蓋を用いる慣行が今日でも行われている。

「王冠」[3](crown)の重要性は、世紀の経過とともに増大した。王冠はもともと最も重要なものであった。その後塗油が、国王の聖別と即位式での、重要な行事となり、比較的近代に至るまでは、王冠は国王および王位と同一視されなかった。神聖な人間が、その神性を表現すべく、常に著用しなければならないものがある。頭に著用するのが、最も効果的であり、金属製の王冠は、中期銅文化時代から著用されていたようである。真の戴冠は、イギリスでは、即位式における最終的儀式である。すべての参列者は、王冠を戴く者が、既に聖別され、神化されたことを、戴冠によって知ることができる。

即位式に続く「戴冠式宴」は、即位、塗油のように、全体の儀式中の一特徴をなし、これは国王が「食物の供給者」であることを示している。この慣行もかの地母神の礼拝にまで還元することができるであろう。

「歓呼」――同意の発声――Akklamation の国法的意義は、古代ローマ時代において明らかであった。皇帝時代の初期において、「歓呼」は法的意見の表現方式であった。それは表決および重要な決議に際して用いられた。また皇帝の樹立およびその式典的祝福に際しても同様であった。それは「権利設定的」(rechtskonstitutiv)であるか、または「宣言的」(deklamatorisch)であった。このような法的意味が、ローマ帝国の領域内においても、引き続き数世紀間存続せしめられた。「議決」、「選挙」、「布告」、「宣誓」の方式に用いられたばかりか、それから生ずる継続的な敬意の表示に用いられた。(4)

ローマではもともと国権は、法的に人民の手中にあった。そして元老院は人民代表として、この権利を行使した。そこでは歓呼的な仕方が、少からぬ役割を演じた。皇帝(Imperator)への任命は、後にはしばしば軍隊による、歓呼的な仕方で行われた。皇帝の選挙は、常にまず人民、またはその代表者の同意が、歓呼によって生ぜしめられたときにおいて行われた。そこでローマ帝国では皇帝の選挙または指名に際しては、人民の歓呼によって行われ、法的にはこの仕方が不可欠のものとなった。

中世西欧では、ビサンチンの即位法のような支配者歓呼を行った。カール大帝がローマを訪問し、教皇によって公式に歓待され、「頌歌」(5)(Laudes)をもって、象徴的に、国王および教会の保護者として尊敬されかつ承認された。とくになお強く八〇〇年のクリスマスには、皇帝宣言における、「頌歌歓呼」に出会っている。

ローマでの、カール大帝の皇帝宣言に際し、本質的には東ローマの先例に倣ったが、ここでは「頌歌」が従前単に国王であった者か、皇帝として承認する効力を有し、「戴冠」、「叙位」(Investitrut)および「礼拝」が多義的な意義を有するが、「歓呼」は皇帝としての、カール[6]の国法的な承認を意味している。

天皇の即位式においても、「昇壇」、「剣璽」、「執笏」、「拍手」または「万歳」が、その不可欠の構成要素をなしている。「壇」については、すでに一言されているが、更に述べられるであろう。「壇」は「タカミクラ」であり、「漢人のいわゆる《（ママ）》『社』の祭にいふ壇[7]」に該当する。なおかの亀骨文中には「壇」（及び「笏」）が見当らないという。「壇」は「磐座」（イハクラ）であり、天津磐境（アマツイハクラ）は神の座であり、磐で座をかまえているから、「磐坐」といわれる。磐——石が神であり、神聖視された[8]。

壇は後には唐風の木製の「高御坐」となっているが、そこには神性が内在するものとなされていたであろう。

「拍手」に関しては魏志倭人伝中に、

見大人所敬、但搏手以脆拝

とあるが如く、「搏手」が敬礼の仕方であった。もともとは「オニ」（よそもの）に対する敵対意思がないことの表示でもあったであろう。

「笏」の字源は不明であり、竹を生ずる南支での造語であるらしく、欧州等におけるものと同意義であったかもしれない。「古時自天子至士皆執笏」とあり、現に礼玉藻には、「笏天子以璆玉、諸侯以象、大夫以魚須文竹、士以竹、本象牙也[9]」とあり、わが国には「笏」は中国から輸入されたものであろう。

（1）Murray, The Divine King in England p.164.
（2）Kern, Gottesgnadentum und Widerstandrecht S.64.
（3）池田栄「王冠の政治的意義」（昭和三四京都）
（4）Bernard Opfermann, Die liturgische Herscherakklamation in sacrum imperium des Mittelalters Weimar 1953 S.62.
（5）Ernst H. Kantrowicz, Laudes Regiae Berkeley and Los Angeles 1958 p.65.
（6）Robert Folz. Études sur le Culte liturgique de Charlemagne dans les Églies de l'Empire Paris 1951.
（7）白鳥「神代史の新研究」二九二頁
（8）白鳥前出二八一頁、二八九頁
（9）ローマでは鷲の形をもっての象牙の棒または笏が用いられた。（Theodor Mommsen, Rönische Geschichte（Auswahl und Nachwort）Stuttgart o.J. S.11.）

2　即位式

「新嘗祭」（大嘗祭）も、もともと君主の即位式であり、これに先行して更に「即位式」が行われるのは、古代日本人の法的分析力の欠陥から生じたものとなすべきであろう。天皇は二回にわたって、即位式を行う必要がなかったとなされなければならない。外国法制の継受または受容に際して、今後とも、このような誤りを犯すことがないようになされなければならない。

日本書紀をここに引用するまでもなく、しばしば「壇を設けて即天皇位」等の記載が存している。持統天皇紀によると、一旦称制の後、[1]

四年春四月戊寅朔、物部麻呂朝臣、大盾を樹て、神祇伯中臣大島朝臣、天神寿詞を読むこと畢りて、忌部宿弥色夫知神璽剣鏡を皇后に上る。皇后即天皇位たまふ。公卿百寮羅列りて、匝《あまね》く拝みまつりて手を拍つ。己卯公卿百寮拝朝すること元会儀の如し。丹比島真人と布勢御主人朝臣と賀騰極を奏す。庚辰、公卿を内裏に宴す。甲申、公卿を内裏に宴す。仍りて衣裳を賜ふ。

とあり、後に至って完備した即位式と大嘗祭の構成要素が、殆んど残りなく現出せしめられている。

ここで平安朝における即位式を概観するであろう(2)。

当日は、内裡より朝堂院に行幸ありて、先づ大極殿の後なる小安殿に入御ありて、高御坐の後の方より入りて著御し給ふ。殿下にて三度鉦を撃てば、執翳(ハトリ)の女孺十八人、左右より高御坐の前に進み、翳にて御帳の上方を八字形にかざす。(翳とは長柄の団扇也)。褰帳(トバリアゲ)の命婦二人をして御帳を褰(カカ)ぐ。執翳の女官退けば、宸儀始めて顕はれ給ふ。武官警を称し、庭上の群臣磬折す(腰をかかむるなり)。主殿、図書各二人、東西より出て、庭上に設けたる鑪に就て香を焼く。群臣再拝す。宣命使庭中に出て、御即位の由を告す宣命を朗読す。群臣又称再拝、舞踏再拝す。武官共に旆を振つて万歳を称す(其声謁(エツ)と式に注したれば、直ちに万歳とは謂はざるなり)。式部兵部の官人、文武の叙位せらるる者を喚で、位記を授く、叙せらるる者再拝舞踏す。次に侍従御前に当り脆き、高声にて礼畢(レイヒツ)と称す。殿下に鉦を撃てば、命婦女嬬左右より御前に進み、翳を奉じ帳を垂る。天皇後房へ還入し給ふ。是にて儀式終る。

明治四二年二月一一日皇室令第一号登極令附式第二編即位礼及大嘗祭ノ式中即位礼(3)は、さきにかかげられた式を必要に応じ、近代化して採用している。日本国憲法の下での、皇室典範第二四条に規定する「即位の礼」は、天皇の地位が、主権の存する日本国民の総意に基くことになり、天皇の神性が否定されており、従前の如き即位式を行うことができないとなされなければならない。

（1）直木孝次郎「持統天皇」（昭和三五）二〇六頁
（2）小中村清矩「陽春廬雑考」（明治三〇）巻一―四五頁、六一頁
（3）明治四二年皇室令第一号中の即位礼の中においても、「次ニ天皇（中略）高御座北階ヨリ昇御侍従剣璽ヲ御帳中ノ案上ニ奉安シ御笏ヲ供ス」、「次ニ天皇御笏ヲ端シ立御」等とあった。

3　大嘗祭と新嘗祭

新嘗祭は年々、大嘗祭は即位式の後に、天皇が親祭する祭儀であった。天皇の親祭の中で最も重要なものであった。ポツダム宣言が天皇によって無条件に受諾され、その神格が否定されている今日においても、神格取得のための祭儀（新嘗祭）が、日本国憲法第二〇条（信教の自由の保障）が天皇に対して「完全」に適用あるものとして、「内祭」として年々行われている。

これらの祭儀は、もともとかの地母神の礼拝にまで還元することができ、古代から近東諸国において年々行われていた、一種の「劇祭儀」（ritual drama）または「劇礼拝」（Dramakult）[1]の影響の下において受容されるに至ったものであろう。すでに述べられたように高天原においても、天石窟の変[2]において現出せしめられている。

この祭儀の純粋類型に関しては、すでに述べられている。だがここで繰り返していうならば、この種の祭儀は、早期石器時代（palaeolithic）から銅器時代への過程において、日々生ずるでき事および心配事の現象として、食物の供給と生死の神秘に関連して現出せしめられた。この種の礼拝とその神話は、環境に応じ、それぞれ独立する特徴を有してはいるが、共通の劇演出とその基礎をなす本体を有している。[3]

この祭儀は年々一定の時期に君主が主要な役割を演じつつ行われた。この祭儀には次の構成要素[4]を有する。（一）神の死と生の劇的演出（二）創造説話の吟誦的または象徴的な演出（三）祭儀戦、神が敵に対する勝利が描写される。（四）神婚、（五）凱旋行進であって、天石窟の変に際しては、これらの要素が多分に現出せしめられている。だが後の新嘗祭においては、これらの要素が多分に農耕儀礼的に変容された。[5]そして新嘗祭（大嘗祭も含む）に関しては、秘儀とされ、今日においても、その一端[6]が僅かしか公表されていない。

わが環境の下で、この祭儀は水田地帯における「稲米儀礼」として行われた。新穀には霊力が内在し、礼典によって喰べられ、神または強力な精霊との「共餐」[7]によって、君主が神化[8]するとなされていた。

記紀における新嘗に関する、一々の記事に関しては、これを他に譲ることとする。「新嘗」は、一般農民によっても、農耕儀礼として行われていた。従ってこの祭儀が朝廷によって、決して独占されてはいなかった。[9]

令義解巻二に、仲冬「下卯大嘗祭」とあり、その本文には、「凡大嘗者毎世一年、国司行事、以外毎年所司行事」と定められていた。当時においては、「践祚大嘗祭」も、また「新嘗祭」も、等しく「大嘗[10]」であった。この祭儀が季節祭であったことが、ここに明らかに現出せしめられている。

皇極天皇紀元年十一月丁卯（一五日）の条によると、「天皇御嘗御す。是の日、皇子、大臣各自ら新嘗しき」とあって、霜月丁卯をもって、新嘗をなした、最古の例が知られている。この年が天皇の即位の第一年（春正月丁巳朔丁未）（先天皇の葬儀は、一二月壬寅に行われた）にあたり、延喜式第七巻にいう、「践祚大嘗祭[11]」に該当するとなす者があるが、同日皇子、大臣たちもそれぞれ家に帰って新嘗祭を行っているから、それをいかに解すべきかが問題となる。天皇が行った新嘗祭には、常人が摸することができなかった、いくたの特色が存している。

（一）天皇はすでに述べられたように、かの「部族経済」を運営していなかった。それ故新穀は貢納によって調達されている。これがかの「悠基」、「主基」の起源をなしている。

（二）天皇は新嘗（大嘗）祭において、どんな神々を迎えたであろうか。朝廷の大嘗に、天神地祇を祭ることが、公に明示されたのは、職員令においてである。職員令義解の神祇官の条に、

大嘗、謂㆓嘗新穀㆒、以祭㆓神祇㆒也、朝諸神之相嘗之祭、夕供㆓新穀於至尊㆒也

とあり、ここに神祇とは天神地祇と解せられるであろう。

毎歳の新嘗祭は神嘉殿という御殿で行われた。「神膳」に関しては、右殿内で行われる「秘事」となされ、その多くが「口伝[12]である」。

殿内に「神座」および「寝具」が設けられ、御座の外神坐が二個所に設けられたと考えられている。後者は江記では一つの神座と称せられ、近世では、これを「寝座」とも称した。迎えられる神の座が、一つである限り神は一つでなければならない。

関白兼良の説(13)では、この神は「天照おほん神」とし、また「高皇産霊神」ともなされている。神婚はHittite(14)では、君主と地母神の間に行われ、またその他のところでも地母神に還元される女神との間になされた。

男神と女神の性的交通によってのみ、再生産的な過程が維持された。この交通が自然の復活において、交互的効果を有したので、年々行われる神婚が、季節的な循環をなすところの、一つの主要な「祭儀的な祭式(15)」であった。やがて君主の権威とこの祭儀が結合し、即位式をなすに至った。従ってわが国では新嘗祭が年々行われ、即位式に際してくり返され、また即位式も独立に行われていたことは、重復する行事となっていた。

大嘗祭は、天皇一世一度の新嘗であって、「大新嘗」ともいわれ、即位後必ず行われるのを例としたから、「践祚大嘗会」ともいわれた。だがこの祭儀も本質的には新嘗祭と全く同様であった。

大嘗祭は明治憲法の下では、皇室令（明治四二第一号）登極令中に、「大嘗宮ノ儀」として詳細に規定されていた。この規定によって二回ほど大嘗祭が行われた。

なおかの代初和抄によると、

御即位ハ、漢朝ノ礼儀ヲマナブモノナリ、大嘗会ハ神代ノ風儀ヲウツスとあるが、後段の祭儀もまた、わが国の固有のものでもない。

(1) たとえばMyth, Ritual and Kingship Edited by S. H. Hook p. 80.
(2) 武田祐吉「神と神を祭る者との文学」三四頁、五八頁において、この祭を一つの「劇祭儀」となしている
(3) James, Myth and Ritual in the ancient Near East p. 49.
(4) Hooke 前出二六九頁
(5) James 前出八一頁
(6) にひなめ研究会編「新嘗の研究」第一輯(昭和二八)、第二輯(昭和三一)
(7) Frazer, The Golden Bough (St. Martin's Library) Vol. II. p. 526.
(8) 原田敏明「日本古代宗教」一六八頁、Mensching. Vergleichende Religionswissenschaft S. 110, 112.
(9) 志田延義「神歌の研究」二九八頁
(10) 志田前出二九七頁
(11) 柳田国男「稲の産屋」(新嘗の研究一—三三頁)
(12) 川出清彦「新嘗祭神膳のことについて」(新嘗の研究(一))、川添登「民と神のすまい」一八頁
(13) 群書類従第二六輯(同刊行会本)(昭和二七)三五六頁——代初和抄後成恩寺関白兼良公——「秘事口伝さまさまなれは、たやすくかきのこすする事あたはず。主上のしろしす外は、時の関白宮主などの外は曽てしる人なし。まさしく天照おほん神をおろし奉りて天子みづから神食をすすめ申さる事なれば、一代一度の重事これにすぐべからず。」此一冊識者第一秘中之秘也。努々不レ可レ出二函底一矣。——寛正第二(A. D. 1461)正月吉辰大外記判)
(14) Jones, The Cult of the Mother-Goddess. p. 85.
(15) Jones 前出一一五頁、Bertholet, Grundformen der Erscheinungswelt der Gottesverehrung S. 59.

D 天皇の神々への上位と官祭

天皇がヤマトにおいて、支配権を樹立するにあたって、その支配権を正当化し、持続安定させるた

めに原住共同体がともどもにあった神々とともに、天皇支配に同意し、天皇はそれを尊重したことが、後の神祇行政の出発点をなしている。このような起源から、天皇は常にその祖神として形成された天照大神を除き、すべての神々の上位にあるものとなされた。天皇もまた現御神であったことも忘れてはならない。

神武天皇以来中臣氏が祝詞と太占、忌部氏が神饌と幣帛を管掌したと伝えられている。[1] やがてそれが神祇令によって制度化され、「中臣氏宣祝詞、忌部氏班幣帛」となっている。

祈年、新嘗（大嘗）月次の祭祀には朝廷から神祇に対して幣帛が供せられた。[2] この幣帛も延喜式において詳細に規定された。

奈良朝時代になってから、上代の天社と国社を更に分類し、「社格」[3] が定められるに至った。更に延喜式においては、皇親の神を「大社」とし、勧請の神、臣下の神、諸々の神を祀る神社を「小社」とした。大社に対しては「官幣」、小社に対しては「国幣」が供せられた。

延喜式[4] によると、官社二一三二座二八六一所、神祇官祭神（官幣）七三七座五七三所、国司祭神（国幣）二三九五座二二八八所となっており、かつての始源的支配権を有していた共同体の、天皇支配権に対する「抵抗権」がいかに強固に存在していたかが、ここからも知られるであろう。ここに神祇官または国司の祭神とあるも、これらのものが、神々の祭祀者ではなく、供進者たる地位を示すものと解さなければならない。神々の祭祀に関して、かの異族意識の厳格な制約が存していることを念頭におかなければならない。

「神階[5]」とは、朝廷からそれぞれの神社に対して授与される位階である。奈良朝の末に創まったといわれている。「品位」、「位階」、「勲位」等が贈られた。その授与の動機が明らかではないとされている。その初めは、位勲に相当する封戸位田が神社に付与され、人臣の位勲に対して封戸位田が伴なったのに比較さるべきであろう。わたくしは、これを天皇デスポチ《（ママ）》ズムの樹立にあたって、天皇と臣民の間に「距離化」がなされたと同様に、現御神である天皇と天照大神を除いての神々の間の距離化のためになさるに至ったものと解したい。

平安朝時代となり、時にふれた祈願——遷都行賞、遣唐使の祈願、祈雨豊登の報智または軍事の神助霊験等のための神威崇敬によって、特殊の神社に対して、その度毎授位された。平安朝の中頃以後では、即位恩典、兵乱平定、年号改元等のために、一率[6]に神々に対して授位されるようになり、殆んどすべての神々が正一位となるに至った。

唐の制度をわが国に採用するにあたって、当時の当局者たちの識見が高かったことに関しては、すでに述べられている。神祇の崇敬が天皇の支配の正当化に関して、欠くべからざるものがあったから、唐制とは異って官制の第一に神祇官を置き、第二位に太政官を設けて、百揆を総べる処とした。これは唐制には存在せず、わが国独自の制度[7]である。

なお唐制がわが国に輸入され、日本的に変化せず、その本国でなんらかの事情で変化すると、またわが国でも同様に変化することが多かった。これは現代の憲法制度についてもいえることであって、頗る興味深いものがある。

明治憲法の下では、神祇行政が重要視され、その多くが復活強化され、整備されつつ、この憲法の崩壊に至った。

（1）古語拾遺
（2）吉井良晃「神社制度史の研究」八三頁
（3）吉井前出一〇二頁
（4）吉井前出一〇七頁
（5）吉井前出一六五頁
（6）宮地直一「諸神同時の昇叙について」（神道論孜）第一巻（昭和一七）三〇三頁
（7）狩野直喜「読書纂録」一七七頁、一七八頁

に　天皇と臣民の距離化

A　天皇という称呼

大化改新にあたって、隋唐制の中国皇帝をもって、デスポット支配の「代表類型」(1)となし、その具体化をなさんとしたが、それよりも前時代的な、デスポット制の純粋または理想類型を具体化するに至ったことは、すでに述べられている。

中国法制に学ぶところは、君と臣の間の「距離化」（Distanzierung）に求められなければならない。天皇のもともとの称呼であった「キミ」に関しては、すでにしばしば述べられている。「カミ」が神と「お上み」の間の距離を明確に表現し得なかったと同様に、「キミ」にも、かの「村君」さえもあり、

同様であった。「キミ」はキ部族またはそれらの部族の所在地の名称[2]からも、生ぜしめられた称呼であり、「キミ」は著しくmacrocosmicであって、君臣の距離化をなすためには、microcosmicな表現が採用されなければならなかった。ここに現出したのが、「天皇」という称呼である。

天皇という称呼は、外来語であり、隋以前では、その一つの意義において、「天帝」である。「帝」は殷で、また天は周において祀られた。[3]ここにも礼拝、権威の積層化が認められている。すなわち「天帝」となり、国の政治の正当化につながっていたようである。

天帝[4]は後に北極星の名称となり、また他の意義では太古の帝王といった空想的な人物の名称から一転して、「神仙」となり、それとともに宗教的礼拝の対象となって、やはり「天帝」観念に結合された。これには宗教的な性格が内在し、比喩的または附随的な意味で、「君主」が伴われていた。このような知識が推古期に至って、わが国においてもすでに存在していたであろう。

「天皇」という称呼は、中国からとられ、多分に神仙説または道教に関する古籍（枕中書）からとられたとされている。わが国においては、聖徳太子のころから用いられていたであろう。この称呼が用いられたのは、「スメラミコト」以上に尊貴な者が存在しないということを表現するものであったであろう。そして唐では

唐書 三 高宗 上元三年（A.D.675）八月壬辰、皇帝称天皇、皇后称天后

となされており、わが国におくれて皇帝が天皇に改められている。

わが国では、もともと天皇を含め皇子皇孫のすべてを、通じて「オホキミ」と称し、「王」の字が用

いられた。古事記伝（〇四）によると

凡て古は皇子より、親王まで通ひて御子（ミコ）と申して、王字を書り。さて天皇を始奉て皇子諸王まで通じて大君（オホキミ）と申して、かの王字を意富伎美とも訓り。かくて大君は（親王に至るまで）皆君の列にして、臣の列に非す

となし、更にその注記では

凡て古は遠祖まで通はして、於夜と云。子の末々まで通はして古と云り。故天皇をも御末まで御子とは申すなり。然るを後に親王と申す号出来ては美古とは親王をのみ申して、諸王をは意富伎美と申して美古とは申さぬこととなれり。[5]

となされている。

五世紀頃から、王の中で、とくにすぐれるのをいう意味で、「大王」という表現が用い始められている。現に和歌山県隅田八幡宮の神鏡の銘に

癸未年八月十、大王年、男弟王在意柴沙加宮時

とあり、この解釈に関し論争が行われている。かりにこの大王が、仁賢天皇であり、その癸未年に弟王（継体）が、この鏡を作ったとするならば、この年は武烈天皇五年（A.D.503）となる。なお熊本県玉名郡江田村出土の、大刀銘「治天下復□□□歯大王」の大王が、最古のものとなる。この大王は反正天皇[6]ということになる。

なお竹内理三[7]は、「オミ」は「大貴美」の意味の、朝鮮語 öm-um の音訳であるとする。わたくしは

すでに述べられたように「オミ」は「よそもの」となしたい。

薬師寺仏造像記中に

池辺大宮治天下天皇（用明天皇）大御身労賜時、召於大王天皇（推古天皇）与太子（聖徳）御誓願賜云々

とあり、この造像記は推古天皇一五年の作である。ここに至って「大王天皇」が用いられ、この結合がやがて天皇となる過程を示している。なお「大王」と「男弟王」の間にかの天皇二元性が存在しているようであり、だがその性別が問題となる。

元興寺露盤銘（推古天皇四年）によると

大和国天皇斯帰斯麻宮治天下（欽明）是以天皇並大臣云々

とあり、元興寺丈六釈迦仏光背銘（推古一三年）にも

天皇名広庭、在斯帰斯麻宮時、百済明王上啓以聞、所謂仏法是世間無上之法、天皇亦応修行

において、「天皇」が用いられている。

儀制令においては

天子祭祀所ㇾ称、天皇詔書所ㇾ称、皇帝華夷所ㇾ称

とあって、三種の用法が定められている。令義解は、この第一段に関して

告于神祇、称為天子、凡自天子至車駕、皆書紀所用、至風俗所称、別不依天子、仮如皇御孫命及須明楽美御徳之類

とある。唐六典（四礼部）凡夷夏之通称　天子曰皇帝とあり、令義解によると、「即華夷之所称、亦依之」

とある。なお天皇の称呼に関して、いくた存在[8]しているか、ここに一々かかげない。天皇という称呼は、すでに大化改新に先んで《(ママ)》用い始められ、君臣の距離化が現出せしめられつつあった。

(1) Karl Engisch, Die Idee der Konkretisierung in Recht und Rechtswissenschaft unserer Zeit S. 251.
(2) Marcel Granet, Fêtes et Chansons anciennes de la Chine p. 196 ; English translation p. 184.
(3) 貝塚編「古代殷帝国」一二八頁
(4) 津田左右吉「日本上代史の研究」附録「天皇考」
(5) 竹内理三「律令制と貴族政権」第一部（一九五七）九七頁による
(6) 竹内前出九九頁
(7) 竹内前出三三頁
(8) 「古事類苑帝王部」四帝号

B 氏族系譜の形成

推古天皇紀二八年秋八月の条によると、「是の歳皇太子、島大臣、共に議りて、天皇記、及び国記、臣連伴造国造百八十部幷《あわ》せて公民等の本記を録したまふ」とあり、その意図がなんであるか、今日において知る由もない。だが天皇と臣民の距離化がその意図の中に包含されていなかったとはなしがたいであろう。

皇極天皇紀四年六月己酉の条に、「蘇我臣蝦夷等誅に臨み、悉く天皇記、国記、珍宝を焼く。船史恵尺即ち疾く焼かるする国記を取りて、中大兄に奉献る」とあり、ここに「天皇記」が亡失するに至った。この天皇記が幸に現存することができていたならば、現在の記紀はあるいは異ったものになっていたかもしれない。

古事記および日本書紀等の編集に関しては、他にいくたの研究が存在しており、それらに譲るべきであろう。日本書紀には序文があるいは失われたのであろうが、古事記にはそれが存している。その中に

斯乃邦家之経緯。王化之鴻基焉。故惟撰録帝紀。討覈旧辞。削偽定実。欲流後葉。

とあり、その編集の意図が示されている。

記紀の中に、「天つ神系の系譜を中核として集中的に表現されている各氏族祖先神の系譜、およびこれらを支えている説話群[1]」が存しており、これらがいわゆる「神統譜」である。

古事記と日本書紀の成立が八世紀の初葉であるとされ、天武期を頂点とする七世紀後半において、天皇デスポット制を建設すべく編集された、これら二書は、古事記は「帝王書」、日本書紀は「宮撰史書」の性格を具有し、いずれも天皇をもって頂点とする、君臣の距離化の意図を有していたであろう。

ヤマト国家の成立に伴い、皇位の世襲性が血液権の形成によって確立するに至った。天皇支配の正当化には従属氏族の同意を要し、「一祖多氏」によって、「統合」(Integration) の契機を見出さんとしている。[2]

(1) 上田正昭「日本古代国成立史の研究」三三〇頁
(2) 上田前出三三一頁

C　階序の樹立

君主と臣民の距離化は、制度的には「階序」（hierarchy）の設定にまたなければならない。これがためにはいくたの方策がとられている。まず第一に聖徳太子は、憲法一七条に先きだって推古天皇紀一一年一二月戊辰朔壬辰の条が示すように、「冠位」を定めた。ここに官僚の階序が制定されている。徳、仁、礼、信、義、智といった中国風の徳目に従って一二階の冠位を定め、それぞれ当色の絁《あしぎぬ》をもって縫った。

以後冠位の制が整備され、(1)大化三年に至って冠位を一三階とし、五年二月には冠を一九階とした。これはかの八省百官の設置に伴なって行われている。天智天皇の三年二月には冠位を二六階としている。天武天皇一四年正月に至り、頗る複雑な位階の制が定められ、六〇階となされ、ここでは中国風の徳目をやめ、明、浄、正、直などの徳目が用いられ、国粋主義が発揮されている。

なお君臣の距離化の一方策として孝徳天皇、二年には「厚葬」を戒め、尊卑による墓制が定められている。階級によって葬儀、墓制を定め、その違犯した族は罰することとしている。このようないくたの方策によって、かの距離化が行われた。

ここで天武天皇一三年一〇月朔日の詔による「八姓(2)」に関して述べられなければならない。これもかの距離化に関連するものであろう。八色の性《(ママ)》とは、真人、朝臣、宿禰、忌寸、道師、臣、連、稲置である。これは「大化以来の新氏族政策の最終的な処置として行われたものである。(3)」この政策は「氏族の政治的機能を否定する(4)」とともに、「社会的秩序」における機能を肯定し、強化せんとするにあったと解されている。

八姓は[5](一)大体において、大化前後の氏姓の順序により、最上位にあった臣連の中から皇室との関係が深かった者(皇別および天神天孫裔)を、新設の真人、朝臣、宿禰に昇せて旧来の順位におき、他の者は伴造(道師)によりも下位の六七位に下したこと(二)賜性の基準が、「出自」(真人、朝臣、宿禰)によるものと、「職掌」(忌寸、道師、臣、連、稲置)によるものとの二つの異ったものがあり、前者が上位、後者が下位に置かれている。かくして八姓の制定は、皇親の社会的地位を確立し、天皇と臣民の厳格な距離化に資せんとするにあったと解すべきであろう。[6]

(1) 直木孝次郎「持統天皇」三七頁
(2) 竹内理三「律令制と貴族政権」第一部八五頁
(3) 竹内前出八七頁
(4) 竹内前出九二頁
(5) 竹内前出九六頁
(6) 竹内前出九七頁

D 賤民の支配

律令制国家において天皇、親王、諸臣、官人、百姓、賤民という階序が存していた。すでに大化元年八月に、良賤男女の別が定められている。この問題の解明は、わが国において、「奴隷」があったかなかった[か]の問題の検討にまで溯らなければならない。従ってこのような小著においては、その意図に反するものとして、省略するであろう。良賤通婚の禁止はやがて令制によって法制的に規定されるに至った。[1] 賤民が官戸、陵戸、家人、官奴婢、私奴婢という「五色の賤民」に区分され、身分関係が律せられた。

これら賤民の存在は、天皇と臣民の距離化を確実ならしめたとなさなければならない。これら賤民たちには「自由」が存在せず、「人間の尊厳」などは、薬にしたくも、あり得なかったであろう。

（1） 上田正昭「日本古代国家成立史の研究」八七頁

むすび

律令制から明治憲法に至る間において、摂関政治、院政および幕府政治を経過した。その間において、天皇は権力を失うことがあったが、権威に関しては、消長はあったがそれを保持し続けることができた。この場合において、摂関政治、院政および幕府政治の「正当化」は、常に天皇の権威によって、第一次的または第二次的に行われていた。

徳川幕府の末期においては、[1] 天皇は朝廷内部に関する限りにおいては、幕府からの制限の下に、形式的のみならず、実質的な支配権を有していたとなすことができる。ところが朝廷外に対しては、形式的に「名目的」に三つの権能を有するにすぎなかった。その一は「官位の授与」、二は「暦の制定」、三は「年号の制定」であった。（一）は律令制的な官位の授与によって、天皇以外の支配権を正当化に関して役立たせることができた。日本国憲法における天皇よりも、その権能は極めてすくないが、天皇は未だ「主権」を喪失してはおらず、名目的にはデスポットたり得ていた。

「暦」は朝廷によって改訂され、幕府は朝廷の命を受け、それを天下に頒行した。[2]「元号」の制定も朝廷の特権となされていた。これは「王朝」(dynasty)に関連するからであろう。

明治維新によって「王政復古」が実現し、この明治憲法が何であったかに関しては、これまた本著においては省略するであろう。[3]

(1) 石井良助「天皇」一五七頁

(2) 石井前出一六二頁

(3) 理論的には藤田嗣雄「明治憲法における Sein と Sollen」(上智大学法学論集第一巻第一号)、実質的には藤田「明治憲法論」(昭和二三)参照

二〇世紀後半における天皇

一　二〇世紀後半における君主制

い　君主制の凋落

二〇世紀の後半における今日、「君主制の薄暮[1]」または「王冠なき君主制[2]」などが語られている。これはそもそも「なに」を意味するであろうか。

近世西欧においては、社会内における「自由」と「平等」が、人間性の社会的な道徳哲学における、二つの最も高貴な要求である。自由と平等の徴証——新規な人間性の理念の徴証において、主権者としての王侯も、そのこれまでの地位を喪失した。支配者も人間として現われ、人間以外の、なに者でもなくなった。支配者は人間に依存し、人間からのみ義務づけられた[3]。

このような新規な思惟が貫徹された瞬間において、すでに、「君主制」は失われた。君主制がなお百年ばかり欧州で生存し続けたのは、その伝統の重力または合目的的（ママ）性の考慮に存した。なおそれらを超越して長期に渉って君主の地位にあった、女王ヴィクトリア、ドイツ皇帝ウイルヘルム一世またはエステルライヒの皇帝フランツ・ヨーゼフのような「個人的な人格」が君主制を存続させた。

君主制の没落後において、国民は全体で「国家の君主」となった。ルソーのいう総意が君主の意見の代わりとなった。この総意の理論において、国民と国家が人格化された。自分の意見において自由に決定することができようと欲することが、人間の本質メルクマールである。

このような国民主権の下において、一七九一年のフランス憲法が制定された。この憲法は同時に「君主的」であり、「代表的」であった。そしてそれは二つの原則――国民主権と権力分立の上に存立した。(4)

主権の原則にしたがって、すべての権力が憲法典によって作られた。立法、司法、執行の三権は、いずれもその根源を国民に求めた。立法機関の構成員と裁判官は選挙された。執行権に関しては、あまり明白ではないが、執行権が国王に帰せられ、現在の王朝であり、世襲的な君主制が保持された。憲法典によると、執行権は国王には属しないで、単に国民によって国王に対して委任（délégué）された。

国王はその一身は不可侵かつ神聖であり、今後フランス国王ではなく、フランス人の国王となった。国王は法律によるのほか命令することができず、一七九一年九月一二日の命令によって、国王は「第一位の公務員」となった。憲法典は国王に対して、国民の代表者という資格を付与した。フランス憲法典が代表的であるということにしたがって、憲法典は「代表者は立法部と国王である」と規定し、それは立法部の優位に建設され、国王は外交関係においてしか代表権を有しなかった。

国王は絶対に罷免されなくはなかった。立法部がその意見で国王を罷免することができるというのではない。だが憲法典は三つの場合に国王の失権を認めた。(一)新しい国王がすでに成年に達しているときは、その即位に際し、またはその成年となったときに憲法遵守の宣誓をなさなかったとき(二)国民に反対して軍隊の指揮をとりまたはその名の下になされる同様な企図に対して反対しないとき(三)国王が国外に去り、立法部の召還により、一定の期間内に帰国しないときには退位したものとなされる。そして憲法典はこのような法律的な退位と国王の意思による退位を区別している。これら二種の退位の後は、国王は市民の階級に入れられ、退位後の行動に関して、市民と同様に訴追され、審判されることができる。

このように一七九一年のフランスの君主制は全く合理的な存在となさしめられた。だが国王ルイ一六世もやがて処刑されるにいたった。

国民主権と君主制は、いかに調整され得るかの問題は、その解決が経過的にしかなされ得ないとなすべきであろう。すなわち共和制か君主制の二者択一の問題にかかっているからである。したがって国民主権の下における君主は、君主主権の下における君主とは、その名称を同じくするが、その本質においては全く異質なものである。ここで一九世紀における君主制の変遷——「国家の元首」と「政府の首長」の分化に関して述べられるであろう。

西欧的な国家生成の歴史は、国家内における信仰的、社会的な対立の中立化の歴史であるといわれている(5)。国家自身が、その本質にしたがって、中立であり、その存続においてなにものでもあり得なかった。一九世紀の自由主義的立憲主義は、国家的統治を把握し、絶対君主を、活動的な統治から分離した、一つの中立的な「国家の元首」に変化させたことによって、この中立化の過程を促進させた。「中立権力」としての国王の理論および方式が、一八一四年のナポレオン一世の敗北後、Benjamin Constant によって提起されたことは、意味があることであった。国家権力の頂点は、それによって政府から分離される。国家と同一視された、絶対制君主から、内政的に無関心な者が生じ、一度も政党と反対党の対立において、態度をきめるべきではない。一つの真理の分離された核心――すなわち権威と権力の差別は、時折しか効果を生じない。

中立的国家元首の、この理論と実際の、憲法史的な意味は、一九世紀の内政的な歴史の、大きな関連における、遺漏がない叙述において、余り重要視されていなかった。内政的な中立のたそがれに、一九世紀および二〇世紀の、種々の君主および大統領が、しばしば非常に異った、善悪の役割を演じ、内政的な関係の状態にしたがって、有益であり得た中立権の多くの方法を形成した。しかし制度的には、中立権のこの制度において、常に政治的な「政府の首長」に対立する中立化された「国家の元首」が生じ、このような「国家の元首が、立憲的に正しく行動すべき限り、公然かつ直接に能動的であってはならない。国家の元首は機能のこのような分離において統治してはならず、対立に対して単に調停的で仲裁的にゆらゆらすべきである。ここにかの有名な、Il règne et ne gouverne pas. が想起されなければならない」。これは Thiers[(6)] によって作られた標語であって、更に「国王は君臨し、大臣たちは統治し、両院は判断（Juger）する」とし、かれの理論が機能によって分割せしめられている。

ほとんどすべての西欧憲法は、受動的な国家元首と能動的な政府の首長の区分を、なんらかの形成においてなしたかまたはなしている。

ここで立憲君主制と議会的君主制に関して一言しなければならない。一八四八年の三月革命以来プロイセンにおける立憲主義の勝利以来、プロイセン国王は、イギリスやベルギー国王に対立し、立憲的憲法にもかかわらず、立憲的君主自身として「統治し」、憲法類型としてドイツ立憲君主制が、西方の自由主義的な議会的君主制から、ドイツの立憲的君主が自身で能動的に政治を決定することによって区別されるということを強調した。この立憲君主制が西方の立憲主義による洪水に対する防衛的なダムをなすものと信じた。これら二種の君主制の対立は論理的に見て全くばかばかしいものであって、議会的君主制がより高度に立憲君主制であることが理解されていなかった。立憲君主制の、制度的な実施によって、完全な議会化への道が示されていることは、多くの国ぐにの憲法史を見ることによって容易に知られる。

明治憲法典の起草者は、フランスの王政復古憲法の下に議会化が行われた事実を無視し、プロイセン、ドイツ憲法に心酔し、立憲君主制の樹立によって、議会的君主制を防圧し得るものと信じ、憲法典を起草したことは、誠に重大な短見であり、過失であったといわなければならない。[8]

（1） L. G. Pine, The Twilight of Monarchy London 1958. わが国においての、君主制に関する、モノグラフィーは、佐藤功〔〕君主制の研究（昭和三二）（二九七頁）であって、すでに「名著」として高く評価されている。

（2） デンマークでは、今世紀においてではなく、すでに三世紀前から戴冠式およびこれにつながる儀式が放棄されている。(Pine 前出一七六頁) G. Bocca, King without Throne N. Y. 1959.

(3) F. A. Freiherr von der Heydte, Vom heiligen Reich zur geheiligten Volksouveränität Laupheim Württ. 1955 S. 10.

(4) A. Esmein, Précis élémentaire de l'Histoire du Droit français de 1789 à 1914. Paris 1911 p. 33.

(5) Carl Schmitt, Positionen und Begriffe Hamburg 1940 S. 274.

(6) J. Barthelmy L'introduction de régime parlementaire en France sous Louis XVIII. et Charles X. paris 1904. p. 78.

(7) 伊藤博文著「憲法義解」

(8) 岡義武「日本におけるデモクラシイの運命」(世界第六二号—昭和二六年)

ろ　憲法の番人と国家の元首

現代の自由、民主主義的国家において、憲法の番人(Hüter)(1)として、どんな機関が存在するであろうか。これには通例「憲法裁判所」と中立権者としての「国家の元首」があたるとなされている。ここでは憲法裁判所(2)には、言及されない。アングロ・サクソン国家では、国家権力の核心が裁判権に存する(3)といわれ、したがって憲法の番人としての国家元首に関して言及されるのが、すくないのではなかろうか。現に日本憲法の場合もアメリカ憲法の影響からかくいえるのかもしれない。だが憲法が政治的形成物となる限りにおいて(4)、本質的な政治的決定を必要とし、そこで中立権者としての国家の元首を要することになる。

政治的決定権または影響権の担い手の間における意見の相違が、公然な憲法違反が率直に咎められるべきではないとしても、一般に裁判形成的には決定せしめられない(5)。意見の相違は、(一)には、この意見の相違に超越する、より強力な政治力によって、上方から、すなわちより高い地位の第三者によって除去されるであろう。だがそれは「憲法の番人」ではなく、国家の主権者であろう。(二)には、この相違が一つの超越はしないが、相並列する地位の調停によって片づけられるかまたは解決される。すなわち中立的な第三者によってなされる。これが「中立権」――pouvoir neutre et intermédiaire の意味であり、この者は他の憲法的権力の上位にはあらず、それと並列する権力であり、しかし独特な権能と影響可能力を付与されている。他の国家的活動の、単なるアクセサリー的な副作用が引き受くべきではなく、一つの特別な制度と審級が組織さるべきであって、その課題は、種々の権力の立憲的な機能化を保障し、憲法を維持することに存する。権力分立的な法治国家において、現存の権力のいずれにも、それに添えて、それを委託することは、首尾一貫するものではない。すなわちかくすることは、他の権力に対して優越権を生ぜしめ、コントロールから遠ざかることになるであろう。それゆえ他の権力の側に、特別の権力を設け、特定の権能をもって、これら権力を結合し、その均衡を保持することが必要である。

憲法の番人として、憲法裁判所と国家の元首を認めるの外において、[6]「各人」[7](Jedermann)をあげることができる。ある意味で、実際ドイツ連邦共和国基本法(ボン憲法)では、各人が憲法の番人だとされ、ヘッセン州憲法では、公権力の憲法違反的な行使に対して「抵抗権」を認めている。

多元的な政党国家[8]においては、調停権の行使がいちじるしく困難ならしめられ、とくにイデオロギーを異にする政党、団体が対立する場合においては、その困難さが甚大となる。したがってこのような問題の解決は、形而上学的に憲法の「再建」によってのみ解決さるべきであろう。[9]

（1）Carl Schmitt, Der Hüter der Verfassung Tübingen 1931.
（2）Josef Wintrich, Aufgaben, Wesen und Grenzen der Verfassungsgerichtsbarkeit in : Festschrift zum 75. Geburtstag von Hans Nawiasky München 1956 S. 201.
（3）Carl Schmitt, Positionen und Begriffe S. 148.
（4）C. Schmitt 前出一八三頁
（5）Carl Schmitt, Der Hüter der Verfassung S. 132.
（6）Carl Schmitt, Verfassungsrechtliche Aufsätze Berlin 1958. S. 63.
（7）Gerhard Leibholz, Strukturprobleme der modernen Demokratie Karlsruhe 1958 S. 173.
（8）Carl Schmitt 前出七五頁
（9）深瀬忠一「バンジャマン・コンスタンの中立権の理論」（法学会論集第一〇巻）は、時間的に参照することができなかった。

二　日本国憲法の下における天皇

い　ポツダム宣言の受諾

明治憲法典においては、第一条において、国体――天皇のデスポット支配の原則、第四条において立憲君主制を規定した。そしてこれら両条の間における調整に関しては、なんらの方策がとられていない。したがってこの憲法は、その主たる起草者伊藤博文が明治天皇の下において、政治の最高責任者たり得た限りにおいて、有効に運用され得たとなさなければならない。すなわち伊藤を始めいくたの元老たちの凋落とともにその憲法は崩壊し始めた。

かつてのドイツ帝国憲法は、ビスマルク憲法と呼ばれ、この年老いた、経験家である帝国宰相が、無経験の継承者――若いプロイセン国王、皇帝ウイルヘルム二世と論争し、前者の辞職とともに第二帝国の崩壊の悲劇[1]が始まったのが、一八九〇年三月であった。ちょうどこの年秋から日本では明治憲法典が実際に施行された。この教訓が日本人に充分に理解されず、立憲君主制の展開が企図されなかったことは、正しく日本の悲劇ともなっている。

わが国における政治の責任者たちならびに憲法学者たちが、第一次世界戦争におけるドイツの敗因の研究を怠ったことは、はなはだ遺憾である。ドイツと同質の憲法をもって総力戦を戦うことは国家を崩壊せしめるものである。たとえば Carl Schmitt, Staatsgefüge und Zusammenbruch des zweiten Reiches Hamburg 1934 の如きが、まず第一に研究され、翻訳さるべきであったであろう。

大東亜戦争はよく戦われたものの、遂にポツダム宣言が天皇によって「無条件[2]」に受諾されなければならないようになった。

この宣言中において、日本国の憲法に対して、最大な影響を与えた条項は、なんであったであろうか。この宣言中第一〇項と第一二項が正しく右に該当[3]する。これに関してはわが政府においても、またアメリカ側においても同様の見解がとられた。

一　「日本国国民ノ間ニ於ケル民主主義的傾向ノ復活強化ニ対スル一切ノ障礙ヲ除去」すべきこと

（一〇項）

二「言論、宗教及思想ノ自由並ニ基本的人権ノ尊重ハ確立セラル」べきこと（一〇項）

三「日本国国民ノ自由ニ表明セル意思ニ従ヒ平和的傾向ヲ有シ且責任アル政府ガ樹立セラル」べきこと（一二項）

が右に該当する。

政府はポツダム宣言の受諾にあたって左の条件を附した。

共同宣言ニ挙ゲラレタル条件ヲ右宣言ニ天皇ノ国家統治ノ大権ヲ変更スルノ要求ヲ包含シ居ラサルコトノ了解ノ下ニ受諾ス

この条件に対して、連合国は直接には解答（ママ）せず、

降伏ノ時ヨリ、天皇及日本国政府ノ国家統治ノ権限ハ降伏条項ノ実施ノ為其ノ必要ト認ムル措置ヲ執ル聯合国最高司令官ノ制限ノ下ニ置カルルモノトス

最終的ノ日本国ノ政府ノ形態ハポツダム宣言ニ遵ヒ日本国国民ノ自由ニ表明スル意思ニ依リ決定セラルベキモノトス

とあり、ここに「政府ノ形態」とは、the ultimate form of government of Japan を意味し、「統治の形態」と訳さるべきであったであろう。このようにしてポツダム宣言は「無条件」に受諾されるにいたった。

この受諾が天皇に対して、どんな影響を与えたであろうか。日本国民がまず第一に、基本権を獲得（自然法的には再建復活）し、この基本権とはいうまでもなく、たとえばフランスの一八四八年の憲法

前文第三にある、droits antérieurs et supérieus aux lois positives であって、「超、前国家的」——über-und vorstaatlich であり、われわれ日本人はここに貴重な「人間の尊厳」が承認され、君主と臣民の間隔が全く否定されるにいたった。

もともと人間であった天皇が、人間でもあり、「カミ」（上、神）であったのが、「宗教の自由」の再建によりここに止揚され、再び人間となるにいたった。

かくして天皇デスポット支配は、ここに全く止揚され、昭和二一年年頭に発せられた詔書においても、天皇の神性の否定が確認されている。日本国民は自由に表明する意思によって、国家統治の形態を決定することによって「憲法制定権」を行使し得るにいたった。このように君主主権が否定され、かくひきおこされた事態が世にいう「八・一五革命」または「一九四五年革命」である。

ポツダム宣言の無条件受諾の効果に関しては政府はもちろん政党その他においても[4]、必ずしも右の如く理解せず、遂にかのマックアーサー憲法を形成せしめるにいたった。この間一いちの事情に関しては、他にいくたの著書[5]も存しており、ここは省略するであろう。

（1） Carl Schmitt, Gesprach über die Macht und den Zugang zum Machthaber Pfullingen 1954 S. 18 ; Erich Eyck, Das persönliche Regiment Wilhelms II Zürich 1948.

（2） 藤田嗣雄「日本国憲法の制定経過と天皇制の問題——その象徴性と統合理論」——自由党憲法調査会特別資料十三、昭和二九

（3） 藤田前出三頁、The Far Eastern Commission - Department of State Washington 1953 p. 43.

（4） 「新聞等に表われた各政党その他の憲法改正案」——法制局昭和二一年四月

（5）最も正確でかつ簡明なものの一として、佐藤達夫「日本国憲法誕生記」昭和三二をあげることができる。

ろ　日本国憲法と天皇

A　日本国憲法の制定の意義

政府はポツダム宣言の受諾が明治憲法に対して与えた影響を、保守的な見地からのみ理解し[1]、新規な理念に基いて、「憲法改正」をなすべく敢えてなさなかった。総司令官マックアーサーの示唆を受け、憲法改正の準備にとりかかり、商法専門の碩学松本烝治をもって主任大臣とする、委員会が内閣に設けられ、憲法改正案を得るにいたった。だがこの改正案は明治憲法典の一部改正案でしかあり得なかった。そこでマックアーサーは民政局に対して憲法草案を「即興的」に起草させ、驚くべき速度でこれを完成し、わが政府に手交するにいたった。この案は第二次世界戦争によって、ひきおこされた世界の情勢を充分に理解せず、日本の政治情勢を知らず、また西欧大陸憲法にも通じない総司令部の属僚たちによって起草された。当時戦後憲法である、第四共和制フランス、イタリア共和国およびドイツ連邦共和国の憲法典が制定におよんでいなかったことは、日本国民にとって甚大な不幸といわなければならない。すなわちこれら憲法典を参照する機会が全然なかったからである。

このマックアーサー草案は、「これに基いて至急に日本案を起草してもってこい、字句その他の調整はしてもよいが、基本原則と根本形態は厳格にこれに準拠してくれ」という趣旨のものであって、これは一種のいわゆるDiktatである。当時この案[2]は厳秘に附せられ、一般日本国民はなんらこれについて知ることができなかった。

日本国憲法は世人のよく知るように、原則的にはマ草案の翻訳[3]（ある場合には誤訳）でしかあり得ない。

一国の憲法の制定にあたっては、憲法制定権者たる国民の政治的決定が、まず第一になされなければならない。日本国憲法の前文中には、いくたの「政治的決定」が包含せしめられているように見える。これは真に日本国民によってなされた政治的決定ではなく、マックアーサーによる日本国民の「再教育[4]」のための決定と解すべきである。

憲法制定権は、現実にかつ「譲渡され得ず」に国民に存する権力である、この制定権が憲法に関して決定する。そこで憲法制定権が憲法を生ぜしめるが如く、国家権力が憲法法律（憲法典）を生ぜしめる。[5]

ポツダム宣言第一〇項によって、「吾等ハ日本人ヲ民族トシテ奴隷化セントシ又ハ国民トシテ滅亡セシメントスル意図ヲ有スルモノニ非」ずと宣言されており、日本人を奴隷となさない限りにおいて、日本国民の有する憲法制定権を剥奪することができなかったと解されなければならない。

そこでマックアーサーは、「天皇及日本国政府ノ国家統治ノ権限」――国権を降伏条項の実施のため必要な限度において、その制限の下に置くことができたから、このようなわが国権の行使によって、明治憲法の下に制定された権力（pouvoir constitué）をして憲法典の制定を明治憲法典の改正の形式をもってなさしめるにいたった。この観点からしても、日本国憲法が、いわゆる「押しつけられた憲法」であるとなすことができる。このような憲法典の制定の仕方は、おそらく世界の憲法史上において、ほとんど類例がないといっても過言でないであろう。

日本国憲法の、このような制定過程から見て、この憲法は一つの「緊急対策」（Notlösung）的な「即興作」（Improvisation）であり、したがって一つの「仮憲法」（Provisorium）となすことができる。かつての一九一九年のドイツのWeimar憲法[6]において見られた現象にいちじるしく近似している。

日本国憲法は、自由、民主主義憲法ではあろうが、アメリカ連邦憲法的には、一八世紀後半的、西欧大陸憲法的には、明治憲法典を媒介して、プロイセン王国憲法的な一九世紀中葉的であり、多くの主要な点において、二〇世紀後半の日本には妥当せず、すでにこのような憲法典によって「国家危機[7]」さえをも生ぜしめている。

日本国憲法はいうまでもなく、「主観的合法性」（die subjektive Gesetzmässigkeit）の性格を有しているのにもかかわらず、「客観的合法性[8]」を信奉していなければならない進歩的な政党、団体、学識経験者たちが、その改正を強力に反対し[9]、今日においては、それが国民運動にまで展開せしめられている。

（1）佐藤達夫「日本国憲法誕生記」一五頁

（2）佐藤前出三〇頁

（3）「マッカーサー憲法草案」——国家学会雑誌第六八巻第一号

（4）John D. Montgomery, Forced to be Free - The Artificial Revolution in Germany and Japan Chicago 1957.

(5) Wilhelm Henke, Die verfassungsgebende Gewalt des deutschen Volkes Stuttgart 1957 S. 24, 32.
(6) Theodor Eschenburg. Die improvisierte Demokratie der Weimarer Republik Laupheim Württ. ei o.J.
(7) Thomas Ellwein, Das Erbe der Monarchie in der deutschen Staatskrise München 1954.
(8) Karl Polak, Zur Dialektik in der Staatslehre Berlin 1959 ; Werner Müller, Theodor Litt Leipzig 1959.
(9) Hermann Klenner, Formen und Bedeutung der Gesetzlichkeit als einer Methoden in der Führung des Klassenkampfes Berlin 1953 S. 34.

Ｂ　遷延的妥協に基づく天皇

１　概　説

軍部の独裁によって、大東亜戦争の終局的な勝利を信ぜしめられていた日本国民は、天皇による、ポツダム宣言の無条件受諾によって、ひきおこされた八・一五革命の意義を当時全く理解することができなかったことは、誠に当然であったとなさなければならない。

この革命が主として外来的にひきおこされ、それはちょうど第一次世界戦争の末期における、ドイツの一一月革命[1]よりも、より外来的であったということができる。したがって日本の民主化が徹底的に促進されなければならなかった。だがマックアーサーの占領政策が、いかに強力であったとしても、この点に関しては、決して充分であったとは、いうことができなかった。ここで「君主制からの暇乞い[2]」がなされなければならなかった。

日本国民は、まず第一に今後とるべき「国家形態」(Staatsform) に関して、「政治的決定」をなすべきであった。すなわち「君主制」か、共和制のいずれをとるべきかが決定されなければならなかった。国家形態[3]に関しては、他に譲ることとし、日本国憲法第一条に規定する「統合」(Integration)の見地から、国家形態に関して、一言述べられるであろう、かのRudolf Smend[4]の説くところによると、君主制は価値の本質的な、討議がなされなかった世界によって統合する。すなわち君主制はこの世界を象徴化し、代表し、この世界にとって正しく正当化される。君主制は優越的に、一般妥当的な、疑問がない、価値世界をもってする、すべての時代に通ずる国家形態とされていた。民主制(Demokratie)は、今日の表現によると、共和制[5]でもある。もともと民主制の概念において、物的内容、自然法の合理的な真理と価値の契機が、すべての多数決の、形式的なものと分離しないで存している。Smendの国家理論は、国家の基本的な生活過程として、集合的な意識内容の持続的な現実化であり、かの統合理論が正しくそれである[6]。

日本国憲法においてなぜに国家形態が具体化され得なかったであろうか。すなわちマックアーサーが日本国民がもともと有する憲法制定権を僭取することができなかったことに基いている。今日において日本国家が君主制であるか、共和制であるかに関して論争[7]されており、それによってわが民主化に関して失われることが甚大である。

かくして日本国憲法の下における、天皇の本質が不明確となっている。マ草案第一条は

The Emperor shall be symbol of the State and of the Unity of the People, deriving his position from the sovereign will of the People, and from no other source.

と第一四条第一項前段は、

The People are the ultimate arbiters of the Government and of the Imperial Throne.

であり、結局第一条の末段と第一四条第一項前段を削ったものが、日本国憲法第一条となっている。そしてその訳文（政府公定）としてはマ草案の文章構造と全く同一である。もともとマ草案における天皇は、「静的、合理的」（static-rational）となす意図であったと解されるが、わが方では文章構造を変更し、第一条を相并列する独立の二部とし、もともとの deriving とあったのを、and derives と改め、その訳文ではそれを変更せず、天皇を「動的、非合理的」なものとなしている。かくしてこのニュアンスが分からず、すなわち日本語を解することができなかったマックアーサーを始め、その属僚たちは、いつの間にか天皇の本質がすりかえられているのを知ることができなかった。ここにかの「あこがれ」の解釈の契機が内在している。かの勝利将軍にとっては、正しく一つの「喜悲劇」であったであろう。

このような天皇が現出しているのは、「天皇」の存続と廃止のいずれかが、マックアーサーによって決定され得なかったことに基いている。かれは憲法制定権者たることができずに、単にかれの責である占領政策の遂行に便なるが如く、このような「遷延的」（dilatorisch）妥協をなしたのに過ぎないで、その決定を日本国民による将来の決定に委したのであろう。

日本国憲法の下における天皇は、その名称こそ従前のものと同一であろうが、その本質は全く異っている。すなわち天皇は国家の元首ではなく、神聖かつ不可侵でもない。行政権および立法権に干与することができない。司法権に関して全く無関係である。ただ「象徴」であって、一定の国事行為を行うことができるばかりである。その「存在の理由」は一つに遷延的妥協に求められなければならない。

皇室典範第四条は、「天皇が崩じたときは、皇嗣が、直ちに即位する」と規定し、旧皇室典範第一〇条「天皇崩スルトキハ皇嗣即チ践祚シ祖宗ノ神器ヲ承ク」とし、践祚と即位の礼および大嘗祭（第一一条）を別個に規定し、重大な差異が生ぜしめられている。

したがって皇室典範第四条に「即位する」とあり、「即位式」はその挙式の理由をどこに求むべきであろうか。

天皇の地位は総括的に日本国民の総意に基くこととなっているが、個々の天皇の即位に関しても、その確認が必要となるのではなかろうか。すなわち天皇は憲法第四三条に基いて「全国民を代表する選挙された（両議院の）議員」の面前において、第九九条に基いて、「この憲法を尊重し擁護する」旨の宣誓をなし、出席全議員の歓呼（acclamation）——拍手または万歳の発声——によって、その確認をなすべきではなかろうか。そしてその式場としては、国会議事堂が使用さるべきであろう。今後天皇が神性を付与すべき契機をも内包する、従前の即位式および大嘗祭を挙行することができないのは、当然となさなければならない。

天皇が日本国民の一員であることに関しては、疑問をはさむ余地がない。日本国憲法の「法の下」の平等（これは法律の前と解さなければ、権利の保障規定とはなり得ない）の原則に対して、いくたの例外を生ぜしめている。これは天皇の国法上の特殊の地位から生ずる制約と解さなければならない。

その一いちに関しては、ここには省略するであろう。

（1）Ellwein, Das Erbe der Monarchie in der deutschen Staatskrise S. 313.
（2）Hermann Jahreiss, Mennch und Staat Berlin 1957 S. 284—Abschiedstitulatur 参照
（3）Max Imboden, Die Staatsformen Basel und Stuttgart 1959.
（4）Rudolf Smend, Verfassung und Verfassungsrecht in : Staatsrechtliche Abhandlungen Berlin 1955 S. 220.
（5）Carl Schmitt Verfassungslehre S. 223.
（6）Imboden 前出一二頁
（7）佐藤功「日本国憲法概説」（昭和三四）一二七頁

2　象徴性

日本国憲法第一条によって、天皇は「日本国の象徴であり日本国民統合の象徴」であると規定されている。まず第一にこの規定が政府によって、いかに解釈されているかを知らなければならない。その見解がいわゆる「あこがれ」答弁である。金森徳次郎国務大臣を中心とする研究によって、次の如き見解[1]が形成されるにいたった。

問　憲法改正によって、国体の変更を来たさないか。

答　「国体」とは、国家の個性を云うものと考える。而して、わが国の国体は「国民の心の奥深く根を張っている天皇とのつながりによって（いわば天皇をあこがれの中心として）国民全体が結合し、もって国家存立の基底をなしている」ということに在ると信ずる。本改正は、この国家の存

立の基底を変更するのではないから、これによって、国体の変更を来たすことはない。この趣旨の答弁が帝国議会における憲法審議に際し、政府当局からしばしば繰り返し述べられた。このような見解は、「これには『言い出しべえ』のわたし（佐藤達夫）も、いささか首をすくめたのであった」[2]と述べられている。

このような見解は正当であるであろうか。君主制から民主制へと変更があったときにおいては、いちおうひきおこされなければならない。その実例に関しては、ここに一ち述べられない。たとえば一九一九年のドイツ連邦（ワイマール）憲法第三条では「ライヒの国旗の色」（Reichsfarben）を「黒、赤、金」としたが如きは、その一例である。

天皇によるポツダム宣言の無条件受諾によって、ひきおこされた革命の真の意義を理解しようと敢えてしなかった人びとによって、「国体」が変更されなかったとなされた。これは、憲法制定権者の変更に際しての「国家の連続性」を解明すべく、現状維持的に、全く思いつきでなされたところの見解というべきであろう。

革命の過程において、憲法法律（憲法典を含む）および憲法のみならず、憲法制定権の、これまで存在していた方式——すなわちこれまでの憲法の基礎が除去される。民主的革命によって君主の憲法制定権が除去される。そこで憲法制定権の交替と完全な憲法の破棄が眼前に現われる。[3]

このような革命に際して、政治的統一の持続性が国法的および国際法的にいかに説明されなければならないであろうか。徹底的な民主的理論は、国民の憲法制定権の上に存する憲法よりも、外の正当的な憲法を知らない。それゆえ、総じて持続性を有した、あらゆる憲法は、「統治」——国民の意思の行使——の方式が、どんな方式であったとしても、国民の表示的または暗黙的な意思に還元することができる。さもなければ、この理論によると、どんな国家も、また政治的統一も存続せず、無意味な権力機構が存続することになる。

　近代政治学において、「服従」がなにによって建設されるかに関して論争されている。その一は Hobbes によって代表され、服従が「恐怖」（fear-Angst）において建設されるとし、その二は Rousseau によって代表され、服従の基礎を「同意」に求めている。そして「国家存立の基底」は、この第二の見解に基いて樹立されている。すでに述べられたように、神武天皇の支配に関しては、多分に第一の見解、その以後においては漸次第二の見解によって、支配権が樹立されたことが実証されている。だがこの支配は、本質的にはデスポット的であり、国民の同意があったものの、決して「あこがれ」とはなり得ないものがある。

　なお一つの憲法の正当性は、一つの憲法が従前妥当していた憲法法律（憲法典を含む）によって成立したことを意味しない。このような概念は正しくばかばかしいものであろう。一つの憲法は総じてそれに超越する規則にしたがって成立しない。新規な憲法——新規な基本的な政治的決定が、従前の憲法の下位にあって、それに従属することは考えられない。古い憲法が除去されたので、新憲法が「不法」（illegitim）ではない。さもなければ古い、除去された憲法が引き続き存続するであろう。新憲法と旧憲法の一致の問題は、正当性の問題をもって、何物をも作ってはならない。(4)

日本国憲法が明治憲法典の改正条項に基いて、「改正」の形式で、「制定」されたことは、わが民主制の展開をいちじるしく阻害しているばかりか、かの「国体」の存続といった見解さえも生ぜしめるにいたっている。

ここで「象徴」[5]の問題に立ち帰らなければならない。わが公法学界は年来実定法的な方法の支配の下にあって、古くは、Carl Friedrich von Gerber または Paul Laband、比較的近くは Georg Jellinek, Hans Kelsen 等の甚大な影響の下にあって、なお今日におよんでいる。第一次世界戦争後ほとんど時を同じくして発表された Carl Schmitt[6] または Rudolf Smend 等の著書または論文等に関しては、ほとんどかえりみられなかった。

かつて金森国務大臣またはその他の法制官僚たちが、これら学者について深く研究していなかったようであることは誠に当然となすべきであろう。とくに Rudolf Smend, Verfassung und Verfassungsrecht は、一九二八年に出版されており、一九四五年からは正しく一七年前に該当している。この著は国家を「統合」(Integration) として論究し、社会学的、精神科学的な国家学の基礎を発展させ、それが法実定主義の否定の下になされている。[7]その国家学界におよぼした影響は甚大である。

もしもわが法制官僚たちがこの Smend の「統合理論」(Integrationslehre) の一端にふれることができていたならば、総司令部の属僚たちを説得して、天皇をもって象徴とはなさしめなかったであろう。天皇をもって象徴とし、あこがれの中心と解せざるを得なくなったことによって、わが民主制の展開がいちじるしく阻害されることになったのは、かのマックアーサーも気がつかなかったことであろう。

Smend自身は、かれの一論文の中で[9]かれの統合理論が、保守的な側からは、ウルトラ民主的、自由主義および社会主義的な側からは、ファシスト的だとして告発されるとしている。だがSmendの意図は、「憲法の健全な生活感覚」を与えるにあった。

（1）佐藤達夫「日本国憲法誕生記」一〇三頁
（2）佐藤前出一〇四頁
（3）Carl Schmitt, Verfassungslehre S. 94.
（4）Schmitt 前出八八頁
（5）Karl Loewenstein, Betrachtungen über politischen Symbolismus in : Festschrift für Rudolf Laun Hamburg 1953 S. 559.
（6）Peter Schneider, Ausnahmezustand und Norm, Eine Studie zur Rechtslehre von Carl Schmitt Stuttgart 1957. Jürgen Fijalkowski, Die Wendung zum Führerstaat Ideologische Komponenten in der politischen Philosophie Carl Schmitts Köln und Opladen 1958.
（7）Peter Bedula, Die Methode der neueren allgemeinen Staatslehre Erlangen 1959 S. 184.
（8）Festschrift für Rudolf Smend Göttingen 1952 S. 440.
（9）Rudolf Smend, Integrationslehre in : Handwörterbuch der Sozialwissenschaften 7. Lief. 1954. S. 299-302.

3　国事行為

日本国憲法第四条第一項により、「天皇は、この憲法の定める国事に関する行為のみを行ひ、国政に関する機能を有しない。」と規定している。このような国事行為を理解するがためには、まず第一にBenjamin Constantの学説[1]を知らなければならない。

立憲的権力は、王権、執行権、代表権、司法権および地方権である。

王権と行政権の差別は、常に認められないが、非常に重要であり、それは、恐らくすべての政治的な鍵である。国王の権力の中には、判然たる、二つの権力が存している。実証的な特権を与えられた執行権と、回想および宗教的な伝統によって、支持される王権がある。立憲王制は、かの政治的権力の基礎において、役立つところの、世論の力を付与されて、国王の一身において、三権に対して、中立権を創造するところの、大きな利益を有する。

国王の、このような真の利益は、決して権力が、他の権力を倒すことではなく、すべてが協和を支持し、了解し、かかわることである。

立法権が代議院において、国王の裁可をもって存在し、執行権が大臣において、司法権が裁判所において存在する。第一のものが法律を制定し、第二のものがその一般的執行に任じ、第三のものが特定の場合に法律を適用する。国王は、この三権の環境において、均衡を紊《みだ》すことに、もとよりなんらの利害を有しないで、かえって均衡を維持することに、すべての利害を有する中立的および仲介的な権威である。

王権は国王の手中に存する。

国王は執行権を任免する。

代議院の議決が、法律の効力を得るがために、国王の裁可が必要である。

国王は代議院を延会し、かつ国民によって選挙された代議院を解散することができる。

裁判官の任免権は国王に属する。

国王は恩赦権を有する。

国王は和戦を決定する。ただし外国との、どんな条約においても、王国内における、市民の条件または権利に影響を与えるような、どんな条項も挿入されることができない。国王の一身は、不可侵であり、神聖である。

右の学説は、ブラジル皇帝としての一八二四年三月二五日のブラジル憲法および一八二六年四月二九日、ポルトガル王として、ドン・カルロスによってブラジルで付与されたポルトガル王国憲法において具体化されている。そして後者は同年七月二三日にいたって、リスボンで公布された。

ポルトガル王国憲法においては、

政治的権力の分立および調和は、市民の権利の保存原則およびこの憲法が付与するところの保障を有効となす、最も確実な手段である（第一〇条）。

との原則がかかげられている。

この「政治的権力」とは、立法権、調停権、執行権および司法権であり（第一一条）、立法権は国王の裁可権の留保の下に、議会に属する（第一三条）。調停権は全政治的組織のくさび石であり、そして国家の最高の元首としての、国王に本源的に属し、それで国王は絶えず他の政治的権力の、独立、均衡および調整の操作および維持に関して看視をなす（第七一条）。国王の一身は、不可侵でありかつ神聖であって、公然なんらの責任を負わない（第七二条）。ポルトガル国民の代表者は、国王および議会であり（第一二条）、国王は執行権の首長であって、それを国務大臣によって行使する（第七五条）。司法権は独立であって、法典が定める場合において、また、形式により、民事および刑事に籍を置く裁判官および陪審員によって行使される（第一一八条）。

ここで日本国憲法第六条および第七条に規定する天皇が行う「国事行為」とポルトガル王国憲法第七四条に規定する国王の「調停権」を、比較対照すると、次の如くなる。

天皇は内閣総理大臣および最高裁判所長官を任命し（第六条）、国務大臣の任免を認証する（第七条第五号）、国王は国務大臣を任免する（第七四条第五号）。

天皇は憲法改正、法律等を公布する（第七条第一号）。国王は法律の効力を与えるために、国会の命令および決議を裁可する（第七四条第三号）。天皇は国会を召集する（第七条第二号）。国王は国家の福祉が要求するとき、会期の間において、国会を臨時的に召集する（第七四条第二号）。

天皇は衆議院を解散し（第七条第三号）、また、国会議員の総選挙の施行を公示する（同第四号）。国王は国会の召集をずらし、その延期をなし又は国家の福祉が要求するときは、下院の解散を命じ、そして即時その代わりに他のものを召集する（第七四条第四号）。

天皇は大赦、特赦、減刑、刑の執行の免除及び復権を認証する（第七条第六号）。国王は判決の結果課せられた刑罰を、緩和し又は全然これを免除し（第七四条第七条）、また、緊急の場合並びに人道及び国家の幸福が、勧告するときは、大赦を許可する（同第八号）。

天皇は栄典を授与する（第七条第七号）。国王は貴族を無制限に任命する（第七四条第一号）。

これら両国憲法において、それぞれ対応する条項ではない条項がある。天皇は外交文書を認証し（第七条第八号）、大公使を接受し（同第九号）、及び儀式を行う（同第一〇号）。国王は憲法第一二一条に規定する場合において、司法官を停止する（第七四条第六号）。

天皇の国事行為は、いわゆる中立権又は調停権と形式的にはほとんど同一であるということができる。もしも天皇がこれらの権能を実質的に行使することができるならば、調停権者ともなることができるであろう。

日本国憲法第三条において、「天皇の国事に関するすべての行為には、内閣の助言と承認を必要とし、内閣が、その責任を負ふ」と規定している。

天皇は国事行為をなすにあたって、自ら「創議」し、内閣の「承認」を求めることができるであろうか。助言と承認は、明治憲法典における「輔弼」と同一視さるべきもの(2)となされている。もともとイギリスでは、advice and consent であって、今世紀においては、国王が内閣の助言または決定を現実に圧倒するような行動をとらないようになっている。もともとは国王が創議し、内閣の同意を求めたこともあったであろう(3)。

日本国憲法における「承認」を実定法的に解釈するときは、天皇が創意し、内閣の承認を求め得ないとはなし難い。このような解釈の可能性は、天皇の遷延的妥協による地位に内在するものである。これは佐藤功(4)の「承認とは天皇の意思の発動、行為の後になされる内閣の承認（追認）である」のに通ずるのかもしれない。

日本国憲法において貫徹されている、民主主義の見地からは、「助言と承認」が単に「承認」となさるべきであったであろう。すなわち天皇が「内閣の下位[5]」に置かれているからである。これを要するに天皇の国事行為は、全く形式的なものであって、実質的なそれとはなんらのつながりがないとなされなければならない。

（1） Benjamin Constant, Cours de politique constitutionnelle 2e éd. Bruxelles 1837. によった。
（2） 佐藤功「憲法」（昭和三〇）二四頁
（3） Harold J. Laski, Reflection on the Constitution Manchester 1951 p. 103 ; Herbert Morrison, Government and Parliament Oxford 1954 p. 85 ; L. S. Amery, The Nature of British Parliamentary Government in : Parliament survey London 1952 p. 37.
（4） 佐藤前出二五頁
（5） 佐藤達夫「日本国憲法誕生記」九七頁

は　天皇の将来

日本国憲法は、日本国の国権の最高行使者である、総司令官マックアーサーの「圧力」の下に、現代西欧大陸憲法に関する、充分な知識を有していなかった、その属僚たちによって起草された草案を基礎として、明治憲法によって設定されていた機関によって、明治憲法典の「改正」として「制定」された憲法典である[1]。当時マックアーサーは、極東委員会を設置する、一九四五年一二月二六日のモスコー協定によって、憲法改正問題に関する管轄権を有していなかった。したがってかれの日本国憲法に関する権限は、極東委員会からの授権がない限り「越権」(excès de pouvoir)であった。一九四六年九月二五日にいたる間において、極東委員会は、日本国憲法案の全条に渉る審査を終了し、ソビエト・ロシアは反対の意を示したが、他の諸国は承認の意を表した。なお議決はなされなかった。ニュージーランド代表は、討論の終了に際し、委員会の一般的感情が、(一)どこの代表者も憲法案に対して完全に満足することができず(二)憲法の今後の討論は無益であると述べている。[2]このような看点からしても、日本国憲法が、一種の「仮憲法」であることが立証されるであろう。なお第四共和制フランス憲法第九四条において、「外国軍隊による本国領土の全部または一部の占領中、憲法改正のなんらの手続を始めまたは継続することができない」の意味も、われわれにとっても、遺憾なく妥当するものがある。

天皇の地位が、主権の存する日本国民の総意に基づく限りにおいて、いずれかの時機において、日本国民はその憲法制定権の行使により、天皇の遷延的な妥協を止揚し、その地位を明白ならしめるために、一つの「政治的決定」をなさなければならない。

天皇の象徴たることによって、「あこがれの中心」となすことは、回顧的なロマンティシズムである。かつての日本人が、かの「延天の御代」[3]をあこがれたのを想起させるものがある。この御代がいかに麗しいとしても、そこにはデスポット制が内在していたとしなければならない。君主制から民主制への転移以後においては、天皇をもって統合の契機となすことはできない。天皇に内在していた本質は、二〇世紀後半の憲法の課題である、「人間の尊厳」が、いかに不可侵であるべきかに反する。したがってこのような看点からのみ、統合の契機が求められなければならない。

天皇の行う国事行為を、形式的な運用に限定するときは、大使、公使の授受と儀式の執行が、天皇の動作にかかるの外、他のすべては「要式行為」であり、署名（認証を含む）にかかっている。前二者はかの Master of Ceremonies 的の機能にかかり、後のすべては、かつて Bernard Shaw が、その書いたドラマの The Apple Cart - A Political Extravanza の中で、ベルキーでの立憲君主が、an indiarubber stamp と呼ばれているのを想起せしめるものがある。

かく天皇の象徴性および国事行為を理解するならば、天皇の「存在の理由」（raison d'être）をいずこに求めなければならないであろうか。天皇に関する遷延的妥協を止揚すべく、いくたの方策が存している。

もともと明治憲法典の制定にあたって、その起草者たちが、天皇とくにその起源に関し充分な知識を有せず、また西欧の立憲君主制の展開方向が必然的にいかにあるべきかに関しても憲法学的に理解せず、その第一条中の「統治ス」を「君臨ス」となさなかったために、その崩壊を招くにいたったことは、誠に遺憾であったとなさなければならない。もしもそのようにあったならば、恐らく比較的困難なく、議会制的な君主制に移行することができ、今日におよんでいたであろう。(4)

まず第一に、天皇に関する遷延的な妥協を止揚すべく、「王政復古(5)」が考えられる。これは明治憲法に立ち帰り、国体の再現によってなされなければならない。すなわち一つの革命を意味することになる。これは天皇の憲法制定権の復活を意味し、いかにして国民の同意を得るかの問題を解決しなければならない。八・一五革命によって君主と臣民の関係が止揚され、もともとの統合が崩壊したが、天皇をもって物的統合の契機となし、「象徴」たることとしている。このような非合理的な規定によって、復古的傾向が推進されているようでもある。

宗教の発展系統は、「原始的な集合主義（Kollektivismus）から、高度宗教的な個人主義に、そしてそれは再び高度宗教的な集合主義によって克服されている。(6)」わが神祇信仰は、原始的的《ママ》な集合主義に基く、国家宗教であった。このような宗教に基いて、天皇は「神」であった。明治憲法の下で、天皇の権威―神性を強化すべく、いわゆる「家族国家観(7)」が、国家権力によって形成されたのも、右によってよく理解することができるであろう。天皇の神性が否定され、国民のもともとの統合が崩壊し、国民が信仰の自由を保障されている今日において、天皇の神性の復活は不可能であるといわねばならない。今日の段階において、民主主義の否定、君主主義の再建は、全く時代錯誤的な方策である。

君主と民主制の調和が、諸国においてしばしば試みられている。さきにかかげられた、フランス革命後制定された一七九一年のフランス人の国王の如きも、その一例である。一八一四年の王政復古に引き続いて、一八三〇年七月革命によって生ぜしめられた、かの「市民王」（le roi-citoyen-Bürgerkönig）もその一つである。この国王は一八一四年の欽定憲法シャルトを民主的に修正した、一八三〇年のシャルトの下にあった。国王の一身は不可侵であり、神聖であって、執行権は国王にのみ属する（第一二条）。国王は国家の最高の首長である（第一三条）。立法権は国王と国会の共同によって行使される（第一四条）。国王と国民主権の関係は憲法典においてなんら規定せず、この憲法も二月革命によって崩壊するにいたった。
ここで一八三一年のベルギー王国憲法に導かれなければならない。第二五条[8]は次の如く規定している。

すべての権力は、国民に由来する。
権力は、この憲法で定めた方法によって、これを行う。
第二六条　立法権は、国王、代議院および元老院が、共同して、これを行う。
第二九条　行政権は、この憲法が規律するところに従い、国王に属する。
第六三条　国王の一身は、侵すことができない。国王の大臣が責任を負う。

等が重要な規定である。この憲法は一八三〇年のフランス憲法の影響を受けるとともに、一七九一年のフランスの第一憲法のそれをも受けている。この憲法の中には国民主権と君主主義の初期の対立に関する規定が、数多く現われている。[9] この憲法の運用の実際に関しては、これを他に譲ることとし、[10] 第二次世界戦争に際して、ベルギー軍の降伏の瞬間から、ベルギーおよびその国王によってとられた態度に関して見解の相違を生ぜしめた。[11] そこで王権の明確な限界と行使の仕方が問題となり、政府は一九四九年に国王の機能の行使に関する、若干の問題を、高級の司法官、大学教授および伝統的な三政党に属する国会議員からなる委員会に対して付託した。その報告書が官報――Moniteur belge du 6 août 1949 において詳細に報告されている。
「国王の役割は、生来影響と説得によって、行使される、調停者および和解者の役割である。公然、国王は、責任大臣との一致なく、単独に行動することができない。「この単独行動の不能と不可侵が対をなし、分割することができず、相互に補完し、相互に正当化する」と、委員会が述べている。委員会は、この二原則にしたがって詳細に大臣の任免、内閣の役割を検討した。国王が単独に行動する場合として、一定の場合に首相を任命し得るとなしている。いずれにしても国王の存在の理由は、国王の中立権的な役割にあるということができる。

共産党の立場からは、すでに日本国憲法の制定に際して、その私案から見ても明らかなように天皇制の廃止を主張している。国家が(一)一つの階級社会においてのみ存在し、(二)一階級が他階級の支配の手段であり、(三)支配者の手中にある、他の階級に関する権力の機構であるというような見解をとる限りにおいては、天皇の存在は許されないとなすべきであろう。このような見解も、自由、民主主義をとる立場からは否定されなければならない。[12]

自由、民主主義と国民主権の立場から、天皇の遷延的妥当に基く地位が、いかに首尾一貫的に、政治的に決定さるべきかは、一つに国民の総意にかかっている。日本国憲法における天皇制は、この憲法に内在する改正限界にふれるものではない。したがって憲法制定権者である日本国民の政治的決定によって、天皇の廃止を決定することもできる。だがこの問題はわれわれ日本国民にとっては、慎重に考慮を要すべき事項であり、将来の憲法改正にいたる過程において形成される世論にしたがってのみ決定さるべきものとなさなければならない。

日本国憲法において、天皇制の問題よりも、緊急に解決されなければならない、いくたの重要なものが存在している。その一つとして、内閣または内閣総理大臣への「君主制の遺産の継承」が存在している。

「君主制の遺産」の問題は、すでに述べられているが、かのドイツにおける「ナチス」の成立に関して重大なつながりがあり、ワイマール憲法の崩壊の重要な原因の一である。この問題は Eschenburg[13] によって提議されている。この憲法典における大統領は、ドイツ皇帝の憲法的地位をそのモデルとなし、「代用カイザア」(Ersatzkaiser) を生ぜしめている。大統領はアメリカおよびフランス憲法の間よりも、立憲君主制と民主的議会政治の間の妥協的人物であり、また共和国における君主的要素であった。ワイマール憲法の制定にあっては[14]、徹底的に、自由主義憲法を制定せず、また徹底的な民主制を承認しなかった。かくして「代用皇帝」の地位が、ヒットラアによって占められるにいたった。

明治憲法典における天皇の大権は、ほとんど例外なく、内閣とくに内閣総理大臣によって継承されている。かの国事行為が形式的なものと理解される限りにおいては、とくに然るものがある。そしてもしも日本国憲法第四条第二項の規定によって、法律の定めるところによって、天皇から国事に関する行為の委任を受けることがあるならば、内閣総理大臣は、正しく Ersatztenno となり、明治憲法における天皇よりも、一層強大な地位を占めるようになり、「共和制的君主」[15]ともなり、一種の「独裁者」となり得る、おそれなしともなしがたいであろう。

このような内閣総理大臣の地位を修正すべく、他のいくたの事項とともに、日本国憲法が再建されなければならない。この場合において、この地位を分化せしめて、「国家の元首」と「政府の首長」となすべきであろう。このような修正がなされるにあたっては、勢い天皇の地位の再検討がなされなければならないことになるであろう。

（1）Occupation of Japan Policy and Progress : Dept. of State Publication 267 app. 12.
（2）The Far Eastern Commission p. 58.
（3）和辻哲郎「日本倫理思想史」下巻一二八頁以下
（4）藤田嗣雄「明治憲法におけるSeinとSollen」（上智法学論集第一巻第一号）
（5）Karl Loewenstein, Die Monarchie im modernen Staat Frankfurt am Main 1952 S. 101 ; Gustav A. Canaval, Monarchie nicht Gestern sondern Morgen Wien-München 1956 ; Georges Ollivier, La Tradition monarchique en France et en Angleterre Paris 1957 ; H. G. Stahmer, Japans Niederlage - Asienssieg Bielefeld 1952.
（6）Mensching, Soziologie der Religion S. 20.
（7）石田雄「明治政治思想史研究」（前篇）（一九五四）
（8）岩波文庫「世界憲法集の訳文」による
（9）Rudolf Smend, Die Preussische Verffassungsurkunde im Vergleich mit der Belgischen Göttingen 1904. S. 17. Pine, The Twilight of Monarchy p. 184.
（10）
（11）M. Paul de Visscher, L'Evolution du Droit public belge de 1930 à 1950 in Jahrbuch des öffentlichen Rechts der Gegenwart N. F. Bd. 2. Tübingen 1952 S. 245.
（12）D. A. Kerimow, Staatslehre und Revisionismus Berlin 1959 S. 26.
（13）Eschenburg, Die Improvisierte Demokratie der Weimarer Republik S. 41.
（14）Ellwein, Das Erbe der Monarchie in der deutschen Staatskrise S. 331.
（15）Nicholas Wahl, Aus Origines de la Nouvelle Constitution : Revue française de Science politique Vol. IX 1959 p. 33.

藤田嗣雄（ふじた・つぐお）

1885年生、1967年歿。法制史学者。1910年東京帝大卒。朝鮮総督府勤務を経て1918年から1919年陸軍省参議官として軍政研究に従事。1932年陸軍大教官。1937年「軍政に関する研究」により法学博士。1950年国立国会図書館立法考査局専門委員。1957年から1966年上智大学法学部教授。主著『軍隊と自由』『明治軍制』『天皇の起源』『明治憲法論』『新憲法論』。画家の藤田嗣治は実弟。

天皇の起源　法社会学的考察

刊　行　2019年2月
著　者　藤田 嗣雄
刊行者　清 藤　洋
刊行所　書 肆 心 水

135-0016 東京都江東区東陽 6-2-27-1308
www.shoshi-shinsui.com
電話 03-6677-0101

ISBN978-4-906917-88-4 C0021